放弃的

NEVER GIVE UP
ON THE STRUGGLE

沈柏焕 著

一段曲折的
创业史

A HISTORY OF ENTREPRENEUR
FULL OF UPS AND DOWNS

浙江工商大学出版社
ZHEJIANG GONGSHANG UNIVERSITY PRESS
·杭州·

图书在版编目(CIP)数据

　　永不放弃的奋斗 ：一段曲折的创业史 / 沈柏焕著．
杭州 ：浙江工商大学出版社，2024．8． —— ISBN 978-7
-5178-6190-4

　　Ⅰ．K825.38

中国国家版本馆CIP数据核字第2024205LW2号

永不放弃的奋斗——一段曲折的创业史

YONG BU FANGQI DE FENDOU——YI DUAN QUZHE DE CHUANGYESHI

沈柏焕 著

策划编辑	祝希茜
责任编辑	姚　媛
责任校对	李远东
封面设计	张　瑜
责任印制	祝希茜
出版发行	浙江工商大学出版社
	（杭州市教工路198号　邮政编码310012）
	（E-mail：zjgsupress@163.com）
	（网址：http://www.zjgsupress.com）
	电话：0571-88904980，88831806（传真）
排　　版	杭州彩地电脑图文有限公司
印　　刷	杭州捷派印务有限公司
开　　本	787 mm×1092 mm　1/16
印　　张	24.25
字　　数	290千
版 印 次	2024年8月第1版　2024年8月第1次印刷
书　　号	ISBN 978-7-5178-6190-4
定　　价	118.00元

宝 盛 题 记

有道而正。

宝盛之道，行天下之大道，砥砺而举正，无一日敢懈怠，无一日不奋进。

宝盛创业，风雨兼程五十余载，足迹遍及中华，成果丰硕，起步于建筑，精耕酒店等服务业，继而将业务拓展至海外。宝盛创一业，成一业，精一业，此为强盛之道。

宝盛之今日，顺应了改革开放之趋势。宝盛之前身，如广土之小草，正逢改革之春天，顺势而起，与时俱进，此乃宝盛之"天时"。

宝盛之发展，乃社会各方助力之发展。宝盛以诚信立世，居正行端，得道而多助。八方襄助，雨露之恩，涌泉难报，此乃宝盛之"地利"。

宝盛之进步，乃宝盛人之进步。宝盛以人为本，以德为先，唯才是举。宝盛发展由小而大，尽在自上而下、学而求进之队伍，此乃宝盛之"人和"。

天时、地利、人和，宝盛幸而兼得，故生生不息也。

放眼未来，任重道远，宝盛仍当以谦恭之心、励精之志，创新求变，再续发展新篇章。

宝盛有道，乃人间正道之践行。

序

在我眼里，沈柏焕是个谜。

这个农民的儿子，自幼家境贫困。他渴望读书，却为生活所迫，小学只读了四年；他渴望成功，人生第一份工作却只是农民建筑队的一名小工。倘若人生有起跑线，那么沈柏焕的起跑线远远地落在了人后。

谁能料到，如今的沈柏焕，竟然是宝盛控股集团的董事长，管理员工数万名，产业遍布建筑、酒店、地产、矿业、现代配送等领域。他干一业，专一业，成一业，一路坎坷，一路阳光，一个从农村出来的寻常人，如今已是现代企业的掌门人。

这似乎是奇迹。然而，中国的改革开放，就是给亿万寻常人创造奇迹提供了契机。

沈柏焕的这部自传体著作，真实而生动地记载了他谜一般的创业历程，这部农家子弟的创业史、奋斗史，把一个人与一个时代、一个国家紧紧地连在了一起。时势造英雄，其实，英雄也造就了时代，无数像沈柏焕这样的"平民英雄"为中国改革开放的成功做出了巨大贡献。

纵观沈柏焕的奋斗历程，可谓跌宕起伏，其将半个世纪多的拼搏，始终离不开一个"家"字，即"居小家、为大家、爱国家"。这个"家"，分量之重，让金钱名利都轻如鸿毛。

"居小家"，沈柏焕的成功，缘于他有一个勤俭之家、学习之家、和睦之家。沈柏焕夫人品德高尚，她一生克勤克俭，任劳任怨，让沈柏焕能够心无旁骛地投入事业中去。沈柏焕以书为友，勤奋好学。沈家尽出"学二代"，他的下一代，他的女儿和儿子，家道清贫时不自卑，家境兴旺时不自傲，品学兼优，都顺利大学毕业。沈柏焕的家庭有良俗无恶习，有正气无邪念，首功在于其居家有道，治家有功。

"为大家"，沈柏焕一生为大家。他搞建筑业，就是为大家建一个永久的家，一砖一石皆用心，一楼一屋务求精，风雨不动安如山。他搞酒店业，就是为大家建一个远方的家，五湖四海朋友来，宾至如归胜如家。他身为宝盛当家人，心系上下数万名员工，想大家，帮大家，为大家，以宝盛之家，为大家立一个创业之家、成才之家。数十年来，宝盛日日新，日日兴，缘于宝盛为大家、大家为宝盛之理念。

"爱国家"，沈柏焕早年就是一个种田人，但他明白只有国家好，百姓才会好。无论是在感天动地的萧山围垦造地活动中，还是在改革开放的历史大潮中，沈柏焕都是"弄潮儿向涛头立，手把红旗旗不湿"，书中的诸多叙述，读来让人感慨。国家发展就需要大家万众一心，奋勇争先。沈柏焕就是这"万众"之中的一员，是奋勇前行中的争先者。沈柏焕之爱国，更体现在国有难，当挺身而出担重任。2020 年初，新冠疫情暴发，沈柏焕率先投入抗疫之中。在这场世纪疫情大灾难中，沈柏焕奋不顾身，和他的员工一起，以危难中的实际行动，履行了中国公民的责任与义务。

沈柏焕之"家"，其实就是由小家到大家进而到国家，这是他的人生轨迹，是他一生的起点、一生的归宿。

　　读了这本书后，我明白了，沈柏焕其实没有谜，他踏踏实实地一步一步走来，一生风雨，却总有阳光，用他自己的话说，那就是："我能成功，天下人就都能成功。"

　　沈柏焕还在努力，还在奋斗，他的成功，就在于他永不放弃地往前走。

杨树锋

中国科学院院士、浙江大学教授

前　言

选　择

我在飞往美国的途中，透过舷窗，俯瞰浩渺的太平洋。

我十分珍惜这种漫长的洲际旅行，因为只有在这个时候，才会没有电话，没有会议，没有工作，我才能享有难得的宁静。

飞行时间，往往是我回忆与思考的时间。

我，一个只读过四年书的农家子弟，做梦也不会想到，有朝一日会在境外发展我的产业，耕耘我的事业。这是我的骄傲，也是中国农民的骄傲。

以我的家庭背景，以我的学习经历，我能利用的只有土地和农具。

我紧紧抓住改革开放的历史机遇，自强不息，终结愚昧，终结贫困，终结"面朝黄土背朝天"的生活。

我选择了建筑业，这份城里人不愿干、文化人不肯干的工作，作为我一生事业的起点。凭着我的年轻、勤奋与无穷无尽的精力，拼出广阔的天地，这是我的选择。

　　我选择了市场，并以此作为我施展抱负的舞台。有人曾把进入市场称作"下海"，意味着不可预测的风险。中国农民天然适应市场之海，我率先改制，独立经营，在风险中成长，这是我的选择。

　　我选择了终身学习，并以此作为我与时俱进的基础。我以书为师，以实践为师，以专家学者为师，从进入建筑行业到经营五星酒店，从项目经理到万人企业的现代管理者，从国内投资到跨国投资，每一个工程、每一个项目，都是我学习的课堂；每一个有知识、会实践的人，都是我的良师。这是我的选择。

　　我在事业的每一个转折点上，背水一战、绝地反击；我在人生的每一个关键点上，自强不息、坚韧而进。

　　我愿把我的一生真实地写出来，是想给人们一个鼓舞：我能成功，说明天下人都有成功的机会和希望。

　　飞机缓缓地下降，太阳升起，休斯敦又迎来了新的一天。

　　但愿我们人人平凡，因为一个不凡的时代，是由平凡人创造的。

目　录

第一章

沧海桑田

2016 年 6 月 6 日，宝盛集团总部乔迁新址。一座 40 层楼高的大厦拔地而起，俯视着钱塘江两岸生机勃勃的大地。

当最后一辆车子将我珍藏了几十年的重要文件和书籍等运送过来后，我突然意识到，一个时代结束了，属于我、属于宝盛的一个新的征程正在开启。这是一个充满挑战又充满希望、催人奋进的征程。

建设企业总部大楼的想法，我在 21 世纪之初便有思考，企业总部大楼既代表企业的形象，又是企业全体员工自信与自豪的象征。2008 年，钱江世纪城开发建设工作正式开启，这让我们看到了全新的战略机遇。处于萧山城北江滨地区的 22 平方公里的土地，是杭州为了加快实施"城市东扩、旅游西进、沿江开发、跨江发展"战略而着力打造的"十大新城"之一，也是萧山进入 21世纪后，"融入大杭州、建设新萧山、引领新发展"的重要平台。根据杭州市城市总体规划，钱江世纪城将与钱江新城共同打造未来杭州的中央商务区，共构未来杭州的城市核心。在这样的形势下，同年 3 月，公司做出一个重大的决策——在市心北路、庆春隧道出口处购入数十亩土地，建设城市综合体兼公司总部。至此，宝盛有了新地标，员工有了新愿景。

　　如今，宝盛集团总部所在的宝盛世纪中心，巍然屹立，是以科技产业园区为主体的高端楼宇。2016年，宝盛集团与中国科学院计算技术研究所浙江分所合作，在宝盛世纪中心建立中科宝盛科技园区，这是一个历史性的突破。该平台不仅是宝盛集团的产品技术研发基地，更是为萧山区域企业提供服务的公共技术平台。宝盛世纪中心的运营将是宝盛集团在现有产业运作体系上的一次全新跨越，是宝盛在市场新形势下突破传统、拥抱互联网经济的一个重大举措。我的目标是将该项目打造成新经济时代下"互联网＋"带动产业转型的典范，从而为公司创造新的产业模式和增长点。

宝盛世纪中心

历史常有惊人的重复，时间车轮回转到 1972 年 8 月 8 日，当时 19 岁的我作为党湾梅西建筑工程队的一名普工，被派往杭州三堡地区为钱塘江管理局海塘公务所建一个基地。那天，我一个人乘坐一艘柴油动力的水泥机帆船，从梅西其门堂出发，到萧山宁围七夹闸上岸。说来也巧，这上岸的地点，便是如今宝盛世纪中心所在之地。当我再次踏上这块土地，一切都已发生天翻地覆的变化。时光荏苒，时间刻下的印记，成为凝固的历史。

我常在工作之余站在宝盛世纪中心顶层办公楼，俯瞰钱塘江两岸。北岸钱江新城，南岸钱江世纪城，一水相隔，两岸繁华。脚下这片土地已然大厦林立，G20 杭州峰会主会场矗立眼前。附近可容纳 16 万人口，高科技、多功能、生态化的中央商务区和区域创新引领区已俨然成形，充满现代化大都市气息。我于 2008 年初买下这块土地时，周边还几近荒芜。半个多世纪岁月变迁，仿若沧海桑田。

我儿时记忆中的萧山与如今截然不同，生活的重压，犹如茫茫江雾无边无际。中华人民共和国成立后，这片土地上的人们开始用他们最能吃苦的心态和最能奋斗的干劲改善生存环境，努力在这沿江近海开拓一片生存发展的新土。"围垦钱塘江滩涂"便是萧山人民"愚公移山"的大实践，那个时代全萧山的适龄男子，几乎全部上了围垦"战场"，高峰时几十万人参与"会战"。在寒冬腊月，冒着彻骨寒风，徒步数十里，甚至上百里，去钱塘江边战天斗地。他们住草棚草舍，踩烂污泥地，吃咸水饭，喝咸水茶，用霉干菜、霉豆腐、萝卜干下饭，用铁耙、土箕等简单工具劳作，以吃苦耐劳的精神与汹涌无情的钱塘江涌潮搏斗。自 1965 年以来，萧山先后围涂 30 多次，至 2000 年底，累计投工 7900 余万人次。萧山人用波澜壮阔的人海战术围垦造地，面积有 50 余万亩，这也是萧山现有面积的 1/4，此举被联合国粮食及农业组织誉为"人类造地史上的奇迹"。如今，萧山的平原沃土，凝聚着至少两代萧山人的血汗。我时常想，这也许就是新时期萧山精神和悠久的萧山文化最质朴的体现。

围垦钱塘江滩涂

如果说围垦造地是萧山人与自然、生存环境抗争搏斗的体现，那么萧山由传统小农经济向现代市场经济的制度性过渡，更是具有历史意义的重大变迁。在由农业大县向工业强县发展的过程中，交织着生产生活的环境压力和战胜自我、埋头苦干的坚定力量，以及不断博弈和试探求证的复杂心理。市场经济将千千万万人的活力激发了出来，跑"单帮"、家庭作坊、外出打工经商、办社队企业等，都是当时萧山人创业的典型模式。这种普遍的、多样的、分散的、持续的创业活动，依靠的是千百万个个体的创造。他们改变了自己的命运，最终推动了制度的改革，并形成了独特的地域文化和企业家精神。

这片如此不平凡的热土，就是我祖祖辈辈生活的地方。我有幸参与了萧山的开拓与变革，围垦的土地上有父亲和我的血汗。在萧山创业开拓的众多道路上，有我艰难而又稳扎稳打的足迹。我是萧山市场经济大潮无数弄潮儿中的一员。

大的时代背景赋予了我成长的机遇，成就了我的事业和人生。我，一个萧山普通农民的儿子，起初只是一个务农的少年，后来到建筑工程队挑砖块，拌灰浆，拎灰桶，抬石头，再一步步成长为建筑工程队队长、项目经理、企业管理者、企业掌门人，并参与和主导企业改革、企业转制、打造主导产业品牌、探索跨界经营、组建企业集团、海内外投资等一系列企业发展的进程。同改革开放以来大多数第一代创业者一样，我人生事业的波澜起伏，始终有着大时代的深深烙印。

步入甲子年后，我时常会静下心，回忆我的家乡，回忆我的童年，回忆宝盛由小小的建筑工程队一步步成长为跨界经营企业集团的风风雨雨。我经常会思考我们将以怎样的态度去记录这个不平凡的时代，如何去书写壮丽的创业经历，以及如何面对我们的子子孙孙。

半个多世纪，沧桑巨变，中国这块曾经沉睡的大地，有了勃然的春光，每一个地区、每一个行业、每一个企业、每一个人，都在成长变化，都是大时代中的小缩影。在改革开放的大浪潮中，我们面临的变化是传统和现代的碰撞与融合，无数新生的事物、新兴的概念、新塑的价值在不断充盈着所有思想者和实践者的头脑。社会有如呼啸前行的列车，促使大众消费、促进产业结构转型升级，推动"互联网＋"，助力新型城镇化、建设长三角国际城市群等重大国家和区域战略不断推出实施。根植于浙江这块市场经济热土的众多民营企业，如何在发展中始终"勇立潮头"？百年浙商在全球化进程中如何重塑新时期的群体价值？新的使命接踵而来，时代无疑又将我们推向了创业创新发展的全新浪潮中。

人生已过六十载春秋，企业迈入发展新纪元。我常常自问，我在坚守什么？我该用何种信念走下去？我想，无论时代如何变迁，我爱国家，我爱家乡，我这一辈子注定将厚植于我脚下的这方热土，不忘初心。我始终坚信，企业和企业家要持续具有荣誉精神和独立人格，这份荣誉与人格，来自自身的尊严和创造性。我，已经不是个体的我，我的身后是我的家人、员工、企业和社会，是一份沉甸甸的责任。这份责任，鞭策我始终负重前行。

第二章

辛劳少年

1. 党湾沈家

　　我为出身沈氏家族而自豪。家族的史料记载，沈氏一族历史源远流长，始祖季载公，为周文王第十子，因辅成平王三监之乱以及治国有功，受周成王之封，在邻今临泉县古城建立沈子国，其后裔以国为姓。萧山长巷沈氏可追溯到宋朝景祐元年（1034），苏州吴县（行政区域相当于今苏州市吴中区和相城区）长巷乡人沈衡（长巷沈氏四世）从江苏苏州吴县迁居萧山，为萧山的沈氏始祖。他以进士起家，历官兵部，职方司郎中。由于多次任职浙东地方官，途经萧绍平原，便相中了航坞山东依山傍水的好地方定居发族，为了让后裔不忘祖本，故命名为长巷村，延传后世。萧山长巷沈氏总系发展到18世孙行素公沈宏时，形成粮长分支，至21世分成恬淡公派、蟠庵公派、遁山公派、东隐公派、守成公派五大派系，到我这一世，已经是粮长分支蟠庵公派第36世。自宋至清，萧山长巷沈氏出过进士11人，武进士4人，举人33人，武举人5人，贡生61人。有230人从这个江南水乡到全国各地当了文武官员，真可谓甲科不绝，簪缨相继。长巷村的千年历史，也变相印证了地灵则人杰一说。

在萧山这块土地上，我的祖祖辈辈孜孜耕耘，勤恳生活。到我太爷爷时期，经历过瓜沥长巷村、靖江东桥村的数次迁徙，最后到党湾梅西老埠头村安定下来。自此，我们便成为"党湾沈家"。我在这里出生成长、立业奋斗，迄今为止，我的生活也好，事业也罢，总是离不开故乡的点点滴滴。

说起我的祖父，他是个颇有开拓思想的农民，早年便去当时萧山钱塘江最东边，与绍兴接壤处（现益农镇最东边）开荒几十亩土地，耕犁种田，修宅建舍，后因钱塘江潮涨，江水漫灌，个人的力量无法匹敌大自然的力量，损失了颇多家产。他只得靠拉独轮小车，将剩下的部分家产人拉肩扛近 15 公里，一车一车地搬到党湾老埠头村，重新安家置业。本来打算靠开荒耕犁过上小康生活的一家，顿时变得穷困潦倒。但好在老埠头村还有太爷爷留下的 10 多亩土地，基本可以保证日常生活。

土地是我们的命，是我们的根，土地养育我们，我们必须善待土地，这是祖宗传给我们的无比重要的财富。

祖母 30 多岁时，祖父病逝了，祖母后来回忆，当时祖父因肚子痛引起的疾病去世，现在看来，应该是盲肠炎之类的病，却也如猛虎一般夺了普通人的命。那时父亲只有 9 岁，祖母独自把 4 个小孩子抚养长大，个中艰辛可想而知。祖父病逝时，儿女年幼，家中劳动力不足，祖母便请邻居帮忙种地，她一贯以慈悲善良之心对待邻居，常在经济上接济、在生活上照顾他们，所以邻居欣然答应。将心比心，你以什么样的态度去对待别人，别人也同样以什么样的态度回报你，不管是显贵达人，还是淳朴农民，都遵循这个做人之道。

我的父亲沈才堂，是一个老实本分的萧山农民，或许是因为祖父的早逝，也或许是因为环境的约束，父亲过于拘谨，未能和祖父一样拥有勇于开拓的思想意识。他平日里寡言少语，一辈子辛勤劳作，以种地为生。母亲却开朗外向，善于言谈交际，颇有经营的想法和意识。在我的记忆中，母亲整日都是在农地和生产队之间来去匆匆，干农活、挣工分，早晚稍有些闲空，便开始刺"花边"。说起"花边"，那可是萧山的一大特色，又称萧山万缕丝，是一种构图严密、技艺精湛、工针多样、精致结实的传统手工艺品，是萧山地区主要的出口创汇产品，也是萧山人用自己的双手改变贫困的一个象征。当时萧山每年有约10万名妇女从事挑绣编织生产，有"花边之乡"的美誉。从本质上讲，这是萧山人的"美丽"。那时母亲起早贪黑地刺"花边"，就是为了增加一点收入，哪怕只能换些油盐酱醋，或是给我们兄妹添置一件衣服、一双袜子也是好的。记忆中的她总是忙忙碌碌而又富有激情，正是因为她和父亲的辛勤劳作，我们兄妹四人才能长大成人。

萧山"花边"

父母的勤劳和忠厚，一直影响着我们，教育着我们，是我毕生前进的动力源泉。创造幸福生活，要靠自己的双手，这是我最早的人生感悟。

我于1954年5月21日出生，是家中老大，二弟沈柏生、三弟沈柏良、小妹沈丽娟，相继在1956年、1959年和1962年出生。我和二弟的性格与父亲基本相符，较为沉默寡言，三弟和小妹则更像母亲，善于经营和与人打交道。直至1976年，我们一家六口都居住在梅西老埠头村的茅屋里，过着清贫而又和睦的生活。

党湾镇梅西老埠头村的老屋

茅屋、蓑衣，是那么原始，却为我们挡风遮雨，让我们无所畏惧，我的生命便是由此起步。

萧山党湾镇一个普普通通的农民家庭，是我少年时代的心灵依靠。虽然对于祖辈的回忆，总是绕不开贫苦生活的辛酸，但是家庭同样给予了我无形的财富，使我受益终身。祖父的开拓精神、祖母的善良慈悲、父亲的勤劳稳重和母亲的善于经营，是我人生之路上取之不尽的精神力量。

2. 被迫辍学

少儿时期的我，身材瘦小单薄，用现在的话来说应该是营养不良。大约是1960年，家中早已无米下锅，我们全家只能吃野草果腹。我记得有种野草，长在河边，因此老萧山人把它称作"花溪草"。大概因为全村人都在割草，没过多久，村附近可以食用的野草都没了，只剩下在小河床上生长的"花溪草"。由于位置极其危险，人们割草时一不小心就会跌入河里，这里的"花溪草"成了野草界的"遗珠"。大人们害怕不去采摘，不懂事的小孩子却争先恐后地去割。那时我只有6岁，正是长身体的时候。我时常和堂姐妹结伴去村里的小河边割草吃。记得有一次，我们运气很不好，走了好久也没割到几株草，肚子饿得难受。我拼命地寻找，近乎绝望地寻找，因为野草是我生存的唯一希望。突然，我发现了一簇草头，这让我无比兴奋，我拔腿就冲了过去。那草长在小河床上，只露出一点点头，但我个子太小，站在河边弯下腰也够不到。正当我蹚着河水努力用手去抓那株草时，比我大5岁的堂姐也发现了那株草，她一着急便挥着镰刀朝草头割去，谁料没割到草，却刚好割到了我伸出去的手掌。手掌顿时鲜血直流，伤口沾到河水，我一时疼痛难忍，便再也顾不得野草了，捂着伤口一路飞奔回家。母亲看到后也吓得脸色煞白，急忙抱着我去请村里的医生包扎，所幸处理及时并无大碍。

儿时的贫穷与饥饿，是我一生挥之不去的阴影。然而也是因为经历过贫穷与饥饿，我更明白人生必须奋斗，并珍惜因奋斗而获得的成果。

伤口渐渐痊愈，食物匮乏的状况却一直没有改变，在野草几乎被村里人吃尽时，大家又找到另一种好食物——遗留在地里的胡萝卜。一般来说，农村收割庄稼分为两步：一是把成熟的作物收割起来，二是收割后翻整土地，为下一次耕种做准备。这里提到的遗留的胡萝卜，就是人们收割时遗漏的，留存在待翻整的土地中的那些胡萝卜。因为大量的成熟的胡萝卜已经被收走，剩下的已经很少了，掘地三尺才能发现一两个。挖萝卜的人很多，很快，胡萝卜就被吃完了。偶尔找到一个胡萝卜，人们就会兴奋得犹如在长白山挖到一株人参。那时的我，也时常拿着镰刀去挖胡萝卜。有一次，我在找胡萝卜时把镰刀弄丢了，祖母知道后很是心痛。因为当时家里的铁制工具极少，宝贵程度堪比如今的黄金，而且镰刀又是非常重要的生产工具，丢了生产工具就如同丢了饭碗。如今想来，也难怪祖母当时会如此严肃地批评我。

当时萧山地区可以果腹的野草

9岁，我便开始边读书边干活挣工分。平时去村里的小学读书，休息日和寒暑假则去生产队干活挣工分。教我们的是一名女教师，我至今仍记得她的名字——钱风娟。那时乡村里的小学，教学设施和条件都相当简单落后，师资力量更是薄弱。钱老师算是有些文化的乡村老师，她一个人教我们语文和数学。

即便如此，我已经很感恩，并珍惜如此难得的学习机会，吸收各类文化知识。在读书时期，我的成绩一直不错，尤其是数学，往往老师没有讲完，我已经全然理解题目，好似有一定天赋。语文成绩也保持在前几名，记忆中总能得八九十分。

我那时年纪小，人也瘦弱，性格内向，一开始总被一些比较凶悍的同龄人欺负。但是我成绩较好，放到现在可以被称为"学霸"，因此似乎总是能自带光环。我凭借自己的成绩和诚信，与很多同学建立了友谊。我为人稳重可靠，也经常在学习上帮助他们，在同学中竟然形成了一定的凝聚力和号召力。渐渐地，那些凶悍的同学不再欺负我，而我也一步步地由小组长升到班长，最终当上了少先队的大队长。我还时常帮助老师批改作业，以及做一些其他班务工作。这使我的内向性格有了改变，我也从中学会了怎样与人交流，如何组织活动。小学的生活深深地影响了我，当我成为有着上万人企业的领导时，我仍然非常感谢这少年时的锻炼机会。

儿时村里的小学

学校生活仿佛为我混沌懵懂的世界打开了一扇天窗，那是知识的天窗、学习的天窗，天窗外面是广阔的世界，虽然不足以让我了解全部，但让我知晓，原来除了田地劳作、山间玩耍、水边嬉戏，童年还可以以另一种形式度过。贫寒岁月，除了亲人，还有知识可以温暖人心，照亮我的人生道路。

钱老师那操着浓重萧山口音的教学声，也一直令我难忘，仿佛那声音可以慰藉我当时幼小的、求知的、试图改变现状和重塑命运的心灵。或许是受启蒙教育和周边环境的影响，直到如今，我仍然说不好普通话，想来这乡音是要伴随我的一生了。

平静的读书生活仅仅持续了 4 年。当时有这样的规定，即如果要坚持上学，就不能去村里的生产小队劳动挣工分；如果去小队劳动挣工分，就不能继续上学。因为小队的劳作时间是从早上 6 点半到晚上 6 点半，基本是 12 个小时，我根本没有时间读书。这种情况着实令我为难，我确实还想再继续读下去，但是家庭的负担也不能不考虑。我曾仔细地计算过，当时劳动一天可以挣 2.8 个工分，每个工分价值 0.05 元，相当于每天可以挣 0.14 元，每月可以挣 4.2 元，这对我的家庭来说，是一笔不小的收入。鉴于这种情况，迫于家庭的实际困难，作为家中老大的我，只能选择回家劳动，以分担家庭生活的压力。13 岁那年，我被迫辍学，我的读书生涯就这样结束了。我又将重复父辈的道路——空白的脑袋与贫瘠的土地，永远无法摆脱的饥饿与贫穷，我根本无法知道生命的道路上还有哪些巨大的变化。4 年的小学生活相对于一个完整的教育体系来说，实在是微不足道，但于我来讲，受用终身。一方面，它让我树立了正确的人生观和价值观，养成了良好的习惯，明白了一些做人的道理；另一方面，我由此获得了基本的文理科知识，比如，在这一时期打下的数学基础，在日后工程造价、财务管理等方面就得到了很好的应用。

生活所迫，我在最需要读书的时候离开了学校。从此，每当我看到学校的大门，便会产生无尽的惆怅。但愿天下的读书人都能珍惜自己的学习生活。

3. 生产队的那些年——剥麻、漱麻、做面和围垦

辍学后，我开始正式参加生产队的劳动，帮家里挣工分。当时生产队的工作，绝大部分仍是务农。记得那时，一起干活的有10多个同龄人，我们每天结伴剥麻、拔草、割麦、种田。当时，"麻"是萧山东片的主要种植作物之一，外面的皮可做麻袋，里面的麻秆一般用来烧柴火，而在极度贫困饥饿的时期，也可以磨成粉，当作食物填饱肚子。拔麻、夹麻、剥麻、漱麻等都是当时萧山生产队富有特色的劳作项目，各生产小队大约会分配到150亩地的任务。

每天早上五六点，天蒙蒙亮，我们就已经开始干活了。一根麻大概有3米长，且根系比较茂盛，每拔出一根麻似乎都用尽了我瘦小身体的全部气力。接下来，我们通常以两人为一组，一个人将麻夹住固定，另一个人用力拉出来，这个过程叫夹麻。之后，用手把麻对折断，把麻皮剥出来，这一过程叫剥麻。麻的周身是有刺的，一不注意就会被深深刺到，即便幸运地没被刺中，几根麻剥下来，手掌也往往磨破了皮。直到现在，我仍然会想起每年的9月初，萧山大地上人们三三两两结群剥麻的辛苦劳作景象。

漱麻和剥麻的作用相同，目的也是将麻的皮和秆分离，但是具体的工艺不同。漱麻是将整根麻放入水中，浸泡两周左右，待麻身有些腐烂后，麻的皮和里面的秆会自动分离，从而完成剥麻。剥麻比较耗费人力，但漱麻同样不轻松。

漱麻的时间通常在冬季，需要人赤脚泡在冷水中持续工作。那浸泡过了一批批麻的水池，滋生了大量细菌，散发着腐烂的气味，又脏又臭，工作环境之恶劣，是现在的人们难以想象的。

麻

剥麻情形

麻是柔韧的植物，遇到任何艰难险阻，总是百折不挠。我觉得，麻是我少年时的劳动产品，麻的品质是我一生的精神追求——做人也要有麻的柔韧、麻的坚守。

剥麻不易，种田也不轻松。由于适宜的气候条件和人多地少的压力，浙江农民总不会让田地闲着。根据对全国 34 个省市 1978 1995 年的数据的汇总统计，浙江农业的复种指数高达 250.6[①]，这意味着从业者全年的工作量巨大，不能像北方农民那样，能有大半年的整段农闲时间。一年的劳作中，夏季尤为辛苦，每年 7 月 25 日到 8 月 8 日，生产队会组织夏种夏收，即收割籼米，播种晚稻，抢种抢收，民间称为"双抢"。在一年最酷热的日子，从事最繁重的劳动。萧山的土地很大一部分是沙地，土质坚硬，不易插秧，必须先用楔子在地上挖个孔，再把秧插进去，耗费的人力可想而知。此外，萧山夏季极为炎热，火辣的太阳

[①] 卓勇良：《挑战沼泽：浙江制度变迁与经济发展》，中国社会科学出版社 2004 年版，第 7 页。

让人逃无可逃，地表温度估计在 40 摄氏度，而田里水面附近体感温度高达 50 摄氏度。烈日骄阳下，拔秧、插秧、耕田，几天下来，人们的手脚都泡烂了。我常常感叹，当年的苦难我们是怎么熬过来的？人能以最为艰难的方式生存，可见人的忍受力和潜力有多大。

当然，沙地也不全是坏处，比如沙地里生长的萝卜，就有一种独特的美味，勤劳精明的萧山人把沙地萝卜制成了萝卜干。沙地萝卜制成的萝卜干，已有 100 多年的历史，至今仍是萧山地区最为知名的农副产品，甚至成为沙地文化的标志。那时的萧山人几乎个个会做萝卜干，但这种劳动不是生产队的集体劳动，多半是家庭劳作。

萝卜在每年的 9 月下旬种植，11 月收获，每年的这个时候，家家户户的萝卜都在院子里堆成了小山。我时常跟着父亲，带着弟弟去地里收萝卜。11 月的萧山已经进入深秋，时常下起绵绵不断的秋雨，田地里泥泞不堪，我们都是赤脚在地里收割，着实冰冷难耐。到了晚上，结束了一天的生产队劳作后，我和父亲、弟弟就开始将萝卜一个个拿出，首先将叶子切掉，然后开始将整个萝卜逐一切条，这是一项毫无乐趣的重复性劳作，于是我们常常"包产到人"，比赛谁切得更均匀更快，坐在旁边刺"花边"的母亲是我们的裁判。就这样，几乎每晚我们都要切到凌晨一两点钟才收工，我们一家人也算是苦中作乐。第二天一早，六七点钟，我们就要将切好的萝卜条拿到太阳底下去晒。每到做萝卜干的季节，我们一家人几乎没有休息的时间。这样晒个五六天，失掉一半左右的水分，再将其放入坛子里，用盐浸泡两三天，然后沥出，再次放到太阳底下暴晒。经过这番制作工序，通常 100 斤左右的萝卜可以做出 10—15 斤的成品。据说这种长在沙地里的萝卜，经过初冬太阳的照射、西北风的吹拂，制成的萝卜干十分脆甜,吃之前可以反复蒸,越蒸越好吃,是其他地方的萝卜干不能比的。

萝卜干做成后,少部分留作家用,大部分拿到供销社去卖。那时供销社按照萝卜干的品相确定收购价格范围,一般是每百斤 8—14 元。记得有一次,我挑了 100 斤家里做好的萝卜干从老埠头村到梅西供销社卖,验货人员给我出了 8.5 元的收购价格,按照我家萝卜干的品质,我觉得有些低,讨价不成,便一狠心不卖了。我家离梅西供销社有 5 公里远,我独自挑着 100 斤的萝卜干又返回了家里,一路上真是又累又气又失落。回家和父亲说了此事,父亲劝我不要着急,过几天他陪我一起去卖。后来到了供销社,我们又将自家萝卜干的诸多优势展示给验货人,验货人这次出价 12 元,我考虑了一下,又提出涨 3 角,他居然同意了。就这样,我们家的萝卜干卖到了 12.3 元的高价。虽然多走了 10 公里路,我心里却无比快乐,自己的劳动与产品得到了认可,自然开心。我二娘舅知道此事后,常对人说,这小子从小就有做生意的头脑。

与普通的农活和家庭劳作相比,钱塘江围垦经历更让人难以忘怀。这个与"荷兰填海"齐名的世界历史上伟大的造地运动之一,使用的是不折不扣的人海战术。这种动用大规模劳动力、持续几十年高强度的劳作,凝聚了无数萧山人的血汗,现在回想起来,仍然让人震撼不已。我朦朦胧胧地意识到,我们终归有一天,能用自己的双手改变自己的命运。

在 15—18 岁的青春岁月,照理活动场所应该是校园、图书馆、运动场,然而命运让我与苦难相伴。我参与了多次围垦,每晚七八点钟赶到围垦工地上睡觉,因为必须抢在潮水退下后拦坝,所以经常要凌晨两三点就起来干活,随身的番薯便是充饥的主食。

新大堤最开始由烂泥堆砌而成,但是烂泥易塌,非常容易被江水冲塌,做好后需要用塘渣进行加固。塘渣要从十几里外的完成工段运送过来，这十几里滩涂都有3—9厘米深浅不一的积水，受特殊的地质条件和当时的生产力水平制约，这个工程并无运输工具和任何机器辅助，只能全靠人力。所需塘渣都要人工挑担，每担一百二三十斤，从十几里外的地方一步一步运过来，积水之处深一脚浅一脚，沉沉的担子压得人喘不过气来，来回一趟一般需要五六个小时，劳动强度之大可想而知。

为了保证大堤不被冲塌，除了塘渣，还要及时在大堤上堆砌大石块。通常这种大石块每块要400—1000斤，江边是没有的，要从附近山上的石矿中开采，然后用船只运输到围垦地点。一般一条船载10—15吨，船到了岸边后，要靠人力把石块拉到大堤的边上，再抬上去，垒到大堤的迎水面，这样潮水来的时候才不会把大堤冲走。那时候我经常去船里做运输工作，一般凌晨四五点钟开始，干到晚上10点钟左右才结束，有时候早上太早，晚上又太迟，光线不好，一不小心，船和船就会撞在一起，或者碰到旁边的桥，所以在这里撑船需要有一定的技术。我们当时年纪还小，经验不足，我的第四个叔叔常和我们一起工作，教授我们撑船的技巧，一方面保障了安全，另一方面也多挣了一点工分，我到现在都十分感激。

人说中国的农民天生能吃苦，不怕苦，其实这是被环境和生活逼出来的，所幸我们没有向苦难低头，我们用双手和双脚直面苦难。那时，我不知道这样的生产方式和方法什么时候能改变，但是我总有一个想法，我们这一代农民是时候做出改变了。

作为适龄男子，我父亲也参加了围垦，当时家里距离围海点二三十里，他不会骑自行车，只得每天凌晨4点起来步行两三个小时到达工地，而后干一整天的重活——挑土、填河、筑堤，再返回，日复一日，年复一年。

用船运石头

　　围海造出的田，是用萧山人的辛勤血汗换来的，而我和父亲，都是围垦大军中的一员。时光飞逝，当年不可言喻的辛劳，已成了永难忘却的记忆。我脑海中经常会浮现出当时的景象：夜幕下抑或晨光中，在淡白色的江边，那一个个挑担远去，前不见头、后不见尾的沉重身影，有着一种史诗般的强大震撼力，这围海造田的气势，其实就是萧山日后磅礴市场经济的前奏。

　　当时我的夫人还是个年轻的姑娘，嫁到我家后，我们也常常聊起这段经历。那时，他们村的男劳动力少，围垦具有时限，做得慢的话大堤会被潮水冲掉，所以为了不延误工期，只能让女性也走上围垦的第一线。她每天跟男同志一起挖泥、挑泥，人在淤泥地里行走，跟跟踉踉，苦不堪言，更何况还要挑着重担。时间长了，腿脚麻木，连走路都不会走了，那些年长期挑烂泥对她的身体造成了严重的影响，至今她的腿还经常抽筋、疼痛。

　　生产队的劳动，绝大部分都是繁重无趣的，但偶尔也会有那么一点点技术性。16岁那年，我得到了一个负责生产和出售面条的工作。那时，生产队里有一台做面的机器，需要有人把面条做好后挑着担子去村里卖。当时生产队有100多人，和我年龄相仿的有20多个，可能因为我平时做事认真，生产队长也信任我，所以他选中了我。刚开始接手时，我对做面一窍不通，完全是门外汉，也没有师傅可以教我，面对机器，我总是手足无措。我把自己关在那间小屋子里，慢慢琢磨，先研究机器的使用方法，再琢磨怎么才能利用它做出面条。当然，一开始做出的面条简直是拿不出手，但做多了，也渐渐掌握了一些门道。比如，在和面时水放少一些面条就白，水放多时面条就黑一些，而面多碾几次，做出来的面条就颇有嚼劲。就这样不断琢磨，我自己总结出了一套做面的方法和标准，逐步能做出白白净净、均匀适中、整齐漂亮、有嚼劲、口感好的面条，俨然成了一名做面的行家。

我上午做好面，下午就用肩膀挑着面去村里卖，再换些麦子回来。就这样，一年中，我通过生产和出售面条创造了一百七八十元的效益，为生产队增加了一点副业收入，提升了我们生产队工分的平均价值，这令我非常有成就感。事实上，真正让我欣喜的是，我终于能从务农中脱离出来，从事相对具有技术性的机器生产工作，也终于能面对机器、操作机器，整天与机器在一起，这是我生命中的第一个转折。

早期生产队里做面的机器

以上就是我少年时代的全部生活，除了短暂的读书时光，都是在生产队务农、围垦。父母也是如此辛劳。但即便这样，家里的境况也只能勉强糊口，并没有更多的改善，我们一家仍然生活在穷困之中。我记忆中，父母经常用家里仅有的鸡蛋去换酱油、食盐等生活必需品。记得有一次去换酱油和食盐的时候，我不小心把妈妈让我带的鸡蛋打碎了，这可闯了大祸。当时我心里非常害怕，怕父母亲责怪，同时又很自责，担心家里没有了仅有的这几个鸡蛋，也就换不到酱油和食盐了。我从小就害怕失误，哪怕是打碎一个鸡蛋的失误。对我来说，这是长期贫苦带给孩子心理上的一种畏惧。这样的贫困生活伴随着我的成长，甚至是"统治"了我的成长，我无时无刻不在想办法摆脱贫困。

4. 贫病交织的困境

年少时期，我的家庭曾遭遇了一次病痛磨难。记得那是1967年的夏天，弟弟突发高烧，父母先是请了村里的"赤脚医生"来看。"赤脚医生"是当时人们对农村医生的称呼。当时，无论是医疗水平还是医疗器具，都非常"初级"，所以这些医生最多只是卫生员的水平。"赤脚医生"看后对我们说情况不好，他处理不了，这可把全家吓得不轻。我舅妈当时在靖江的一家卫生院药房工作，也认识一些医生，于是我们赶紧把弟弟送过去。那里的医生诊断后，初步认为是蚊虫叮咬引起的病症，而且情况严重，任凭我们说破嘴也不肯收治。我们又把弟弟送到萧山东片最好的瓜沥医院救治，那时弟弟的情况已经很危急了，但在缺医少药的情况下，我们束手无策，只能尽人事听天命。我母亲当时十分焦急，不吃不喝、没日没夜地守着弟弟。她认为适当的降温可以缓解弟弟的病情，于是整日往弟弟的床下浇水，这也是没有办法的办法。或许真是浇水起了一定的作用，弟弟的病情居然稳定了下来。弟弟痊愈后身体一直很健康，也十分聪明，长大后凭自己的才能当上了我们建设集团分公司经理。

就在弟弟快好时，妹妹又生病了，舅舅把妹妹送到舅妈所在的卫生院，卫生院看情况不妙，建议送到瓜沥医院。在瓜沥医院，妹妹同样被确诊为蚊虫叮咬引起的病症。一波未平，一波又起。一筹莫展的母亲无比担忧和焦虑，只能日日夜夜照料着两个孩子。好在母亲的付出得到了回报，妹妹后来也渐渐痊愈，恢复了机灵可爱的模样。

这样的突发情况使原本就贫穷的家庭陷入了更深的困境。为了给弟弟妹妹治病，父母千方百计地筹措钱款，但当时大家的生活都十分困难，借来的一点点钱也是杯水车薪。那时我 14 岁，也懂事了许多，看着父母整日愁眉不展、身影憔悴，看着弟弟妹妹病痛缠身、躯体孱弱，身为长子和长兄的我，心里着实焦急和难过。有什么办法能够快速赚钱并解决困境呢？思前想后，恐怕也只能去河里捕虾卖钱。萧山部分地区也属于江浙平原水网，水系发达，河道、池塘较多，河里多少会有些鱼虾等水产。就这样，我每天凌晨两三点就起床，背上一张渔网，放网捕鱼捕虾，早上到市场上去卖掉，6 点半左右，再去生产队干活儿。如果赶上生产队休息，那便可以在河中捕一整天的鱼虾，晚上七八点再回家。我那时只有 1.5 米左右的身高，依靠芦苇的力量才能在河里前行，夜里河水冰凉，周边静谧无人，现在想起来，如果一不小心栽在水里，后果不堪设想，但当时我根本顾不上这些，一心只想多捕些鱼虾换钱。终日劳作，多少给家里增加了些收入，缓解了当时的困境。

河边芦苇

5. 辛勤祖辈与近江大地的少年映像

在漫长的岁月中，钱塘江流道常年变迁，数年深耕的土地和家园，往往因坍江决堤而不得不在一夜间丢弃，沿江居民流离失所，这种情况在萧山的历史中很常见。到了近代，人口大规模增长，人均耕地严重不足，生产方式传统落后，那时的萧山地区耕地亩产只有两三百斤，贫瘠的沙地、滩涂和草荡根本无法满足庞大、密集的人口生存需求，于是在萧山这片土地上又展开了围垦之战。民国时期，萧山的围垦是"涂涨就开垦，坍江就逃难"的农民自发性围垦，这种围垦有很大的危险性。中华人民共和国成立后，政府开始实施有计划、有组织、有规模的治江、促淤、围涂工程，使大片的滩涂成为永久性陆地。

虽然近在咫尺，萧山却形成了与杭嘉湖地带截然不同的"气质"——前者动荡流离、贫瘠困苦，后者风调雨顺、鱼米富庶。似乎萧山是江南文化的一个另类，它缺少那种传统书香文化的柔弱，几乎全是临江近海弄潮儿的大气魄。尽管萧山人的这种敢于拼搏的精神在不同的时代演绎出了不同的内涵，但无论是后来的"四千"精神，还是"四敢"精神，其敢为天下先，同时肯吃苦的勤劳奋斗品质始终未变。生活在钱塘江边贫瘠滩涂地上的萧山人，被逼到贫穷的悬崖边，想要成家立业，只能靠自己的双手和头脑，因此萧山人天然"肯做生活""会做人家"，而且擅长商品交易，关心市场变化和价格信息，一开口就是："今朝毛豆价钿好弗好？"

就是在这样的大环境下，为了生存，我的祖辈，无不在辛劳困苦中度过一生。出身贫寒的我，少年时代就饱尝生活的艰辛。在食不果腹的童年生活中，在短暂的4年学习生涯中，在围垦、剥麻、种田的生产队劳作中，在家庭经历的种种磨难中，年纪尚小的我，就已经懂得获取的不易，懂得唯有不退缩、勇敢奋斗下去，才可能改变现状，除此之外，并无捷径。记得萧山籍的作家陆亚芳写了一部名为《沙地》的书，记者问其为什么选择沙地作为自己的创作源泉，陆亚芳讲了沙地的一句俗语——"呆子掘荸荠"，意思是荸荠长在令人意想不到的较深淤泥底下，"聪明的人"往往只掘到一半便放弃了，只有那些"傻子"才会一个劲儿地往下掘。环境的压力和生活的磨难，使我的祖祖辈辈和大多数的萧山人都成了这样的"傻子"，而我也甘愿做这样一个"傻子"，因为唯有拥有这一份傻气和韧劲，才可能掘到"荸荠"，掘到我们想要的生活。

少年印象中的故乡是白茫茫的江水和无垠的沙地，那江边的沙地上开满了油菜花，旁边是大片大片的络麻地、一排排的草舍、一洼洼的池塘。八九岁时，我最喜欢在外婆家附近的小池塘里游泳玩耍，玩起来经常忘记了时间，不肯回家，外婆常常拿着竹竿子到池塘边赶我上岸。然而我自小养成了好水性，一个猛子扎下去，外婆早已不知道我游到了哪里。游水时的那份惬意，外婆追赶我时的那些欢声笑语，是我少年生活中不可多得的一点点轻松和欢愉，也是苦难少年的永恒记忆。

少年的我，还迷恋"建房子"，当然不是真正意义上的房屋，而是不到1米高的"迷你房"。那时，一有闲暇我便到路边或者河边，捡些破的砖头回来，自己和些烂泥砌墙，模仿正常房屋的样子建造起来，一般高五六十厘米，之后做一些粉刷和装饰，建成的俨然是一座漂亮的小房子。直到现在，我的大伯母还常说："这个人从小就爱造房子。"

这就是我的全部少年生活和记忆中的祖辈及故乡风貌。祖辈的辛劳让我懂得奋斗的真谛，儿时经历让我练就吃苦的本领。只是对于未来，年少的我仍然充满迷茫，但迷茫之中总有一种渴望，渴望改变现状和过上美好生活。我也一直坚信，贫穷总会到头，靠自己的双手和头脑，总会实现愿望。

虽说有期望，但对于将来从事什么行业，如何构建自己的事业，我很迷茫。我那时的唯一爱好便是造小房子，如果一定要说出一个今后希望从事的行业，也许只有建筑业了。直到现在，我也偶尔会想，也许这是冥冥中注定的，命运早有安排，当年的小爱好，无意间促成了我后来对建筑事业孜孜不倦的追求。数之不尽的高楼大厦，被我们一砖一石地建造起来，矗立在中国的大地上，成就了我这一辈子与建筑的不解之缘。

第三章

建筑小工

1. 梅西建筑工程队

1972 年初，小寒刚过，天气仍然冷得彻骨，南方冬天那种深入骨髓的湿和冷让人从头冷到脚，但是我仍然在地里忙农活，一边干活儿一边在心里盘算着将来的出路。因为我知道，一辈子干农活不能从根本上改变自己和家庭，我渴望脱离土地、走出乡村，寻求另一种工作和生活方式。当时，在村里像我这样的十八九岁的青年有几百个，大队分管财务的陈姓领导与副大队长商量，从几百个青年中选中了我，把我调到大队的粮食加工厂去。那时的粮食加工厂，我们简称"机部"，是很多青年都想去的地方。

但是我自己心心念念的是去建筑工程队。那时的建筑工程队，相当于农村青年就职的金字塔尖，只有通过层层选拔的才进得去。那时的我，初生牛犊不怕虎，多次向大队和建筑工程队的领导提出想进入建筑工程队。后来建筑工程队终于有消息了，他们告诉我，队里领导已经关注到我，并且认为我虽年纪小，做事却很有自己的主张，对外界和新鲜事物具有较好的敏感度和接受度，同意让我到建筑工程队去，可是具体哪一天去，现在还定不下来，让我等消息。就这样，一等就过去了两个月。

两个月里，我每天照常去地里干活儿，直到那一天到来，我记得是1972年4月25日，一个寻常的日子。那正是春暖花开的时候，络麻播种结束，地里的活儿干得差不多了，我正打算收工回家吃饭。村里一位姓冯的建筑工程队成员站在田埂上向我挥手，示意我过去。我蹚过泥泞的田地往他那里跑，还没到跟前，就见他一脸喜气地冲我喊道："建筑工程队！建筑工程队！"这时我也大概明白了他这喜悦表情中蕴藏的意义，顿时觉得那日的夕阳是那个冬天最舒心的暖阳，而这位领导那日的笑脸也一直深深地印在我的记忆中。

人生都有起步，我的起步是从泥泞的田地开始的，我赤着脚走上了新的人生之路。

1972年初，我进入梅西建筑工程队做了一名普工，这便是我漫长建筑生涯的第一份工作。当时的普工就是做一些挑砖块、挖烂泥、挑烂泥、手工拌砂浆的活儿，算是比较有技术含量的了。在我看来，苦、累、脏的"技术工种"比当时的务农更有发展空间。我觉得苦、累、脏都只是暂时的，虽然只是搅拌砂浆，也是需要符合配比技术要求的，把这些技术学到手，将来定能派上大用场。我未曾想过今后能成如何大的事业，只想如果能干点和建筑沾边的事情，也不枉儿时搭房子的种种努力。

梅西的建筑业，在萧山的发展是有一定过程的，并不是一蹴而就、一夜兴起的。20世纪50年代，梅西建筑业所谓的从业者大多为个体户，由于生产分散、设备简陋、技术落后、资金短缺，工作带有明显季节性和盲目性，少雨的季节活儿多些，反之就没活儿干，这更像是一支游击队伍，哪里有活儿往哪里去，一直不能发展壮大。后来，随着农村生产互助组的出现，党湾梅西一带从事建筑业的手工业者也开始走上互助合作的道路。1963 年，萧山县政府以公社为单位组织了一个手工业合作社，这个合作社的成员不仅包括建筑业的泥工、石工、木工，还包括非建筑业的缝纫工、理发师、鞋匠、打铁匠、磨刀匠，甚至包括做豆腐的手工业者，区域合作社总部设在靖江。合作社顾名思义是劳动群众自愿联合起来进行合作生产、合作经营的一种合作组织形式。所谓合作经济组织，其实就是撒在民间的星星之火，首先强调的是"合作"，其次是"经济组织"，这是两个基本要素。那时的合作社都是由公社发起筹备、制定章程的，成员依据公社章程办事。

在各地纷纷成立合作社的大形势下，梅西公社也成立了手工业合作社，办公地点设在公社大院里。合作社规定成员必须持县人民政府主管部门核发的"服务证"，才能外出做工，并且规定泥工、石工工价为每天 1.85 元，木工等为每天 1.65 元，小工每天 1.4 元。这样的工资标准在那个年代是中等或者偏上的水平，让人羡慕。这一时期，梅西建筑工程队的主要工作是修理民房，修葺公社范围内的一些老房子，建设农村必用的微小建筑设施如打灶等，并没有形成规模化和技术化的建筑施工方式，都是小打小闹，重点在一个"修"字，没有达到真正意义上的"建"。

梅西公社在组织手工业合作社的同时，也把泥工、石工、木工等手工业者组织起来，组建成梅西修建队，参加人员有 30 人。1965 年，梅西修建队进行了扩编，在册正式职工增加到 39 人，临时工共有 101 人。直到 1971 年，梅西成立梅西建筑工程队，队里职工增加到 96 人，临时工 100 多人，这个时候，建筑工程队才开始走上了"建设"之路，而不仅仅是"修葺"。

我正是在梅西修建队向建筑工程队扩编时进入的。那段时间我基本处于半工半农的状态，建筑工程队有活儿就到建筑工程队，没活儿就到生产队里务农。就跟做兼职工作一样，只是那时候，我自己都不知道兼职干的是建筑还是务农。

1972年4月，建筑工程队派我们小工和泥水工一行3人到萧山农业局造一幢小房子。那时的农业局在如今市心路与拱秀路交界处，十字路口偏西一点点，萧山县农业水利局对面的位置。我清楚地记得，4月25日这天下着淅淅沥沥的小雨，乍暖还寒的天气还有些湿冷，虽谈不上很难受，但也不是很舒服，江南的4月就是这样。我骑着我的"凤凰二八"——因为当时主要的交通工具就是自行车，算是很不错的了，与同行的其他人一路上淋着小雨，去萧山农业局。

"凤凰二八"自行车

这是我第一次到县城城厢镇，真开了眼界。那时的萧山虽然属于杭州，但还未设区，仍然是县城。虽说当时的城区较小，城市建设在现在看来十分落后，但对于我这个从来没进过城区的乡下小伙子来说，一切都是那么新鲜。那时农村里都是茅草房，进了城我才第一次看到两层的楼房，以及各式简单的商店，店里摆了好多我叫不出名字的食品和用品。我被这里的建筑以及商店里的各式物品吸引得不愿离开。最新鲜的是，我第一次进电影院，真有点"刘姥姥进大观园"的感觉。宽大的银幕是我从来没有见过的，毕竟电视机在那时也不常见，看到电影银幕的感觉比看电视更新奇和震撼。后来，农业局把电视机搬到会议室里给大伙看，这是我第一次看电视，虽然比不上电影银幕，可是仍然让我感到相当神奇，这小方盒机器里竟能出现各种动态的画面。我不禁感慨人的创造力真是无限，至今我仍清晰记得那天电视里放的是杂技节目。

这个工程一共干了31天，我当时干的是小工，也就是做辅助工作的杂工，技术含量既不如泥工也不如木工，工作量却非常大。泥工、木工需要的辅助工作都是我来干，但这份工作让我了解了建筑工程的整个过程。那时，一砖一瓦、一木一桩，都是建筑的核心。那时的我，累并快乐着，外面的世界、无穷的知识，有那么多新鲜有趣的事情等待着我去认知、学习，每天的生活都充满着积极向上的情绪。工程完工后，我拿到了45元工钱，这是我第一次挣到这么多，非常兴奋。以前生产队劳动只是挣工分，一家人做一年才挣70多元，现在自己一个月就挣了一家人半年多的收入。我回到家告诉父母后，他们也非常开心，他们这才真正意识到自己的儿子已经有能力挑起家庭的重担了。那时，奶奶还健在，我每次有机会去城镇里干活儿，回来时总会用赚来的工钱买些橘子、香蕉、蛋糕等我们乡下见不到的东西送给奶奶，老人家每次都很开心。我也终于能够凭借自己的力量为家人做一些事情了。

虽然建筑这个行业辛苦，但是我从小就有做建筑的梦想，我的兴趣也在于此。现在来看，这份让我感兴趣的工作，也给我带来了稳定的收入，很大程度上解决了家里的经济困难。职业道路能与个人兴趣相结合，我想这是人生最大的幸运了吧，因此，我更加坚定了走建筑行业这条路的信心和决心。

2. 跨江进城

　　农业局的项目结束后，我又回到生产队务农。两个多月后，我被队里派到了当时位于杭州三堡的钱塘江管理局海塘公务所，修建一个基地。这是我平生第一次到杭州城区，我清楚地记得那是 1972 年 8 月 8 日。

保存至今的海塘公务所

　　当时我孤身一人，从梅西其门堂出发，乘一艘柴油机水泥船到了萧山宁围七夹闸，上岸后也不知道怎么去杭州三堡。正当我不知所措的时候，我碰到了一个 50 多岁的老伯，他打算去杭州卖扫把，我便跟着他一起乘渡船过钱塘江到了对岸，上岸地点是杭州四堡。那个时候跨过钱塘江，比现在出省、出国还要稀奇，我们很多上一辈的萧山人，是一辈子也没踏出过萧山的。上岸以后，我顿觉视野开阔了许多，道路非常宽敞，隐隐约约可以看见远处几座楼房的模样。一切都很陌生，这大概是我对城市的最初印象。那时我没有地图，即便有路标也仍然不认识路，于是只能边走边问路人，步行到三堡。8 月，盛夏酷暑，我身材瘦小，近 40 摄氏度的高温把我热得大汗淋漓，几近虚脱。

到了三堡工地，大概是下午 1 点，那天我早饭也没有吃，饥肠辘辘的我用砖搭了一个简易灶，将饭盒放在简易灶上自己做饭。我记得当时吃的是随身带的霉干菜，尽管简单却也吃得特别有味。饭后我没有休息，直接开始在 40 摄氏度的高温下进入了小工的角色。

在这期间，我每天在工地上的伙食都是靠自带的霉干菜、番薯等一些简单的食物来解决的。因为那边食堂的菜对我来说太贵了，当时 3 分钱只能买到一碗青菜，一个月 3 元左右的生活费，对我来说是个不小的数目，况且那一点点青菜汤，对于一个近 20 岁、干体力活儿的小伙子来说，真是吃不饱。当然，我也是想攒更多的钱，我牢牢记住自己对家庭的责任，所以只能自己带霉干菜吃了。

8 月份，杭州的酷暑在整个江南地区来说都是很难耐的。白天，在太阳的暴晒之下，我被安排做些挑抬拌浆的工作，我身材瘦小，力气也小，整日拌浆，穿了鞋子的脚也都被磨破了，每天筋疲力尽。不幸的是，我还出了一次安全事故。

那是在三堡工地干了还不到一个月的时候。当时，搞建筑的全是手工操作，几乎没有施工机械。石灰砂浆或水泥砂浆都是人工用铁锹拌和。重物的话，不是一个人肩扛手提，就是几个人合力搬抬，是没有机械化设备可以使用的。比如在河里打木桩用的是打夯的方法：搭起龙门架，架中间吊一个滑轮，穿过滑轮的绳索一端缚住石夯，一端由人拉住，随着号子声，石夯一上一下重重撞击木桩，使木桩深深地埋进河下的泥土里。在没有工程机械设备的时代，这就是手工施工的基本操作方法。

那天，我的任务是拌砂浆，晚上 7 点左右，我拌好砂浆正准备收工时，看到其他同事正在架支撑窗门的过梁。他们由于人手不够，没能支撑住，我便去帮忙，和他们一起抬梁。那个脚手架是用竹篾捆起来的，承压能力没有铁丝那样好，梁又太重，结果整个脚手架承受不了荷载而坍塌了。当时我整个人掉了下去，后被紧急送到了杭州市第三人民医院，经检查，很幸运只受了外伤，并无大碍。要知道这样的梁有四五百斤重，直接砸下来，砸到身上人肯定没命。还好梁掉下来的时候是斜着的，一头落在地面，一头支撑在墙上，形成的三角区刚好成了救我性命的空间。可是我的背上还是留了一道伤疤，这道伤疤陪伴我到如今。就是这样，19—20 岁，我一直在三堡的工地日复一日地干着繁重乏味的艰苦工作，就算差点搭上小命，我也丝毫没有动过离开的念头。要知道，在我的同龄人当中，我能有这份工作算是很不容易了。

1974 年，在完成了三堡工地的工程后，建筑队派我到杭州群力化工厂做杂工。一个"杂"字，其实就意味着什么都要干，工程建设中哪里需要就被派到哪里，尤其是一些又脏又累又臭的活儿，比如用猪皮做胶（发酵后会很臭）。那时的我，仍然十分珍惜在建筑工程队工作的机会，一心想好好表现，多学技术，至于脏、累、臭我都没放在眼里，年轻人身体里好像有使不完的劲儿，只要队里安排，无论什么样的活儿，我从来不推脱。有一次，队里安排我晒玻璃纤维。

玻璃纤维是指细的玻璃丝，因为比较细，接触时，对皮肤刺激比较大，所以这是当时队里任务最繁重、工作环境最恶劣的工作之一。时值盛夏，劳作后我已经全身汗湿，细小的纤维也弄得我浑身瘙痒难耐。年轻无所顾忌的我不等身上的汗干掉，就直接用自来水冲凉，一时的畅快却换来了一场大病。当晚我就高烧，人烧得满脸通红，意识有些模糊，工友看情况不妙，向领导汇报后，把我送到了杭州市第三人民医院治疗，我在医院住了很多天后，高烧才渐渐退去。病情好转后，整日埋头干活的我，在医院实在待不住了。我想，多住一天院意味着要少赚一天的工钱，而且当时是没有工伤报销的，病假也是不发工钱的。于是，我未痊愈就坚决要出院，回到厂里。然而，没想到的是，正是这次提前出院，给我的健康埋下了隐患，导致我整个青年时期都处在体弱多病的状态。

下半年，我被派到了当时位于清泰街 388 号的杭州市林业水利局干活，做泥工和普工。也就是在那年，我终于从普工转为泥水学徒工。我很珍惜这样的学习机会，不管刮风下雨，每天早上 4 点，我必定起来花几个小时练习泥工的基本功，以便更好地掌握技术。对于年轻小伙子来说，这个时间段是睡眠的黄金时间。7 点钟后，我会与其他工友一同上工地干活。功夫不负有心人，我的手艺渐长，当我回到农村建造房子时，因我手艺比较好，一些关键性的技术活基本上都让我去做：砌砖墙、挑马头（房檐的一种造型）、盖瓦做屋脊、挂线、打灶。能掌握这些关键性的技艺，与我在林业水利局做泥水学徒工时的工作和学习是分不开的。也正是在那时，我打下了建筑工作的基础。

这半年中，有两个人对我帮助特别大，他们也是我踏上社会后最早结识的朋友。一个叫老王，他在当时的项目中主管基建，他经常在现场走动，时不时和我聊天。他是超山人，文化程度虽有限，但他时常用自己丰富的人生阅历，教我做事、做人。他看中了我对建筑工作的热爱，看中了我的忠厚诚实、言而有信，看中了我熟练、扎实的技术，所以当建筑工程队的领导走访时，他经常在领导面前提到我，认为我是个值得培养的年轻人。因为他的鼓励，我看到了自己的价值，也增强了自信心。另外一个是王工程师，他是搞地质的。他是从陕西调来的，个性非常外向，人脉也比较广。我那时在业余时间与他联络比较多，在平时的交往中，他也将自己的很多同学介绍给我，拓展了我的人脉。那时建筑工程队里真正科班出身的技术人员比较少，后来在杭州林业水利局，包括他在内的很多懂土木建筑的人员，都被我们单位聘作技术顾问，成为我们建筑工程队技术理论方面的主要支撑，也为我们做了很多技术方面的积累。

1975 年，我被派到杭州棉毛针织厂做工程。当时我还是半泥工、半普工的身份，但是我不放弃任何一个学习的机会，碰到问题除了请教别人，也肯自己动脑去解决。刚开始，碰到机械设备基础方面的问题时，他们会把图纸交给我看。我起初看不懂图纸，后来自己仔细分析机械的平面构造，不断研究和请教，几番思考后，居然也弄懂了机械设备的基础图，然后根据图纸来进行施工。这对于文化程度不高的我来说，十分有成就感。有一次，我在墙面上按照自己的想法弄了设计造型，而业主并没有这样的要求，当时的梁副厂长看到后，直接夸我有创意。看似"自作聪明"的努力，为我带来了不小的收获。那时，我师傅比较看重和信任我，他不在现场时，很多事情就交由我来管理。师傅对我的信任，我十分感激，也决心不辜负他的期望和栽培。但凡他交代的工作任务，我一定想方设法圆满完成或者超额完成。那时，工友还会抱怨，说我在师傅不在的时候还工作这么起劲，他们觉得可以偷一会懒。但我认为，作为出来工作的人，既然业主给我们报酬，我们就必须付出努力，师傅在与不在应该一个样，这就是我们的职业精神。只有认真对待眼前的工作，圆满完成上级布置的任务，才能得到别人最基本的肯定与认同，才能有更好的发展机会。这里，我也想通过自身的实际经历，告诫现在的年轻人，一个能挑 100 斤担子的人，只选择了挑 50 斤，逃避责任，不愿贡献，他今后的路肯定越走越窄。

而我，笃定要把自己的路越走越宽，所以尽心尽力完成师傅交给我的任务。机会只会垂青于有准备的人、有担当的人，这句话一点没错。经过在建筑工程队做小工、杂工、泥水学徒工的 4 年的不断学习和积累，我已经具备一定的项目施工经验，且在各项工作中肯吃苦、善用脑，领导和师傅都比较看重我。当时，黄龙洞仓库工程项目需要一名项目经理，他们最终在很多候选人中选定我，将这个难得的机会给了我这个年轻人。我终于从人群中走了出来，这是我职业生涯的一次重要转折，从这个项目开始，我从一名以技术专业为主攻方向的普通建筑工人，转型为技术兼管理双肩挑的项目负责人。

3. 正式步入项目管理

黄龙洞仓库工程项目也是杭州市林业水利局的下属项目。第一次做项目经理，我心里是很有压力的，毕竟以前只要做好领导分派给我的任务就可以了，现在要掌管整个施工队伍，设计施工、人员分派、进度把控、质量监督、经济效益等各个方面都要亲力亲为，敢于领导，善于领导。而我自身虽说有三四年的工程经验，但是对于管理并不熟悉，理论上也有很大欠缺。不过，这样难得的机会摆在我面前，再大的压力也要面对。人，其实就是这样，在压力面前会变得强大，不给你机会，你都不知道自己的能量有多大。

在项目正式启动之前，我就已经利用业余时间自学整体项目管理和技术管理，平时遇到不懂的地方和处理技术难题时，便向老工人虚心请教。不管白天工作有多辛苦，晚上也坚持读书自学，提高理论知识水平。作为一个只读了4年小学的人来说，我深知只有付出比别人更多的时间和精力，才能将自己少年时的文化课一堂一堂地补起来。那段时间，我是杭州解放路新华书店的常客，有钱了便将书买回来读，某个月实在是囊中羞涩，便"赖"在书店里读书。那段时间，像《钢筋工程理论》这样对我来说难"啃"的技术类图书，愣是被我看了多遍。有人曾经说，看一个人是否有出息，就看他业余时间在干什么，这话很有道理。我没有业余爱好，如打牌、喝酒等，我把自己的时间都投入思考工作、自学钻研中。同时，更为可贵的是，这让我养成了终身学习的良好习惯。

施工管理方面，我坚持将工程质量放在第一位，工作中时刻保持对项目、对业主负责的态度。建筑工程使用周期动辄几十年，甚至上百年，来不得半点马虎。每个工程环节的开展，都经过深思熟虑、仔细交底、事中检查，每道工序都严格执行标准，不达标的坚决要求返工。有的施工人员确实干不好，我就让他们仔细观察别人是怎么干的，看明白后自己再干，督促他们把品质做到最好，把效率做到最高。当时我们实行的是包清工，采取工地核算制，核算因素是工期和效率，最终在整个建筑工程队中我们项目人员的收入是最高的。

然而，在工程施工过程中，我发现了一个说小非小、说大可大的问题。在一家水利勘察设计所设计的施工图纸中，房屋下部设计的一层是砖柱结构的车库，二层是梁上面砖砌承重墙的结构，供人员住宿所用。我认为这样的结构会导致上部荷载过重，下部可能难以承受上部的重量。对这样的结构是否能够保证房屋的稳定性，我持怀疑态度。于是我找到在杭州高级中学（简称"杭一中"）

工地上非常有经验的沈师傅，向他咨询、讨教此事。这位师傅精通建筑结构设计，他给出了与我设想一致的答案，我立即联系业主，将我的想法如实告知。

然而，他们认为我是在乡镇里搞农村房屋等小建筑出身的，对于这样的项目经验不足，对我说的话将信将疑，他们认为专业的设计单位不太可能出现这样的失误。于是，我进一步向业主提出，这个工程设计人员是一个水利工程方面的设计人员，可能在房屋设计方面不是很专业。业主当时也不置可否，工程还是照常进行。中途，我又就这个问题提醒他们，但仍没有得到回应。看着项目这样带着隐患日日推进，我心里始终过不去这道坎，后来我还是坚持追着业主，进行多次沟通，陈述利弊，最终成功说服了对方，专门请人修改了承重设计。工程完工后，主管部门在现场验收时一致认同我当初的意见，并对我认真负责的工作态度给予充分的肯定和赞赏。事后回想，当时如果没有察觉到这个细节问题，或是在业主不予理睬之后便放下不管，没有及时进行设计修正，那么对业主、对社会都是一种隐患。

还有一件事情让我记忆犹新，该项目上另有一栋 12 米左右跨径的空间结构的仓库，这在当时也算是比较大的结构了，它的人字架结构和重量都比较大，我们再三分析后认为，没有起吊设备，难以完成吊装工作，最终决定与浙江省第四建筑公司安装工程队沟通，请他们派专业的吊装力量过来协助。我始终认为，质量与安全是分不开的，工作应该努力，但不能靠蛮力，借助专业的施工设备，既可以保证施工人员的安全，也能够保证安装工程的质量。虽然那时的施工设备远没有现在的先进，但是只要能保证安全，就要利用一切能用的设备。回想当年用蛮力抬梁，从脚手架上摔下来的经历，我时刻不敢忘记"安全"两个字。

　　23—24 岁间，我都在管理这个项目，这个工程持续了将近两年，其间，我几乎日日夜夜待在工地上，处理大大小小的问题，一般一个月也就回萧山家里一次。那时往来萧山家里和工地之间主要靠骑自行车。我的车子是当时最流行的"凤凰二八"。记得 1976 年的冬天，杭州雪下得特别大，雪停后整个路面都结冰了，我小心翼翼地蹬着自行车，有时遇到难走的路段就下来推着前进。平时几小时的车程硬是骑了快一天，回到家时天都已经黑了。

　　工程完工后我便回到了队里。由于没有再接到工程业务，我便回家务农了整整一年。我想，我在工作中已经取得了一定的进步，在思想觉悟上也应该跟上时代。于是在这段时间里，我加入了中国共青团，24 岁成为共青团梅西工业线团支部副书记，25 岁成为梅西工程处团支部书记。1980 年 8 月 2 日，我加入了中国共产党，成为一名光荣的党员。

　　1978 年，在家务农整整一年之后，我又利用农闲时间到杭州市林业水利局干活，那时我是被建筑工程队派到杭州市林业水利局天水桥项目部当项目经理的。这个项目在当时也算是建筑工程队里的"高大难"项目了，一共 2 幢房子，一幢是 1000 平方米的 4 层办公楼，一幢是 4500 平方米的 6 层住宅楼。也许与现在动辄几万平方米甚至几十万平方米的工程项目相比，这根本不值一提，但在那个卷扬机都很难买到，脚手架更是用几根毛竹搭起来，几乎没有机械设备的年代，所有工程全是靠人工土法上马施工的，也确实算是具有高难度的大项目了。这也是我真正意义上开始造楼房。相比以前修建仓库等单层工业建筑，这次的难度与挑战显然更大，加上队里对这个项目十分重视，我感到肩上承担的责任更重了。

　　好在黄龙洞的项目让我积累了一定的项目管理经验。从项目一开始，在技术和质量方面，我就制订了详细、紧凑的整体施工计划，明确各道工序节点的完工期限，落实各类现场管理制度。施工期间，我严抓工程质量，对每道工序进行仔细的验收。工期也不能放松，关键节点都是利用休息时间搞突击，保证后道工序及时跟进，并且实施交叉作业。

说到抓质量，还发生过这样一件事。这幢水利设计院的办公楼设计方案中的一层柱子，是需要预制后安装的，但在安装时我们发现甲方提供的水泥过期了，我便提出要对水泥进行重新检验。检验结果显示水泥实际标号达不到预定标号。为此，我与甲方进行了细致的沟通，费尽了口舌，最终他们同意更换不合格的水泥，确保房屋的质量安全。质量安全来不得半点马虎，即使知道责任在甲方，我仍然会不顾甲方某些人的反对，坚持做我认为对的事情。

还有一次，在林业水利局工地勘察设计综合大楼施工中，我们认真分析了施工图纸。图纸上设计了浆砌小石块基础，地基条件是淤泥质软基，层高为4层，我们通过图纸对该基础分析后，认为该设计会造成房屋不均匀沉降。这时我们反复和设计人员沟通，但对方不愿听取我们的意见。最终，我们请求浙江大学结构所的帮助，并得到了与我们相同的意见。之后，我们又同该设计人员再次进行深入沟通，最后他同意了在这基础上加一根地圈梁。此时，我们已经将小石块砂浆基础都用钢钎进行逐块撬动、灌入。我们想，虽然只加了一根梁，但是块石比较小，一定可以使块与块之间的砂浆稳固、坚实，做到没有空隙。这个块石基础有1.5米左右深，是一层一层做上去的浆砌块石，每层石头都要铺平，留一定的灌浆空间。有一次，石块铺平后，我在用锤子敲石时，有一块小石片飞了出来，正好打在了我的门牙上，把我的两颗门牙都打掉了，其中一颗牙齿直接断了，连里面的牙根也断了，幸运的是我的嘴唇没有受到伤害，之后我就一直戴着假牙。最终这座楼在当时萧山县全面质量检查时得了第一名。

对质量的重视，让我对待工作更加严谨，这一点贯穿了我整个人生。做人与建楼其实一样，都需要踏踏实实，来不得半点虚假。我这辈子之所以能在事业上站住脚，与我在专业上踏踏实实、精益求精是分不开的。

项目的日常行政管理，也让我费了不少精力。我在当时就实行了每日例会制度，对一天的工作要点进行交底，落实责任分工，做到日事日清，按步推进。直到现在，自己虽然已经不在一线实地指挥，但我将这样的做法交给了继承者，让他们把好的做法延续下去。做项目的日日夜夜，我都把自己的时间排得很满，白天在工地工作，晚上就开始自学工程定额计算规则。我当时觉得，既然要长期从事项目管理工作，这一技能是必须要掌握好的。通过长时间的学习，我逐步掌握了预决算要点，跟随工程的进度实时计算工程量。工程结束时，公司的技术负责人来工地做决算，看到如此专业的决算书，他感到相当意外，对我也很是佩服。后来，这位技术负责人回到队里后向领导汇报我在工地边施工边做预决算的事情，夸我是个肯吃苦又肯钻研的年轻人。

就这样奋战了一年多，这个"高大难"工程终于圆满完工。功夫不负有心人，其中一幢房屋的粉刷工程质量在全县66个公社所有工程大检查中获得第一名，还得到上级主管部门的嘉奖，我们建筑工程队也被奖励了一台拌灰机。而我也在建筑工程队里崭露头角，真正成为一名年轻骨干。没多久，队里就决定调我回去做行政管理工作，年轻的我因此在全县建筑行业中有了一定的知名度。

第四章

建筑工程队队长

1. 身份转变

时间的车轮步入 20 世纪 70 年代末，中国开始了轰轰烈烈的改革开放大潮，市场经济的活力已在各地逐步显现。萧山也不例外，改革开放前的萧山是一个农业大县，种着大麦、水稻、棉花、络麻，当然最著名的还是"萧山萝卜干"。70 年代末开始，萧山的第二产业逐步发展起来，据统计，70 年代末萧山的国有企业有 55 家，集体企业有 437 家。也就是在这时，萧山农村开始实行家庭联产承包责任制，将农村劳动力从有限的土地中解放出来，乡镇企业开始异军突起，各行各业都呈现出一片生机。建筑业也迎来了大投资、大建设的春天，各地基础设施建设、居民住宅房屋建设需求日渐增多，整个建筑市场不断扩大。党湾一带的建筑同行开始走出杭州，赴上海等地承建工程。与此同时，我所在的梅西建筑工程队被纳入萧山县第二建筑工程公司（简称"萧山二建"），更名为萧山二建梅西工程队（简称"梅西工程队"）。

梅西工程队
（第一排左起第四位为沈柏焕）

在建筑工程队的这些年，我从最开始的小工变为学徒工，从学徒工到能独立完成师傅交办的工作，得到师傅的认可，最终从一帮子人中被选出来当了项目经理。在做项目经理期间，通过自学建筑工程科目，我逐步掌握了建筑施工和项目预算的相关技能知识，并通过项目实践，积累了一定的管理和技术经验。这些年我的一切努力，公司和建筑工程队的领导都看在眼里。那时我已经成为队里的重点培养对象，只要有生产管理、预算、建筑技术等方面赴外培训的机会，都会让我参加。通过学习培训，我逐步具备了进入管理层的条件。1982 年，我成为梅西工程队的副队长，相当于如今的副总经理，主管技术工作。此时，距我进入建筑工程队已过了 10 年。人们常说"十年磨一剑"，10 年间，我已由一个刚踏出泥田、什么都不懂的青葱少年，成长为一个能够独当一面的建筑施工管理者，这中间夹杂的汗水和艰辛、危机和挑战，恐怕只有我自己才能够体会。

在 30 岁之前进入工程队的领导层，在当时的建筑圈子里，也是很少见的。要说我当时的心态，有喜悦和开心，但更多的是压力，觉得自己身上的担子更加重了。原来的建筑小工只需要做好分内工作，项目经理只需要负责好一个项目，而现在的副队长，面临的是一支队伍的协调调度和对队里所有项目工程的总体把控。我意识到如果不更快地提升自身素质，不付出更多的努力，将无法胜任现在的工作。

读书仍然是我工作之余最喜欢做的，只要是专业书籍，不论是建筑施工方面的还是经济管理方面的，我都会读。因为角色转变了，学习经济管理就变得十分重要。当然，老本行建筑施工也不能放松，因为建筑施工技术在不断进步，只有学习并且掌握更新的技术，才能提高工作效率和施工质量。这里得感谢一下我的小舅，在我当小工时他就给我一本预算书让我学习，在后来的工作中，这本书让我受益匪浅，也使我深深体会到了学习的重要性。

除了读书这种学习的途径，在实际工程中遇到技术问题时，我会向老技术人员和专家请教，这更不失为一种高效的学习方法——从实践中学习，总结之后再去提高实践的能力。大的智慧往往不仅藏于书本，更藏于实践，懂得从实践中学习，从实践中总结，才能得到知识的真谛。所以我必须深入施工现场，只有深入现场，才能了解现场实际情况，及时发现和解决问题。当时由于交通不便，我经常骑着自行车在各地的工地上跑，远的工地仅单趟就得花去好几个小时。在汽车还不普及的年代，骑自行车已经是最高效的交通方式了。我天天骑着它到红山农场，到绍兴柯桥，记得去柯桥的路上有很多石板路，还有不少桥，有些拱桥非常陡，车子根本上不去，需要背着自行车过桥。所谓"读万卷书，行万里路"，虽然我还差得很远，但确实是在向这个方向努力。

　　我常想，我这一生，最大的遗憾是读书少，但养成了刻苦自学、终身学习的习惯。每一个工程都是我的课堂，每一本书都是我的老师，我的每一次进步与成长，都与我的自学分不开。

　　作为副队长，我一方面要提升自身素质，另一方面要带领全队人员不断学习和掌握新技术，这也是我的责任。20世纪80年代的中国和世界，技术发展日新月异，我们每天都在接触不同的新鲜事物。从建筑行业来看，业主的需求日益多样化，工程项目的结构难度也在不断加大。那时我只要了解到哪个建筑工程队在做一项难度较高或是我们没有做过的工程，便会想办法去学习相关技术，比如通过领导批准进行参观交流等。那段时间我了解了不少新技术的使用情况，以及使用中遇到的问题和针对特定问题的解决办法。队里举办培训班的时候，我就把我掌握的新技术以及相关重点问题，与队里的业务骨干们分享，就像当年我的师傅把一身技艺传授给我一样，我也要将自己所学都教给队里的骨干们。后来，我们培训班的学生中，真正走出来了一批出色的技术和管理骨干。我们这个培训班培养了各种专业的精英。

　　说到队里的培训班，因为我是分管技术的副队长，为队里培训人才便是我的分内之事。那时我自己办班，自己做培训，所有建筑施工学科的课都是我一个人来讲，偶尔请专业的老师来授课。当时整个建筑行业，有实践经验的人比比皆是，但是有丰富理论知识储备的人寥寥无几。搞建筑光有实干是远远不够的，只有学习系统的、科学的建筑施工知识，才能明白为什么这么施工，怎样科学施工才能提高效率和质量。办培训班就是当时我们培养企业技术骨干的一条途径。当时培训班的不少学员至今仍在公司内担任重要职务。正如我前面所说，培训班里出来的人，都应该是管理一方的"将领"。

我始终为乡镇企业自豪，我们这一批批农民，有最大的危机感，也有最大的进取心。乡镇企业之所以能有如此大的发展，与这种危机感和进取心密不可分。乡镇企业来自市场，成长于市场，他们自然成了市场的中坚力量。

就这样两年过去了，我在公司的技术管理工作上取得了不错的成绩，我们的施工技术手段也在不断更新，技术力量不断壮大，形成了稳定而强有力的技术团队。到了1984年，我开始担任主管生产的副队长，从技术领域转战到了生产领域。生产与技术是两个有分有合的部门，技术工作相对来说专业性更强一些，管理范围就是技术部门，比较单一。而生产工作对整体性、协调性要求更高，涉及面更广，无论是现场的人员组织还是项目的整体安排，都需要管理者具备较强的统筹协调能力。转到新的岗位，我又开始了整天泡在施工现场的生活，时刻与项目部保持沟通。当时工人的文化水平和素质水平普遍较低：一方面他们缺乏自我约束力，很多关键环节的施工需要在现场监督把控；另一方面，他们确有很多技术掌握得不过关，需要有人帮助指导。有时我会到工地帮助项目部搞测量，因为他们那时连测量仪器都不会用。

对于主管生产的副队长来说，协调组织生产也是一项重要的工作。还记得在参与红峰丝织厂的项目时，建筑的下面是食堂，上面是影剧院，结构比较复杂。看到现场的技术力量实在不足，我就把队里技术好的管理人员调集过来，给他们做了大量的技术指导与协调工作，一方面提升了现场施工人员的技术水平，另一方面也提高了项目管理人员的生产管理能力。有时遇到两个有能力却互相不服的人，我还得做他们各自的工作，争取把他们"拧"在一起。这个项目中就有两个年龄较大的高中毕业生，他们有不同的自学学历，一个是管技术的，一个是负责木工翻样的。这个影剧院结构非常复杂，两人经常就施工方案争论。

作为管理者，这方面的争论我必须要介入其中协调。他们的学历比我高，技术水平又都不错，把他们拧成一股绳着实费了一番力。那时，我组织建筑队的优秀技术人员开展技术比赛，让他们两个同时当评判老师，以此提升他们互相之间的认同感。在后来的项目工作中，我经常把这两个人分到一组，让他们取长补短，解决了不少结构上的复杂问题。

就这样，我凭借之前现场管理的实际经验，加上在工作中肯学苦干，很快进入了生产管理者的角色，这一干就是一年多。我同时也担任队里的副书记，书记是行政正职，队长是工地出身，管业务的，而我是专管生产的。1984年时，乡镇企业改革进一步深化，老的书记队长都被调换了。当时的工程队是乡里最重要的一个企业，乡政府比较重视建筑业，该建筑企业也是乡政府的主要创收单位，乡政府决定把原来的梅西工程队一分为二，一个是以新上任的书记为核心的施工队，另一个是以新上任的队长为核心的施工队。乡政府分管党委、政府的各分管工业的领导组织，请来30多位项目经理，召开分队动员大会，由30多位项目经理自愿投票。最终书记得票多一点，负责掌管梅西工程队，队长后来去了第二建筑工程队。书记以政工为主，在这种情况下，梅西工程队需要增加一位队长。由于我既当过项目经理，又从事过预算工作，还管过生产，所以当时的乡党委书记、乡长找我谈话，希望我能担任梅西工程队队长的职务。我个性倔强耿直，当时觉得担任队长压力较大，一时也没答应下来。

后来两人又找过我几次，最后一次是把我叫去乡党委二楼书记办公室前面的小型会议室，后来还去了梅西八字桥一家小饭店里炒了几个菜，一起吃饭。那时我们梅西工程队的书记也在，边吃边谈，他们认为现在工程队里，做过项目经理、搞过预算、管过技术、管过生产的,只有我一个人了。虽然年纪较轻,但是他们认为我已经是一名综合性业务管理者了,之后他们又讲到年轻人要勇于承担责任,不能退缩,于是拍板定下来我当队长。我却之不恭,只好答应了。其实当时我还是想去专攻技术,做项目管理等工作的。要做一个队长,就要面临内外各种力量的矛盾与冲突,特别是要带好队伍,就要让员工有活干,有钱挣,要让每一个人都有发展机会,我肩上的担子很重,责任很重。

就这样,在步入建筑行业 13 年后,受上级政府委任,我成为梅西工程队队长,全面主持工程队工作,这是我事业的一个重要转折点,也是一个重要的起步。那天我记得是 1985 年 5 月 25 日。

出任梅西工程队队长

2. 纷繁复杂的内外关系

成为梅西工程队队长后，为快速进入角色，我首先要做的就是尽快了解、熟悉企业的整体情况，以前接触财务和行政等工作比较少，正好借此机会对这些工作的情况进行深入了解以便全面掌握。同时，我将工作重心放在拓展市场和企业经营上。一般情况下，我上午待在办公室处理日常事务，下午就深入施工现场了解情况，处理现场问题。真正当上队长以后，我才知道这个职位的种种不易，很多时候压力并非来自施工本身或者业务的开展，而更多来自企业内部以及自上而下的环境压力。

20世纪80年代是改革开放初期，市场经济体制还没有建立起来，缺乏市场竞争机制，计划经济占据着主导地位。在萧山地区，因为企业大多是集体企业，工程队队长是政府行政任命的，上级主管部门对企业的行政干预比较多，企业并不能从主观上完全实现自我经营。

因此，在做梅西工程队队长期间，最让我头疼的，就是常常面临这种错综复杂、难以处理的人际关系。

在一个领域中，事情做得越好，表现越为突出，就越容易受人关注。1985年左右，我的家庭收入有了一定积累，我想应该为自己造一间房子，以改善当时的生活条件。我总共花费了不到4万元，建成了一幢3层的房子。别人看我年纪轻轻当上梅西工程队队长，还造起了房子，不免会对我产生误会。

其实，我是搞建筑的，给自己的家庭造一幢3层的房子，也是出于建筑人的一种愿望。就资金来源而言，我在当项目经理时，项目做得比较好，通过自己的勤奋努力，收入比别人高一点，所以积累了点资金。同时，家里也靠养猪攒了点钱，平时家庭支出也十分有限，吃的如麦子、水稻等都是自己种的，爱人还在村里做工，也能赚点钱。再加上我们全家一直省吃俭用，我大女儿6岁时，都还没有一件自己的新毛衣，穿的都是奶奶将旧毛衣拆线后编织成的。

我想，好好做人和努力工作所积攒的人们对你的信任，是任何时候都不会丢失的。凭借自己的努力赚来的钱，花起来才不会担惊受怕。如今我也一直这样教育下一代，正直是我们的家风，是我们的做人之道，要清清白白做人，堂堂正正做事，以正直立人、立家、立世。所以当我的孙辈出生，让我取名的时候，我毫不犹豫地给我的孙子取名"道正"，有道而正的意思。

那时除了要处理对外的事情和各种关系，我还面临着处理工程队内部关系等诸多事情。在管理层中，我的年纪最轻，前任书记仍是支部委员，分管业务的副队长是我的泥工操作师傅，分管技术的副队长是我的技术指导师傅，他们都是我的前辈，资历较老，按照常理，这样的班子搭配，肯定会让我束缚手脚，瞻前顾后，不敢放手。但我想，做人只要诚字当头，就不必有太多的顾忌。在工作中，我充分尊重这些老前辈给予的指导和意见，但凡遇到比较大的选择和问题，我都将他们找来，共同商议决定。而他们对我的工作也给予了最大的支持，直到今天，我都非常感念他们的帮助，他们都是我生命中的好人、恩人。在这个世界上，以诚待人，还是有回报的。与此同时，也有人放着本职工作不做，总是在背后议论，唯恐天下不乱，扰乱队伍的内部环境和稳定。在这种情况下，我没有纠缠于各种繁杂的环境，从不主动介入各种无原则的是非之中，人若被这种是非纠缠、左右，就再也不用想干事，更干不成大事了。

在企业内部，我从不以领导的身份凌驾于众人之上，我对所有人保持应有的尊重，同时在各类事务的处理上力求公平公正，处处从企业集体利益的角度出发，对任何人不搞偏向性。慢慢地，我不偏不倚的做事风格，赢得了企业员工的理解与尊重，使得大家在当时特殊的大环境下仍然能够齐心协力，以企业发展为共同目标。在企业外部，我秉着以企业利益为重的原则，与各主管部门做好沟通联络工作，保持良好关系。外部环境的稳定是我们内部稳步发展的重要前提，我与书记分工明确，我负责整个行政事务，书记负责外联工作。我们协同发力，保证了企业的稳步发展。

家和万事兴，其实小到一个家庭，大到一个企业都是如此。不必要的人事纠纷、权力纷争等，是消耗企业实力的利器，这是一种企业的内部消耗，最终没有人会得到利益，只能是"多败俱伤"。直到如今，我最厌烦的就是企业内耗，它消耗所有人的精力，也消耗企业的灵魂，我常常和我的同事说，我的企业中，决不允许存在企业内耗，不管什么事情，都要当面沟通协调，不能背后做小动作。团结是企业向前开拓进取的根本，一个企业如果失掉了基本的向心力，就如同一盘散沙。从20世纪90年代起我们便一直向员工灌输这种理念，越是市场经济，越是要团结奋斗，要凝聚所有员工的智慧和创造力。直到现在，公司都一直存在一种互动的向心力，虽然企业规模不大，但是这种理念和向心力使我们迎难而上，一直处于上升阶段，这其实就是崇尚团结共爱的精神得到的结果。

3. 市场拓展与内部改革

在疲于应付各类关系的同时，我丝毫也没有放松对公司业务的推进。对于梅西工程队的经营管理工作，我几乎倾注了全部的精力。这个时期，我主要做了两件事，一是市场拓展，二是内部改革。

20 世纪 80 年代中后期，随着改革开放的深入，各地的经济建设渐入佳境，整个建筑市场也日渐扩大，同时各建筑公司间的竞争也日趋激烈，各兄弟单位都在谋求更好的发展，争抢这个逐渐增大的"蛋糕"。工程队当时的业务范围除杭州外，还逐步扩大到了绍兴地区。在这种情况下，我开始思考如何打开宁波、上海这两个建筑业比较发达地区的市场。

1987—1989 年，我们主攻宁波市场。那时进入宁波市场的难度非常大，根据当地城乡建设委员会的政策，外地建筑公司需要达到一系列的要求并办理诸多手续才能进入。我将进城的种种要求和条件与自身实际情况逐条对照，没有的条件就去创造，让自身的条件与进城条件吻合。之后，做好了各类相关基础工作，并通过与主管部门和当地政府协调，最终成功进入了宁波市场，设立了宁波办事处。第一任办事处主任是高焕良，他入职后陆续承接了不少业务，逐步拓开了宁波市场，扩大了工程队的业务来源和业务量，更重要的是增强了我们的自信心。天下无难事，只怕有心人，攻下宁波市场，让全体员工感到振奋，受到鼓舞。

随后，我们又趁势向上海市场进发。我与管生产的徐永潮副队长以及管财务的漏迪荣一起去上海，这是我第二次去上海。上海太大了，到了之后我们失去了方向感，也不知道该去哪里，当然最关键的是当时心里对如何打开市场，从哪个切口进入，没有一点头绪。记得那天下着非常大的雨，无奈之下，我们找了辆出租车，出租车师傅问我们去哪里，漏迪荣说去最热闹的地方，看上海的城市，看上海的市场，看上海的人，一句话，要熟悉上海。就这样，我们在上海待了两天，了解到了一些信息后，事情终于有了些眉目。在党湾和梅西交界地生活的一些人，已经在上海做一些小的项目了，我们首先拜访了这些人，希望在这些人的帮助下进入上海市场。后来，书记和我得知上海工业玻璃三厂有一个项目要做。我先是将这个消息报告了当时的萧山二建，想请他们帮忙从总公司层面把项目拉过来，但是总公司显然没太在意我们的请求。无奈之下，我们只能靠自己的力量争取。我们针对甲方做了大量的工作，最终将这个投资200多万元的项目拿下了。200多万元的项目在当时已经算是投资量较大的项目了，我们终于进入了大上海。这个项目开工时，我们在上海设立了办事处，有了立脚点。

通过一段时间的全面工作，我也发现了梅西工程队内部的一些问题。自20世纪60年代梅西建筑工程队成立，到80年代被纳入萧山二建，20多年来，虽名称由梅西建筑工程队更改为梅西工程队，隶属关系有所改变，人员有所扩充，但队里内部的组织结构、人员素质、分配结构等基本停留在计划经济时代，很多地方仍然存在明显的计划经济烙印，已经不能适应当前的市场竞争要求了。为促进工程队的进一步发展壮大，我开始着手对工程队内部进行改革改组。

为适应工程队在全省乃至以后在全国的发展需求，在工程队的组织结构方面，我把原来分散在各地的小组统一升级为办事处，根据当时的市场情况，首先把我们的触角伸出去，最开始设立了杭州办事处、萧山办事处、宁波办事处、绍兴办事处、上海办事处五大办事处，由各个办事处负责当地区域的项目营销和市场拓展。

在设立办事处后，我立即推进了梅西工程队人员改革。对有些思想仍然停留在计划经济时代且不能适应日益开放的市场经济的人员进行调整，并把一些踏实肯干，勤于接受和学习新知识、新技能的年轻人推向领导岗位。这一时期，我调整了分管市场经营和生产的主要负责人、各大办事处主任等。同时，劝退了一些不负责任、不思进取、能力显然不足的工作人员。

人才是企业发展的关键。从做副队长开始，我就十分关注队里人才培养的问题，成为队长之后，我把骨干人才的培养视作最为关键的一项工作。随着业务量的增多，施工力量的跟进是必然的。鉴于工程队当时的人员状况，我带领几位副队长，制定了详细的人才培养制度和政策，这既是企业发展的需要，也是对员工的正向激励，体现了企业的价值导向，形成了企业讲学习的风气。例如，在队内选拔培养一批待培生，由队里出面联系渠道和出资，送去浙江大学土木建筑专修班学习专业技术知识。第一批送了4人去培训，之后根据实际情况每年都选拔人才参与培训。

那个阶段我们在财务结算体系上也做了一些改革。原来队里是采取估产法进行核算，到年底根据生产值估算出一个企业当年的收入，并按此缴税。这种做法的严重弊病是收入只是账面估值，可能其中很大部分还是应收款，并未实际进入企业账户，造成经营额虚高，报表失准，税款多缴。由于历年沿用这种核算方法，久而久之就造成了经营亏损。到1985年底，整个萧山为了统一口径，对各企业清产核资。那时，从财务报表上看，工程队经营亏损200多万元。我决心改变这种"自欺欺人"的做法，采用实际资金收入进账法，按实际收入来记账和缴税。这样财务报表既能真实反映企业实际收入和盈利状况，又利于经营者对今后发展方向做出决策。

另外，根据实际需要，我自己研究、制定了符合企业实际状况的财务报表，包括资金日报表、银行存取余额表、设备租费表、季度实现净收益表。这些表单的运用，对我管理企业的日常运转起了比较大的辅助和掌控作用。我始终相信，一个真实的、健康的财务体系，是企业运转的核心，这个核心很大程度上决定了企业的兴衰存亡。

在推进这些改革的同时，我也一刻没有忘记对工程质量的要求。机构设置也好，人才储备也好，最终都是为了更好地推进业务和提升工程质量水平。我常在会议中对全体员工讲，质量是我们的生命线，是我们赖以生存的立足点，只有保证高水平的施工质量，才能赢得业主的认可，在市场中站稳脚跟，从而逐步树立自己的品牌。从另外的角度来讲，业主投入几百上千万元做一个工程，谁的钱来得都不容易，我们应该要时刻为业主着想，保证工程质量，日后他们的项目投产运营，也有我们的贡献。我常以这种换位思考的方法来教育、管理员工，逢会必讲，有松懈的苗头就紧抓不放，让他们真正在思想上意识到质量的重要性。

经过那几年的外部拓展和内部改革，工程队可以说取得了相当可喜的业绩，营业额一年一个台阶向上突破，由 1985 年的 300 万—400 万元增长到 1989 年的 900 万元，1990 年营业额突破 1000 万元大关。在 20 世纪 90 年代初，1000 万元的营业收入对于萧山地区众多小企业和工程队来说，已经算是相当大的数额了。

从 1982 年担任梅西工程队副队长到 20 世纪 90 年代初，这将近 10 年的时间是我人生中重要的 10 年，是我在工作上、思想上逐渐成熟的 10 年。其间，我完成了从一个技术工人到企业管理者的重大转变，从一个劳动者到创业者的重大转变，从一个仅为养家糊口的人到投身时代潮流、勇于改革的人的重大转变。当然，我的转变只是千千万万巨大历史性转变中的一个，感谢时代给了我之前从未有过的选择机会，让我感受人的责任、人的价值，让我成为市场的参与者、竞争者，让我有了可贵的自信，对企业发展的方向、目标、进度和各类事件的管理和把控渐入佳境，能够更全面地思考和面对各种事务和问题，具备了较强的判断力和决策力。这些基本的能力储备为我在进入20世纪90年代后，面对企业独立、转制以及向重点领域拓展时做出的数次重大决策奠定了基础。

第五章

打入水泥施工市场

1. 闲谈得来的生产线——红山水泥厂施工

一直到现在，仍然有很多人问我，为什么当初会进入水泥生产线施工领域。其实我自己也无法说得十分清楚，如果一定要有一个缘由，那么大概是源于一次漫无边际的闲谈。

我的一个亲戚是萧山红山水泥厂的厂长，我们又是各自企业的领头人，总有些共同话题，有次碰面时我们就聊到他的水泥厂情况。当时，萧山很多水泥厂，比如萧山义蓬水泥厂、萧山围垦水泥厂、萧山瓜沥水泥厂、萧山水泥厂等，也包括他的红山水泥厂，均使用机械立窑（简称机立窑）生产工艺。立窑的生产过程对环境污染最为严重，特别是使用萤石等矿化剂造成的高氟排放，对农作物以及蚕桑生产影响很大。此外，萧山的这些水泥厂，均布局在集镇和人口密集区，对周边居民的健康也产生了不良影响。为改变萧山地区的环境和减少粉尘危害，我们同时提出一个想法，即对水泥厂的生产线进行改造和扩建。

不懂水泥行业的人，可能不是很清楚，水泥窑大致分为立窑和回转窑两大类，两者的生产工艺不同。立窑又分为普通立窑和机立窑，一般来说，立窑法生产的缺点是主机产量低、对原材料要求高、易在窑内结炉从而影响正常生产，如果技术手段不过硬，或是管理不善，立窑对环境的污染更为严重。而使用回转窑法生产，既可烧结，也可烧胀，且用同一套装置，可以使用不同配方和焙烧制度，这是立窑法无法做到的。此外，回转窑可露天设置，明显节省土建投资。

我听了他的这个想法，便十分感兴趣，我们一起探讨了一些国内外水泥生产行业的情况，以及朝哪个方向、以哪个路径和方式去改造生产线，无所不谈，但谈过也就算了，毕竟不是我的专业和领域，我没再深入去想。

没想到，过了些时日，他决定新建一条年产 18.5 万吨的回转窑生产线。我听到这一消息，既为他有如此大的项目感到高兴，又顿感压力——我是否该承建该项目？因为我们还未涉及水泥生产线施工领域。虽然从事建筑行业已有 10 多年，且自担任项目经理和梅西工程队队长以来，承接的大大小小建筑项目已有几十个了，技术和管理经验都已经有一定积累，但水泥生产线施工对我们来说，确实是一个全新的领域。在此之前，我对这个领域也只是有些粗浅的了解，而且在当时，回转窑水泥生产线建设不要说在萧山，就是在全国也是几乎没有案例可循。承接这样一个项目，并确保技术攻关、顺利施工，最终保质完工，说实话，我心里是没底的。那时我考虑了很久，感觉压力很大，但舍不得放弃这个新生事物，因为它对我产生了强大的吸引力。同时我心里也非常清楚，如果放弃这个机会，以后再进入这个领域，恐怕就比较难了。基于这样的考虑，我决定同他商量，主动请求承接该项目。最终他同意将该项目交给我们施工。

进入一个陌生的领域，便意味着一切都要从头来过，一切都要重新学习，机会和风险同时存在。我想到，我们钱塘江一带有个传统习俗叫"抢潮头鱼"，"抢潮头鱼"的人扛着潮兜，站在沙滩上等着潮水的到来。当江面上的一条白线自远而来，化成眼前呼啸的潮水时，他们也开始随潮奔跑，看到有鱼，就转身一跃跳进潮中，用潮兜用力一捞，再迅速地跳出潮头。"抢潮头鱼"的风险很高，对抢鱼者的水性和技巧都有很高要求，但萧山人就是敢从稍纵即逝的潮头中捕捉机会。这也大致可以描绘出我当时进入水泥行业的心理状态。

就这样，我们承建的第一条水泥生产线，在我和我的团队夜以继日地深入探讨研究和学习的基础上，顺利开工。但水泥生产工艺和生产流水线，远比我们想象得复杂，生产线结构烦琐多样，各个单体形状都不一样，工程标高多，预埋件与预埋螺栓多，地基开挖深度深，施工难度都很大。我们专门请了高级技术人员对图纸进行研究，根据实际情况，一边由设计院设计，一边由我们施工，同时解决随时出现的新问题。对于施工过程中出现的任何小问题，我都用专业和严谨的态度去面对和处理。

1992 年 3 月，第一个工程进行到差不多一半时，我们发现关键结构有些地方有小的裂纹，于是马上组织全体设计和技术人员进行分析探讨，但始终无法找出原因。后来，一个外聘的韩姓工程师到现场仔细勘察，他认为是温度裂纹。我们再次召集杭州市的专业技术人员进行技术论证，结果显示的确是温度裂纹，属于相对正常的现象，我心里一块石头终于落地了，真是长舒了一口气。1993 年 1 月，红山水泥厂年产 18.5 万吨的回转窑生产线顺利完工了，施工耗时 10 个月，整个工程得到了甲方的充分肯定和好评。

这 10 个月，坦率地说，我和我的团队过得十分不易。整个施工期间，我和我的两个副队长分别负责若干个施工小组，我们几乎盯在了工地现场，白天组织监督推进工程，晚上稍有空闲，便争分夺秒地学习水泥生产线的施工技术和质量标准，学习国内外水泥生产线施工的先进案例，在施工的同时不断积累、总结经验。我那时每晚 12 点前基本没有入睡过，满脑子都是施工中的各个阶段情况和大大小小细节。回家的次数自然也很少了，女儿和儿子见到我，总是调侃道："爸爸，我都快不认识你了。"

2. 抢占市场先机——决定进入水泥生产线施工领域

红山水泥厂施工是一次水泥生产线领域的试水。工程结束后，我就一直在思考一个问题，是否正式全面进入水泥生产线施工领域。

20 世纪 90 年代初的中国，发生了许多大事。新一轮改革开放的号角吹响了，人们无比振奋，无比受鼓舞，中国经济开启了历史上从未有过的高速发展。经济结构也在发生明显变化，农业占比开始大幅下降，工业占比快速提升，三次产业结构的变动幅度之大，是中国过去几十年未曾出现的。从这个意义上来说，20 世纪 90 年代以来中国的工业化进入了一个新的时期，即所谓的重化工业时期。与此同时，城乡建设也大规模全面推进，一方面是弥补长期以来的历史欠账，另一方面也是全面更新换代。萧山的城市建设也是在那时有了快速的推进和提升。在工业化和城市化的快速推进下，水泥产业发展面临重大机遇，水泥作为重要的建筑材料，应该可以保证持续稳定的需求量。

从水泥生产供应来看，由于立窑生产工艺存在主机产量低、对原材料要求高、易在窑内结炉而影响正常稳定生产等缺点，20 世纪 60 年代末世界各国均已逐步淘汰此法。而当时我国水泥总产量中的 80% 仍是由 6000 多家立窑企业生产的。由立窑向回转窑转型升级，产生了一个庞大的市场空间。当时国内和省内的水泥生产企业多是小型立窑水泥厂，生产规模小、产能不稳定，这种生产规模已不能适应水泥行业的发展要求。从环境角度看，传统水泥生产线能耗相当大，当时被形象地称为"电老虎"，污染水平又极高，据统计，水泥行业的粉尘排放量，已占全国粉尘排放量的50%—70%。那时萧山这些小水泥厂，因为煤没有充分燃烧，排放出来的是黑色的浓烟，对环境影响相当之大，已经越来越引起公众的关注。在这样的形势下，淘汰落后生产线，改革水泥生产工艺，提高水泥生产自动化、机械化水平，已是必然趋势。在我看来，水泥生产线领域即将迎来一二十年的生产线改建提升大潮。

20世纪90年代初期，也是乡镇企业蓬勃发展的重要时期，在浙江这片热土上，各类乡镇企业如雨后春笋般发展起来。从建筑行业来看，仅萧山东片地区就有大大小小几十家企业，同行之间的竞争相当激烈。因此，我一直考虑着为企业做出一个"拳头产品"，以打开市场局面，赢得先机和竞争优势。

红山水泥厂施工的成功给了我启发，让我找到了市场供需情况与企业自身需求的一个契合点。因此，我认为进军水泥生产线施工领域，可以作为企业今后发展的一个突破口。这里还有一个重要原因，那就是相比民用建筑施工来说，水泥生产线施工的专业性更强，门槛更高。当时相关的施工工艺，在全国来说，是浙江最早采用，而在浙江范围内是萧山最早采用，因此竞争者较少，一旦进入市场，相对容易形成一定优势，抢占"第一杯羹"，促进企业快速发展壮大。

事实证明，这一决策发挥了重要作用，我们的路选准了，走对了，水泥生产线施工成为公司的"拳头产品"，直接助推了公司近20年的快速发展。至2011年，公司水泥项目领域的市场份额，在浙江省内达到90%，在全国达到近30%，在这个领域，宝盛集团可算是行天下、赢天下。

当然，这些是后话了，当时，虽说已看好和决定进入这一领域，但对我来说，也面临着很大的压力。一方面，水泥生产线施工对我们来说是一个全新的领域，技术、人才和施工经验储备几乎没有；另一方面，水泥生产线施工前期投入非常大，当时企业刚刚起步，资金有限，而款项收回也有很大的难度，一不小心就会面临较大的财务风险。我与公司的高层针对进入水泥生产线市场的利弊进行了深入分析，最终决定，为了企业今后几十年的发展考虑，绝对不放弃这一机会。

3. 市场拓展第一站——拿下桐乡新都水泥厂业务

决定进入水泥生产线施工领域后，我一直思考的问题就是如何打开市场。由于一直从事建筑行业，我们和浙江省建材设计院等单位保持长期合作关系，他们对我们也比较了解，加之长期以来积累的业内良好口碑，他们常常会将一些信息提供给我们。就这样，在不久之后，我们得到了桐乡要新建一条水泥生产线的消息，并且他们也正在寻找具有一定水泥生产线建设经验的施工单位。

在红山水泥厂施工时，我们与业主单位保持了良好的业务关系，与业主单位的主管人员也多次打过交道，彼此都留下了较好的印象。1993 年 3 月的一天傍晚，我们到红山水泥厂一位分管技术的副厂长家里，同他商量如何实现合作。他在家里热情地接待了我们，并帮我们联系到了桐乡新都水泥厂的吴董事长。

我决定亲自去拜访这位吴董事长。我记得那是一个傍晚，我与分公司经理驱车赶往桐乡新都，由于之前红山水泥厂领导已充分介绍了我们，这位董事长对我们的到来很是热情。寒暄之后，我们的谈话进入正题。我主要向他介绍了当时公司的基本情况以及水泥生产线的建设经验等，他也向我们讲述了他们厂的水泥项目的基本要求和情况。我们最终达成共识，由新都水泥厂组建一支考察队伍，到我们公司进行一次考察，再决定是否由我们承接这个项目。

几天后，桐乡新都水泥厂的吴董事长和沈厂长带了一队人，来到我们公司考察。事前我们也对单位的介绍材料进行了充分汇总，我重点把红山水泥厂年产 18.5 万吨的水泥生产线的建设过程向他们做了详细介绍和汇报，双方交流比较愉快。我记得当时的接待室是在梅西工程队办公室边上，一个 15 平方米左右的房间，里面仅有的家具就是几张塑料圈椅。我们业务拓展的第一站，就在这间简陋的会客室里拉开了帷幕。

他们本身很想找一个具有水泥生产线施工经验的单位来承接这个项目，而我们恰恰符合业主这一要求。但问题在于，他们新都乡里有自己的建筑工程队，且队长也是本地人，都相互熟识，让他们找一个外地的施工队来承接这个项目，于人情、乡情上有些说不过去，这一点令业主单位很为难。

在这种情况下，我和公司其他几个领导进行了紧急磋商。因为这样的机会十分难得，由于业务本身以外的问题失掉项目，实在是太可惜，且在浙江或是全国境内拓展业务，可能都会遇到类似问题，需要想出一个妥善的解决方法。

于是，公司决定由我带队，组成一个小团队到桐乡新都水泥厂进行专项业务攻关。当时的情况我记忆犹新，我们几个人在新都水泥厂旁边的一个乡村小旅馆住下，小旅馆条件很差，苍蝇、蚊子乱飞，热水供应也时断时续。我们白天在小旅馆开会分析和研究，晚上分多路人马同水泥厂的分管领导进行沟通，不仅是合同问题，也涉及很多技术上的解决方案。一个多星期下来，我们的努力终于得到了他们的认可，业主决定将整个项目交给我们做。对于与当地建筑工程队关系的处理，我们商议采取三方合同的方式来进行项目施工。

合同签订后，我们很快开始进场施工了。这个水泥厂的项目，在当地算是大型的工业项目。当时，资金比较短缺，新都乡里给了一套班组、一块牌子、一辆车子，算作对整个项目的支持。项目前期一波三折，项目推进过程也并不是一帆风顺。我们在 1993 年 8 月正式进场，没过多久，水泥厂董事长就把我叫到了他的办公室，同我讲他们的资金当前有些困难，因此工程款可能要拖延和缓付，但是要求工程不能停止，要照常推进。我当时心里也很为难，但当面一口应承了下来。原因在于，我考虑到这是我们公司继红山水泥厂施工项目后，在水泥领域中第一个对外拓展的项目，也是我们不依赖亲戚关系，第一个靠自己努力争取来的项目，不管从哪个角度说，这个项目都必须成功，绝不能成为烂尾工程。我与同事共同商议，决定从两个方面着手解决问题，一是由公司统一解决一部分资金，二是采取多班组施工，每个班组筹集一点资金先垫付，从而分散资金压力。历时 10 个月，第二条年产 18.5 万吨的水泥生产线最终顺利竣工了。

通过我们之前在民用建筑施工领域的积累，加之在水泥生产领域的施工拓展，我们萧山市第五建筑公司（简称萧山五建，此时梅西工程队已经从萧山二建脱离出来，成为独立法人公司）在业内已经积累了相当好的口碑。新都水泥厂生产线在开工点火仪式举行时，也正式邀请了我们作为嘉宾出席。当时他们还邀请了上海的多家水泥使用单位，这样的活动对于我们来说，是一次难得的机会。在这次活动上，我结交了其他从事水泥生产和水泥设计等水泥领域的企业家、技术人员等，为下一步的市场开拓积累了一定信息和人脉。

4. 尝试带资承建项目

1994 年左右，随着相关业务的拓展，我们萧山五建在上海建立了办事处。当时我们的建筑业企业资质（本书主要指施工总承包资质）只有三级，而想承接上海的一般项目工程，至少要在二级。由于资质等级的限制，业务洽谈困难重重，上海市场一时难以打开。那时我多次往返上海、萧山两地协调工作，但在营销上毫无进展。

市场就是这样，它有一套套的游戏规则，要进入高端市场，便要遵循高端的游戏规则。我们选择了市场，便是选择了不归之路，倒退便意味着现有的一切都会失去。我们唯有充实自己，提高自己，拿到市场的入场券，才是唯一的出路。看来，我们要获得高一级的资质等级，唯有进一步增强企业实力。

1994 年 6 月份的一天，我带司机开车去上海谈项目，最终对方也是在资质等级上面不肯让步，回程路上我很郁闷，思考着如何改变这个不利的现状。获取较高资质等级还是要依赖大量的项目建设经验，拓展市场恐怕是唯一的办法。我想来想去，还是决定先从浙江各地做起。车子开过松江时，我决定先去桐乡新都了解一下，看看他们是否有市场信息。于是我叫司机直接开到桐乡去，并马上给新都水泥厂厂长沈建坤打了个电话，告诉他我要过去厂里转一下。在上次工程中，他们由于暂时的资金困难，没有按时按量足额支付资金。我想办法帮助他们解决了资金的问题，同时项目并没有因此而延期，我们保质保量地完成了工程，这令新都水泥厂十分满意。项目结束后，我们一直保持联系，成为生意场上的好朋友。

到了新都水泥厂后，沈厂长见到我仍然很亲切，我同他说，我这次过来，是作为承建方，对项目工程做一个回访，包括工程有没有问题，质量如何，等等，另外也是来见见老朋友。交流过后，他们对我们承建的工程质量还是比较认可的。后来我们又谈起现在的水泥市场，聊到在省内还有哪些同行厂家具有水泥生产线的改造计划需求时，沈厂长提供了一个重要信息：临安青山水泥厂和余杭巨龙水泥厂，均计划要建一条年产 18.5 万吨的回转窑生产线。其中青山水泥厂已经来新都考察过他们的建厂、运转和产效比等整体情况了。此时，桐乡水泥厂的水泥已经在上海销售，新生产线生产的产品标号高，质量也稳定，且每吨成本比机立窑生产线要低 20—30 元。青山水泥厂业主对考察到的这些情况非常动心。沈总告诉我，他们的厂长已经有了新建水泥生产线的初步想法。

回程路上，我开始思考青山水泥厂的事情，我想要争取这个项目，必须找到一个合适的接洽人。于是我想起一个熟人，他大概和临安青山水泥厂负责人关系不错，可以托他来牵线。这样过了一两个月，事情有所进展，我们便驱车前往临安。

我们先是到临安县（今临安区）政府所在地的锦城街道，找了一个熟悉青山水泥厂丁董事长的人，同他攀谈了很多，了解到了青山水泥厂的一些情况以及他们计划新建水泥生产线的相关信息。由于之前他就已经打电话给青山水泥厂的丁董事长，说萧山有一家建筑企业要去找丁董事长，希望丁董事长能抽时间接待我们，并约定了时间。因此晚餐过后，我们便一同去了青山水泥厂的丁董事长家里。董事长的家位于临安青山镇的山区里，天色已晚，山路难走，我们找了很久才找到人家家里。

我们抓紧时间汇报了前面两条水泥生产线的建设情况，他听了以后表示我们的情况他已经清楚了，只是水泥生产线是大工程，他们需要进行招标，确定承建单位，另外也讲到同样的问题，就是他们青山本地也有建筑工程队，不知该如何处理这样的关系。听到这样的答复，我们也只好先回来再做打算。那时正值 8 月酷暑，江浙地带台风多，我们从山区回来的路上，正好遇到台风，两旁树木不时被大风刮倒，加上山路狭窄弯曲，车子只能艰难前行，回到家已经是夜里 11 点以后了，想想我的这辆桑塔纳，也是陪着我一路风风雨雨啊。

事情进展得不是很顺利，后来我们又多次往来沟通和协商，加上新都水泥厂也在背后推荐，一直夸赞我们在工期、质量等方面的优势，他们才最终定下了这个项目。操作办法是整个工程由我们同临安青山建筑工程队合作，临安青山建筑工程队占 30% 的工程量，我们占 70% 的工程量。

这条生产线的投资是比较大的，在施工进行到 50% 左右时，业主的资金基本用完了，为了保证工程顺利进行，经过协商，我们垫付了一部分资金，但是仍然弥补不了巨大的资金缺口。最终，青山镇镇长出面，请我们将工程继续做下去，设备资金由镇里安排解决。镇里非常有诚意，镇长连续来我们这里 3 次，最终我们帮他们完成了主体结构施工，项目由此顺利竣工。

如果说前面两个项目多少都有资金问题，我们作为承建方帮助业主解决了一部分问题并垫付了一定资金，那么余杭巨龙水泥厂这个项目的垫资，则是我们在财务上的一次全新尝试。上面提到过，1994 年 6 月份，我们从桐乡新都水泥厂得知，余杭巨龙水泥厂要投资 2500 万元建一条水泥生产线。这一次，我们直接找到了该水泥厂的谢董事长。

谢董事长人非常朴素，也很实在，我们到厂里后，他就带我们一起到食堂用餐，我们几个人边吃边聊。他原来在水泥配件装备厂工作，了解到现在是投资水泥生产线的最好时期，但他不懂整个水泥生产线的工艺流程，因此聘请了余杭钱潮水泥厂的一个人来当工程师兼副厂长，帮他解决一些技术上的问题。后来，他又把我们介绍给了这个副厂长，这个副厂长正好在研究生产线的平面工艺流程，我们进行了深入的交流。针对生料系统、烧成系统、成品系统等整体平面布置的问题，我们结合之前生产线施工的经验提出了技术解决方案，这令他很感兴趣。专业的共融，拉近了双方的距离。

在洽谈合同时，我们碰到了一个问题。巨龙水泥厂的项目土建投资需 2500 万元，但业主单位资金不足，希望我们能垫资 1000 万元。这令我们比较为难。当时公司刚刚脱离萧山二建，成为一个独立的公司，财务基础较为薄弱，1000 万元对我们来说是一个相当大的数字。但是我不愿意放弃这个项目，相信事情总有妥善的解决方法。于是我们公司内部进行了反复分析，一方面是分析这个企业的财务风险，当时来看，这个水泥设备配件配套厂虽然规模不大，但前景还是比较乐观的，另外水泥市场刚刚起步，后期市场拓展还是很有潜力的，不过，1000 万元垫资的风险仍然不可忽视，要严谨地进行把控。另一方面就是 1000 万元资金如何筹集，当时我们主要从 3 个方面解决。一是向信用社借款，我们向当地的信用社汇报了水泥项目的前景，虽然信用社的领导听懂了我们今后发展的方向，但毕竟我们是新组建的企业，实力不算雄厚，他们经过一番考虑，只同意出资 80 万元。二是企业自筹，我和公司各个项目经理一起出资 300 多万元。三是向建设银行贷款，当时，各地的建设银行都是建筑领域的重要资金库，我找到建设银行萧山分行的行长，向他汇报了我们水泥项目的情况和前景，他对我国水泥行业的前景非常看好，认为未来是水泥大发展的新时期，最终同意我们贷款 600 万元。通过这 3 个途径，我们基本凑齐了 1000 万元的垫资。

但新的问题又出现了，业主要求我们在签订合同前打款，而我们希望在合同签订后打款。通过商议，最终我们采用了同步操作的形式，签订合同的同时去银行打款。但对于建设银行的 600 万元贷款，行长也很谨慎，600 万元打出后，银行的随行人员陪同我们一起到余杭建设银行要求水泥厂业主开了一张 600 万元的信用担保单。巨龙水泥厂的合同终于正式签了下来。

整个工程进行到 1995 年下半年时，国民经济进入了新一轮的调控期，资金开始缩紧，巨龙水泥厂在支付方面存在一定困难。我们之前垫资的 1000 万元难以兑付，这令我们非常着急，因为业主和承建单位在共担风险。我们一方面慢慢推进项目，另一方面与业主共同探讨，最终业主决定通过招商合作的方式引进资金。我们做了充分的支持，即便没有项目资金，也没有停工，因为一停下就无法进行招商。最终，业主引进了新加坡一家企业的投资，从而解决了资金问题。巨龙水泥厂生产线工程顺利结束，于我们而言可谓点火成功。

这次的垫资承建，让我充分意识到，留给我们乡镇企业的路，本来就不多，在无路可走的情况下走出一条生路，是对我们勇气和智慧的考验。很多事情不是不能做，而是要采取合适的方法去做。要大胆尝试和创新，但又要合理把控风险，配套措施也要跟进，这就需要企业领导人具有很强的洞察能力和调控能力。而一个项目的成功，需要甲乙双方充分协调沟通，一同面对问题和解决问题。作为承建单位，要以诚对人，用业主的心态推进项目，想业主之所想，急业主之所急，主动为业主排解困难，其实帮助别人的同时，也是在帮助自己，只有这样，才能将项目顺利推进，也才能逐渐在业内争取信誉和竞争力。企业的市场就是这样一点点打下来的。

5. 成为省内最大水泥集团的合作伙伴

前面我们提到过，回转窑水泥生产线的施工工艺，全国范围内是浙江最早采用，而浙江范围内是萧山最早采用的。顺利完成了 4 条生产线的施工之后，萧山五建已经成为省内建设水泥生产线独一无二的施工企业。但我深知，我们面临的市场还蕴藏着巨大的潜力，一切都还是刚刚开始。

余杭西子水泥厂旧址就在现在的西溪湿地附近，绕城高速边上。水泥厂的余董事长当时有一家自己的混凝土搅拌站，家底不算大，但是他对水泥生产线很感兴趣，也肯钻研，因此技术上的问题他相对比较了解。当时，他计划建一条日产 700 吨的水泥生产线，而且已经找到设计单位按他的要求进行了图纸设计。后来我们了解到，他的设计框架和配置比前面的 4 个项目都要高一个等级。

这个信息令我兴奋，一直以来我都想挑战更具有技术难度的施工工程，想要在水泥生产线施工领域坐第一把交椅。我深知，要达到这个目标，如果没有大量的、多种类型的施工经验，便无从谈起。因此，我下决心把这个项目拿下。我们对这个企业的情况又做了深入了解，得知这个企业是五常乡（今五常街道）乡政府的企业，要想谈成这个项目，我们一方面要找余董事长，另一方面还需要找到乡政府的领导进行沟通。余董事长这里问题不是很大，他对这个行业比较了解，项目本身施工难度大，需要专门的施工单位进行承接，在浙江省范围内，能够承建此项目的企业，最合适且具有相关资质的，估计也就是我们萧山五建了。但对于乡政府来讲，他们不是这个行业中的一员，对很多专业问题不了解，我们需要进行详细的汇报。

当时正值巨龙水泥厂项目施工，余杭西子水泥厂距离巨龙水泥厂只有 5 公里，我们在巨龙水泥厂看过施工现场后，就打算去找五常乡政府负责人。我带着一行人，记得有经营科长沈信传和项目经理孙大岳，去这个负责人的家里找他，当时他还不在家，我们就在他家旁边的砖头墩里等他。那时正值8月酷暑，40摄氏度左右的高温，田里地头全是蚊虫。我们从傍晚6点等到了晚上9点，他终于回来了。我当时的想法是，能见到面就好。我们当面洽谈，向他详细介绍了前面几条生产线的建设过程。通过交流，他对我们企业及几个项目的施工情况有了较多的了解，也大概知晓了对于这个高难度项目，也许只有让我们这个企业来承接才最为合适。这次洽谈很成功，之后不久，他便与西子水泥厂的负责人商定，决定由我们作为承接单位，合同就这样顺利签下了。

施工过程中，我们又遇到了资金问题，这个项目配置高，投资又大，后期资金跟不上了。由于这类水泥项目投资量很大，一般都由产业园区的领导进行分管。这时余杭市政府的相关负责人同我们一起商议解决办法，最终我们建议采取上一个项目的处理办法，即通过招商引资来缓解资金难题。后来这个项目被浙江省三狮集团承接，三狮集团当时是浙江省内最大的水泥生产集团。我们的业主单位换了人，也代表我们从与乡镇水泥企业打交道，逐步成为全省最大的水泥集团的合作伙伴。这是具有里程碑意义的重大拓展，意味着我们的企业将在更宽广的领域体现我们的价值。

6. 得来全不费功夫——最难洽谈的项目

1995年下半年，我们从杭州建材公司了解到，它的下属单位杭州水泥厂要建一条日产700吨的水泥生产线，这家厂的地址在余杭临平（今临平区）。这个时候，我们公司已成立了专门的市场营销部门，由来振里专门负责市场拓展业务，也增加了许多专业营销人员。但是即便我们的市场部人员下了很大功夫，仍然找不到合适的门路，这家水泥厂的李厂长一直不肯见我们。后来我才知道，这个项目是我们在市场推进中遭遇的"最难啃的骨头"。

在几次去厂里找他都吃闭门羹的情况下，我们的经营科长沈信传实在没有办法，便到他家附近等待。那天确定他进门后，沈科长便立刻通知我们过来。我们赶到后便小心翼翼地敲门，一开始没动静，我们不死心，继续敲，最后这位李厂长终于开门了，但也只是开了一道房门，没开防盗门，我们双方就这样隔着防盗门交谈。他谨慎地问我们找谁、从哪里来，我们刚刚说我们是萧山的水泥建设施工单位，想与他进一步洽谈业务，他便摆摆手，不等我们继续说下去，就无情地把门关上了。

面对这样的情况，我们觉得可能去人家家里谈业务还是有些冒失，于是决定去厂里找他。第二天，我和来振里一早就赶到了杭州水泥厂，不巧此时他们正在开会。我们站在他办公室外等他，一等就是3个多小时，差不多上午11点，会议才结束。我们看着他从远处往办公室走来，就厚着脸皮一边同他寒暄，一边跟着进了他的办公室。李厂长见到我们，大概想起前一天的事情，面上有些尴尬，对我们态度极为冷淡。我也看得出来，大概他认为我们就是一家小规模的乡镇施工企业，并不想接待我们。到了办公室，他一心忙着看手头的文件，不时向办公室里进进出出跟他汇报工作的人交代工作，把我们晾在一边。

此情此景，我也略感尴尬，为了缓和一下气氛，我同来振里坐在一旁，像聊天一样谈起我们承建过的这几条生产线。没想到，聊了没几句，李厂长突然起身向我们走来，惊讶地问道："这几条生产线都是你们企业施工的？！"显然，他根本没有料到，站在他面前的这两个人居然来自浙江省内承建水泥生产线最为专业的施工企业。他马上叫工作人员为我们倒水，并迫不及待地与我们交谈起来，手头的工作早被放在了一旁。李厂长详细询问了每一条水泥生产线的投资情况、施工过程及施工时间，一谈就是两个小时，我们都忘记了吃中饭，我们交流得很愉快，最后他表示，会在认真考虑后给我们答复。

市场不相信眼泪，只相信实力，凭着我们的施工业绩，凭着我们锲而不舍的精神，这件事终于峰回路转，迎来了曙光。

没过多久，我们就收到了李厂长的回复，鉴于我们过往工程积累的良好口碑，以及我们在这个项目上的诚意，他个人很希望将这个项目交给我们来做。但是按当时政府的规定，国有企业项目承建都要通过公开招标决定。他同我们商议后，我们也欣然同意了。后来李厂长又帮我们做了推荐，最终的招投标由三家公司共同竞争。三家公司报出的价格相差无几，但由于我们在水泥生产线施工领域具有较强的专业性，因此在技术上的得分比另外两家高出很多，最终我们成功中标，以实力胜出。

至此，我们已在省内多地承建了数条大型水泥生产线，萧山五建在这一领域积累了一定的施工经验和技术储备，在省内建筑企业中已具备相当大的优势，从全国范围来讲，也达到了较高水平。

第六章

水泥厂施工市场独占鳌头

1. 攻克技术难关

水泥生产线业务中，除了有项目洽谈和资金方面的难题，更会遇到一个个需要攻克的技术难关。由于各个项目的施工要求、位置、地基状况均不同，很多情况是事前无法预料的，大多数技术难题都是在施工过程中逐渐暴露出来的，需要随时解决。

巨龙水泥厂是个老的砖瓦厂，项目施工首先要做的是把陈旧的生产线全部拆掉。本来拆除旧设备应该是业主单位负责的，他们请了一位爆破人员来爆破一个砖结构烟囱，但爆破得不够完全，约 50 米高的烟囱被拦腰折断，形成了一个如笔尖一样的断截面，给后期的拆迁带来了相当大的隐患。业主单位希望我们能帮助他们解决这个问题。于是，我们又多处联络，想尽办法请来了一位专搞拆迁的人员，请他对这种情况进行了技术论证，最终安全地拆除了烟囱的剩余部分。这大大增加了甲方对我们的信任。

这个项目的生产线建设地址位于半山坡上，和萧山、桐乡的项目所处的软地基不同，它的地基条件相对较硬，因此施工设计和以往项目有很大差异。在以往的软地基项目中，我们都是采取沉灌打桩法，而这个项目的设计是人工挖空，像掘井一样，挖直径大约 1 米的孔洞，边挖边采取护壁的保护措施，这种设计施工我们还是第一次遇到。既然从来没有遇到过，就需要从头学习相关技术。我请来杭州市地质专家王一鸣和杭州市教育局基建处的总工倪亚明，同我们一起研究这个挖桩的工艺，探讨既要保证质量，又要保证进度的方法。这种挖桩类型施工的优势在于，所用桩在所有桩型中是最直观的一种桩，质量可控，但是难度在于项目位于半山坡，挖的过程中如果遇到岩石，就要进行爆破，爆破到设计标高时，还要进行深探，防止暗洞，如果出现了暗洞则要继续挖下去。在这种情况下，看清岩石的深度是关键。我们担心挖桩人员作弊，或者在尺度上把握不准确，挖到的岩石深度没有达到入岩的设计标准，因此每次挖好桩后，均由监理、甲方和我们的技术人员进行反复检查，并最终确认。那段时间，我一般每天上午 9 点以前在公司处理日常事务，9 点以后便到水泥厂施工现场亲自下孔检查每一个桩，确保桩的质量。在整个施工过程中，我们对 11 个施工班组进行定期抽查，确保工程质量。

余杭闲林的巨龙水泥厂是岩石地基，而在余杭五常的西子水泥厂建设工程中我们面临的是淤泥地质。西子水泥厂的工程设计使用的是预制方桩，它的设计标准比较高，有一个 30 米跨度的桁架，单层高度比较高，所以需要有相当强的桩基牢固度。前面讲过，西子水泥厂的工程地质条件是比较软的淤泥，在这种地质上打桩，即便打好了，桩也容易倾斜。这个工程当时谈定的是由业主来负责加工和自行打桩，但是我们预料到他们在这种地质条件下打桩可能会出现问题，事实证明这个桩确实出现了倾斜现象。经公司质安部门与技术总工程师对新情况的反复论证，我们最终认为这样倾斜的桩如不及时纠正，会对未来的施工造成隐患。于是我带领工程师和技术人员将这种危险详细告知业主。业主听了之后认为我们讲得很有道理，是有责任心的企业，并希望对此做进一步技术论证。于是我们邀请浙江省内最权威的地质专家来勘测现场，他的论证结果是如果按照当时的情况，这个桩难以承受上面的荷载。最后我们与技术总工程师反复分析、商议，决定采取一种加固措施，即向所有淤泥地质中加入水泥，搅拌使土质硬化，以达到加固桩基的目的。

在杭州水泥厂的水泥生产线项目中，它的桩基是钻孔灌注桩，与前面几家水泥厂的处理方法不一样。它的烧成系统均化库库存量比较大，整条生产线只需一个库就能解决，库的直径长、高度高，因此增加了施工难度。我们与技术人员进行了反复研究，决定采用一种滑模的方式来解决这一"高大难"的问题。但是这种滑模技术我们原先没有操作过，我了解到当时浙江省第四建筑公司有这项技术，于是想办法找到有关人员做指导，而后我们组织技术人员和其他相关人员学习。经过分析研究，我们自制了一套滑模设备，并完成了这项高难度、大体量的滑模工作。此后，我们在很多施工过程中都使用过这种滑模技术，我们的技术人员不断根据新的施工要求对设备进行调试和创新，使它具有速度快、尺寸标准、模与模之间连接性比较好的特点。滑膜技术成为水泥厂建筑施工行业中的一种新工艺。

除了一些个体项目中的特殊问题，还有一些工程项目中的普遍问题需要一一面对和解决。比如一条水泥生产线有几十个单体，有破碎系统、生料系统、烧成系统、成品系统，每个建筑的单体都有独特设计，各个层面标高也不同，需要采用大量不同的设备基础，而不同的设备基础中又有不同类型的螺栓孔，较深的螺栓孔有2米左右。开始的时候，我们采用模板制作，但遇到了一个难题，即浇好的混凝土中的模板因为螺栓孔太深而无法取出来，只能一点点敲碎后再取出，这样就相当耗费时间和人力。在这种情况下，我们组织技术专家来分析如何攻破这道难关，最终采用的方法是先用薄的预制板预制一个孔，在浇之前预先放好，位置放得相对比较准，同时两者粘得比较牢固，这样大大加快了总体施工进度，并缩减了大量的劳动力成本。

施工过程中我们经常会遇到问题，如有些施工设备部件是钢结构和混凝土混合结构，如果直接将钢结构运去工厂加工，就会有两个难题：一是水泥项目施工工地基本都在偏远山区，交通不便，路途较远；另一个是这些结构是多边结构，工厂加工起来会有难度。为应对这些情况，我们决定采取现场加工的方式。经过试验，我们成功调试了大型移动式加工设备，在现场直接进行钢结构的加工制造，解决了复杂地形条件下运输不便的难题，以及现场加工复杂多变的钢结构的操作难题。

同时，在钢结构的安装上，我们也遇到了问题。那就是如果工程面临吨位比较大的钢结构，吊装就具有相当难度：一是偏远地区大型吊机进不去，能允许运输这些吊机的道路基本不通；二是当时500吨左右的吊机使用成本相当高。通常吊装的正常顺序是，先做基础，再浇筑混凝土墙和柱，把墙柱装到几十米高后进行结顶，最后上大跨度的大型钢梁。针对这种情况，我们公司的技术总工程师和相关专家进行了分析研究，决定采取逆向操作的办法：做完基础后，把大型钢梁放在基础上表面，放在设计定位的位置，使梁就位；把梁放好后，边浇筑混凝土边用千斤顶往上移，同步操作，待浇筑完成几十米的标高并封顶后，梁已经按照设计就位放正了。

就这样，我们在实际施工操作中、在不断解决施工难题的过程中，一点点积累行业经验，完善设计技术解决方案，将原有技术结合实际情况进行不断创新调试。经过几年的技术和经验积累，我们完成了从一个初涉水泥行业的施工单位，到具有完备经验和技术支撑能力的水泥施工企业的重要转型。

2. 迈向省外市场

2000年以前，我们的水泥生产线项目的市场基本局限在省内。当水泥生产线项目在全国各地推进，由东部地区向西部地区逐步拓展转移后，我们的生产线建设项目也必然要不断探索新的市场。2000年以后，我们开始逐步打开省外市场，迈向全国的第一个项目在邻省安徽开启。

1998年，浙江周边的不少省份，都在筹划建设一批水泥厂。萧山人其实很恋家，用俗语说就是"烟囱兵"，大多数萧山人不愿意背井离乡谋生路，看不到家乡烟囱的地方，令他们不能安心。而我这个萧山人却不同，企业走到今天，我着重思考的就是如何带领我们的产品走出浙江，打开全国市场。既然此时水泥生产线正在向全国拓展，我们一定要把握这一重要趋势和机会。那段时间，我和市场部同事就周边省份的情况进行了多次交流，最终从安徽广德承接了我们第一个跨省项目，这个项目的投资者也是浙江企业。

跨省项目首先遭遇的一个难题是，安徽和浙江两个省份在建筑行业中的管理结算定额标准是不同的。为了解决这个问题，我亲自跑了一趟安徽合肥。记得那一年正赶上1998年特大洪水，长江水流很急，我和司机开着一辆里程已达35万公里的车赶往安徽，车子开到芜湖时空调便不工作了，那时室外温度估计在38摄氏度以上。我们打开车窗前进，车子一路颠簸，又开了近2个小时才到达合肥。到了之后我们马不停蹄地去了安徽省住房和城乡建设厅，同负责相关行业管理的同志交流了一些我们的想法，又去定额编制站了解他们的定额测定的依据，买来了安徽省的定额预算书。回来后我们做了充分的研究，因为我自身在做项目经理时已经积累了大量的预算知识和实际操作经验，因此没有花费多少时间，便基本搞清楚了浙江和安徽的预算定额差异点，为承接工程的顺利实施做好了前期准备。

通过第一个跨省项目的操作，我了解到省外项目同省内项目还是有些不同的。从事跨省项目，首先，要了解当地市场情况，受水泥行业的地域性限制，施工原材料只能从本地获取，因此本地原材料成本情况是需要重点考虑的。其次，不同地区、不同民族都有不同的地域习惯和风土人情，要遵从当地的市场规则、人情世故甚至气候条件，诸多因素均要考虑周全，才能保障项目顺利推进。

例如，我国东北、西北等地全年气温比较低，与南方不同，这些地方的施工期一般是4月份到10月份，只有7个月时间，而我们的施工期一般是8个月。为了协调好这个时间差，在国内比较冷的地区施工时，我们采取的方法是时间安排上人员相互穿插，延长施工时间，单体与单体之间尽量早开工，设备基础多的单体要重点把控，等等，争取项目提前交付安装。对设备安装少的单体，考虑在点火前完成，将总的时间把控在一个施工周期内，尽量避开在零下几十摄氏度的冬季施工。一两个项目下来，我们施工队对于在北方寒冷天气下施工的时间安排等能够较好地把握，工程完成得均比较顺利。而我们这样的安排，既节省了时间，又为业主单位节约了投资成本，对方感到非常满意，我们的信誉也一点点积累起来。

而在福建、广东等地，雨水比较多，如果施工正赶上雨季，就会有相当大的难度。我们在 2005 年的时候，承接了广东顺德 2 条日产 5000 吨的水泥生产线，业主单位是个台资企业。那个项目是 2 月份开工的，但不幸的是，那年雨水特别多，开工不到一个月，雨便下个不停，整个 3 月到 6 月，约 70% 以上的时间都在下雨。这个项目的工地也是在山区，上山的路都是临时修建的，大雨下个不停，路上早已泥泞不堪，这给项目设备及人员运输带来了很大困难。最后，连自来水也不通了，饮用水要从外面运进来。虽然我们的生产线建设项目基本都在山区，条件比较艰苦，但是这种情况也少见。当时我们采取了几项措施：一方面，专门组织一个工程小班子修理反反复复损坏的公路，另一个小班子专门负责供应自来水；另一方面，公司总部和业主单位每半个月开一次上层沟通会，及时解决雨天出现的新的施工问题。大雨天持续太久，工地的民工后来也有些支撑不住了，纷纷要辞工回乡，因此出现了劳动力不足的紧急状况。我们一边安排专人负责安抚工人，一边采取一切可能的办法改善劳动生产环境。我们采购了一批服装烘干设备，每天给工人洗衣物并烘干，让工人穿得舒服一些。同时让食堂采购一些祛湿的食品，调整食堂伙食，预防湿疹等皮肤疾病。最终，在我们的共同努力下，这条生产线按时交付给了业主。

除了工程建设面临难题，省外市场拓展其实也面临激烈的竞争。那时有些业主单位为了激发承建单位的竞争意识，更有效率地完成项目施工，会把一条线分段或分部分交给不同的施工单位承建。面对这种情况，部分承建单位都会感到为难，有些甚至就不做了。但我遇到这种情况，会把它当作一次机会。一方面，与对方单位竞争会给我们自身一些压力，这些压力可转化成高效率、高质量完成项目的动力。另一方面，同其他单位合作也可以近距离了解行业内的其他企业的施工情况，吸取经验，取长补短。因此，我认为这种处理总是利大于弊的。事实上，每次面对这种情况，我们的表现几乎都是相对优秀的那个。上文提到过的广东顺德的生产线项目，其中一个标段就是由另一家企业承建的，虽然当时的环境和气候条件特殊，但对我们两家施工企业来说是公平的，大家的困难都是一样的。最后，这个项目我们基本按时交付了，也更加提升了业主对我们的信任度。

2013年，我们承接了山东泰安中联水泥厂的一个项目，这个项目同以往的项目有所不同，是一条新型环保示范水泥生产线。这条线一开始也是安排两家单位承建，除了我们，另一家是河北的企业，业主当时是有些偏向他们的。我告诉我们的项目经理和工人，不管业主是什么心态，我们都要把自己的心态摆正，不去管其他事情，专注把握工期和项目质量。鉴于我们在项目整体把控上的合理操作以及在技术问题上的妥当处理，工程在推进到一半时，业主心里已经开始偏向我们。工程到期后，我们顺利按时交付，而河北那家企业只完成了总工程的70%。业主毫不犹豫地让他们退出了剩下的工程，并转交给我们。这个项目最终顺利完工，并成为全国新型环保示范线。后来业主召开了一个全国性的现场会，在更大的层面上为我们企业做了宣传。鉴于我们合作得非常顺利、愉快，业主同我们建立了长期的合作关系。

3. 承办中国水泥协会会议

经过几年的发展，公司在水泥行业中已经初具竞争力。这时我开始思考，除了继续保质保量完成工程，该如何通过更好、更广的平台和渠道，将公司推向一个更高层面。2002年，我与中国水泥协会的秘书长进行了沟通，向他表达了申请承办中国水泥协会会议的想法。后来经过多次沟通协调，我们得到了中国水泥协会的认同，他们最终决定借我们宝盛宾馆的场所，承办中国水泥协会会议。

于是，我们开始了紧张的会议筹备工作，对外主动与中国水泥协会联络，对内将接待工作进行了分工落实，由我个人直接负责接待中国水泥协会会长和省级水泥协会会长，分公司和经营部门负责接待各片区（南方、东北、西北）水泥企业负责人。2003年10月，由国家机关领导，各省、市有关领导专家，大型水泥企业负责人参加的中国水泥协会理事会及会员代表大会，在宝盛宾馆召开了。

在会议上，我致欢迎词，向与会人员介绍了我们公司在水泥行业推进的各项工作。同时三狮集团的姚董事长代表浙江企业讲话，谈到很多生产细节，用大量篇幅称赞我们水泥生产线施工质量高、施工安排合理到位，具有处处为业主考虑的责任心，为我们的施工品牌做了很好的宣传。与会期间，我抓住机会，带着我们建设集团高层管理者与全国各省水泥企业的负责人进行了深入的交流，使他们更详尽地了解我们公司的施工能力与技术力量，为业务合作打下良好的基础。

这次会议取得了圆满成功，虽然大会为期仅两天，但给我们在行业内带来了长期的影响，使企业竞争力和影响力在全国范围内有了质的提升，这是花钱做广告都无法带来的重要价值。这次会议召开之时，恰为全国水泥行业由机立窑向回转窑转型升级的关键期，这次会议对于在全国大范围内实施回转窑改造起到了重要推进作用。会议之后，我们与各省的水泥协会进行了对接，并与大型集团型企业联络，为推进水泥企业在全国的拓展做了充分铺垫和准备。

从 1998 年安徽广德第一个项目开始，我们逐步走出浙江，迈向全国更加广阔的市场，根据全国不同区域的梯度发展规律进行适时有序的推进，从东部沿海一带、东南福建和广东一带，到东北辽宁一带、西南云南一带、中部湖北和河南一带，再到西面山西一带，最后到西北宁夏、新疆、内蒙古。在 10 余年的时间里，公司水泥生产线施工业务已经覆盖除西藏以外的全中国所有省份，涉及业主单位上百个，完成 400 多条日产 700—10000 吨的水泥生产线，总产值在 700 亿元左右。水泥生产线施工真正成为我们企业的"拳头产品"，而凭借水泥生产线施工领域的实力和竞争力，公司全面提升了在区域乃至全国的影响力。

一家乡村的建筑工程队，十几年时间便发展到全国水泥行业建筑施工企业的龙头老大，我们经历了难以想象的千辛万苦。我们以百折不回的奋斗精神、水滴石穿的学习精神，终于拥有了水泥行业建设施工的"独门秘籍"，我们有了竞争的资本，更有了不断创新、不断发展的自信。

这段时期我个人也获得了一些荣誉，当时刚好是机立窑向回转窑转型的关键时期，我们企业相关工程技术的研发、品牌项目的实施以及在行业中的领军影响力，为在全国范围内提升水泥质量、促进环境整治提升、推动水泥行业施工领域的转型升级做出了突出的贡献。因此，我有幸当选了全国建材行业劳动模范。此外，我还获得了浙江省建筑业"十佳总经理"等省级荣誉称号。

4. 水泥行业下一步发展的思考——走出国门

中国水泥协会会议结束后不久，大概是 2004 年 4 月，我受国家有关部门邀请，加入由国家建材管理部门有关领导、专家、知名企业家组成的代表团，赴越南进行水泥行业工程考察。考察中我发现，越南的水泥行业仍处于起步阶段，水泥生产总量较小，远远不能满足越南经济快速发展的需要，整个行业仍有非常大的发展空间。对于我们水泥施工企业来讲，走出国门也有一定的市场。我们代表团与越南河内建设部举行了交流对接会，我有幸被邀请在会上发言，着重介绍我们水泥土建工程施工的特点。

这里还有一个颇有意思的小插曲，在发言前，我意识到我的普通话带有较浓重的地方口音，担心对方翻译会比较为难，便对讲话稿做了语句简化，并做好分段和标注，事先与越南外国语学院的翻译做了详细的沟通。那天会议上翻译表现得十分完美。会议结束后，我们代表团里的合肥水泥研究院院长拉住我攀谈，他很好奇，我这普通话即便是浙江以外的中国人都很难听懂，为什么越南翻译能当场口译出来，我也只好同他打哈哈，笑而不语。其实这也是工作中的一个细节，只要把任何可能出现的问题都想到了，事先做好充分安排和准备，以备不时之需，事情总会朝着既定目标发展，这就是工作预见性，有助于顺利达到既定目标。做工程项目是如此，做其他事情也是这个道理。这次会议上我的讲话取得了比较好的效果，在越南当地引起一定反响，为我们日后走出国门奠定了一定基础。

其实越南只是一个起点，我考虑到其他国家和地区对水泥生产线比较落后的企业有进行改造和升级的需求。这次会议，也是我们走出国门的一次思考和推进。

我们公司与外界联系的另一个方式是出口设备。在国内项目施工过程中遇到技术难题时，我们通常是组织技术人员集体攻关，在解决问题的同时，新型技术方案也已初步形成，有时一个创新型的生产设备也应运而生。前面提到的滑模成套技术装备、移动型钢结构加工设备等，都是我们在解决实际施工难题时自行研发的新设备。2009年下半年，孟加拉国政府与我公司建立联系，达成协议，进口由我公司研发的滑模成套技术装备，他们派出了几名技术专家，特地飞到萧山，来我们的施工现场学习。这成为我们公司出口水泥施工生产设备的一个开端，为公司今后境外施工及成套装备出口奠定了一个较好的基础。从建筑施工到设备研发，再到出口成套设备和技术输出，这是质的飞跃。此时，公司在水泥工程领域的品牌效应已从国内市场扩展到国外市场。

水泥这个行业具有一定的特殊性，水泥厂的建设情况决定我们水泥生产线施工的市场情况，而水泥厂的建设又取决于每个国家和地区的基本建设需求，因此，水泥及其相关产业的兴衰与国家和地区的发展阶段具有高度相关性。2007—2008年，根据长期观察市场动态所积累的经验，我开始意识到，国内水泥生产可能已经达到供需平衡，加之那几年我国水泥出口量也大幅下滑，我预计接下来可能将出现水泥产能严重过剩的局面。这个时候，我与公司高层和市场部人员讨论商议，对整体形势做了预估和分析，决定收缩业务市场，对接下来承接的业务要谨慎选择。

根据统计数据，2008年我国水泥产能18.7亿吨，其中新型干法水泥产能11亿吨，特种水泥与粉磨站产能2.7亿吨，落后产能约5亿吨。当年，水泥产量14亿吨，而在建水泥生产线418条，产能6.2亿吨，另外还有已核准尚未开工的生产线147条，产能2.1亿吨。这些产能全部建成后，水泥产能将达到27亿吨，产能将严重过剩。2009年9月，《国务院批转发展改革委等部门关于抑制部分行业产能和重复建设引导产业健康发展若干意见的通知》发布，宣布不再给扩大产能的项目新批文，且 9 月 30 日前未开工的水泥项目一律暂停建设并进行一次认真清理，各省（市、区）必须尽快制定 3 年内彻底淘汰落后产能的时间表。

在这样的情况下，我们公司内部也针对水泥施工工程市场业务做了谨慎的处理。那两年我们在承接业务时的一个基本要求是，业主单位需具有相当的实力保障，基本为国有企业、资金实力较好的民营企业或上市企业。特别是 2008 年以来，国内市场已经开始出现水泥产能过剩的迹象，我们也清楚地意识到，按照前两年的思路承接业务，可能要冒极大的市场风险，相当于为对方托底。那时的市场情况是，已经有部分水泥生产企业垮掉了，而与我们有业务往来的企业中，最早垮掉的是巨龙水泥厂和德清枫洋水泥厂。在这种情况下，我们对正在合作的业主情况进行分析分类：对实力不强的企业，提早与业主单位决算，清理应收款；对实力较强的企业，特别是对第三轮采用"新型干法＋环保型"生产线的企业，有选择性地保持业务往来。

我总是在想，我们民营企业生于市场，长于市场，市场是我们的衣食父母，离开了市场，我们便一无所有。我们对市场天生就有一种敬畏之心。因此关注市场，研判市场，是我们丝毫不能松懈的头等大事。正因为我们早就关注到建筑行业的发展规律及竞争态势，所以能时刻选择新的战略机会，始终保持企业的创新创业精神。

2013 年秋，习近平总书记提出共建"丝绸之路经济带"和"21 世纪海上丝绸之路"。这些倡议对缓解国内产能过剩的现状，促进基建产能输出具有重大战略意义，为国内众多基建、原材料企业发展提供了更为广阔的市场空间。针对水泥生产线施工领域，我下一步的想法，就是结合"一带一路"倡议，加快走出去步伐。共建"一带一路"国家中有众多中亚国家,其基本都处于基础设施大规模推进的关键阶段,而水泥等原材料在基础设施建设中的重要性不言而喻,水泥生产将在那里打开新的市场。受水泥材料特殊性及其运输半径的限制,当地水泥需求难以通过运输完成,必须在本地建厂生产,这就带来新一轮市场空间更为广阔的水泥生产线建设需求。

2018年,公司已有部分施工组正在承接共建"一带一路"国家的水泥生产线施工业务。出国搞建设,对于我们来说,又是全新的挑战,各个国家的法律、经济、社会、语言、用工条件等均不同,尤其是中亚地区,民族、宗教问题复杂,需要全面考虑的因素比较多,经营管理模式也面临加快转型的需求。例如,在承接国外业务时,通常采用两种方式:一是二级承包制,择优选择诚信度高的和实力强的二级项目经理;二是人、财、物由公司直属管理的模式,以此来降低风险。

5. 多年水泥行业打拼——市场、产品质量和资金链

从1991年红山水泥厂第一条生产线建设,到基本占领国内市场,再到资本技术输出,抢占国际市场,我从事水泥生产线施工工作一转眼已经30多年了。从完全不懂该行业的门外汉,做到行业中的龙头,我很想将其中的心得与大家分享。

首先是关于市场的拓展。从事水泥生产线施工可以说是一个偶然,但在当时的发展阶段和市场环境下,又具有一定的必然性。我们适时地把握住了这样的机会,从而开创了这一市场。但如果不去把握,也不努力推进,即使有好的

机遇也会失去。红山水泥厂第一条生产线施工，不仅从领域和技术上把我们带入水泥建设的大门，更让我在项目施工和技术认证的过程中，结识了当时省内重要设计部门的人员及其他技术人员，从而开始在这个领域中构建了基本的人力资源框架。

作为水泥生产线施工单位，与设计单位保持长期的联络和合作是非常必要的。各大设计院基本掌握着全国水泥生产线的全部建设信息，其也是水泥生产线施工领域新设计方案、新技术的权威解读者。记得在 1995 年，我们承接了长兴梅山水泥厂的一个项目，这个项目涉及当时全球最为先进的新型干法水泥生产线，这个技术在欧美比较成熟，但那时在国内还是刚刚起步，一直到 2000 年左右，才实现全国普及和赶超。以当时我们自身的技术条件，实施这个项目具有相当的难度，为此，我和当时公司的俞总工等人特地赶到天津设计院进行技术讨教。一位副院长接待了我们。在交流中他谈到，他们院的一位胡处长也是萧山人，老乡的关系更加拉近了我们之间的距离。他详细地为我们讲解了新型干法水泥生产线的整体技术方案，并给了我们很多珍贵资料。我们对整个系统的技术进行了全面的了解，自此也与天津设计院建立起长期的合作关系。

那时，在全国范围内，南京设计院、天津设计院和成都设计院是全国水泥生产领域最权威的三大设计单位，俗称"三大院"。自与天津设计院建立合作关系后，由于东部地区有业务往来，我们与南京设计院也有了交流与合作，同时建立了长期的对接机制。后来，伴随中部、西部和西南部业务的进一步拓展，我们与成都设计院也建立了良好合作关系。同"三大院"的长期合作，一方面使我们较早地获取了市场业务信息，另一方面也使我们及时获得了技术上的支持，长期跟进国内外最新技术成果。

　　除了与设计单位保持长期合作关系，我们还关注如何更好地处理与业主的关系。当年桐乡新都水泥厂的项目信息是通过浙江省建材设计院获取的，但中间的牵线人就是红山水泥厂分管技术的副厂长，他对我们的施工质量非常满意。而在新都水泥厂施工项目中，我们多为业主着想，帮他们在资金上、技术上解决了很多问题，当然更重要的是项目质量和交工时间令业主十分满意。在我们市场拓展遭遇瓶颈，最为焦虑的一段时期里，新都水泥厂为我们提供了临安青山水泥厂、巨龙水泥厂的项目信息，并在项目洽谈和工程实施过程中给我们提供了很多帮助。

　　在很多省外工程的施工中，我们充分考虑当地的气候条件等因素，合理组织人员分队施工，即便遭遇极端天气等，也保证在合同期内完成施工任务，业主单位也因此对我们更加信任。一些单位还把后期的所有项目都交由我们负责。其实，处理同业主的关系，我认为不外乎以下两点：一是良好的信誉和施工质量；二是在业主遇到困难时，与其同舟共济，一同想办法解决问题，以业主的心态来做项目。当然，其中最为关键的，仍然是项目质量，质量不达标，一切都是枉然。质量是企业立命的根基，也是企业最好的名片。

　　其次是工程质量。我对质量的把控，是从改造建筑工程队伍开始的。我们这支施工队伍从1991年开始接触水泥生产线，在此之前，做的全部是一些民用建筑工程，且难度不是很高的乡镇工程占了绝大部分，队伍人员基本清一色的"乡下兵"。他们对施工质量的要求和操作的思维还是老一套，无论从理论上还是实践上，都不能很好地适应新形势下工建领域的拓展需求。如何将农民工转为技术工，将"游击队"转为"正规军"，是我们需要首先解决的问题。

　　在这样的情况下，我们持续进行现场理论教育和阶段性的现场会议培训，针对每道工艺对施工人员进行现场理论讲解，并定期召开会议进行总结与培训，让工人们边施工边学习，并让他们意识到只有好的产品品质才能赢得市场。项目施工过程涉及各个工种的施工班组，对于质量达不到预期要求的班组，我们就坚决撤换。

针对水泥施工多以结构性施工为主的性质，为确保大载荷压力下工程质量达标，在每次水泥生产线开工前，公司规定，必须组织各个工地的中层干部及以上人员进行开工前的交底会。一是了解水泥厂的地理位置和地质结构的复杂性，二是明确采用的针对不同桩型的施工操作方法，三是将特殊的结构部位拉出重点进行讲解，四是确定大体量的混凝土结构浇筑办法。

再次就是统一施工标识。在巨龙水泥厂施工时，我们将这个项目分了11个施工标段，要求各施工班组在临时设施上统一显示萧山五建的标识。当时这些施工班组的成员都来自农村，他们没有这样的意识，我们通过开会明确了推进要求，同时对推进的标准用图片进行告知，在整个临时设施和标识搭建过程中，对11个班组进行了循环督查，要求各个班组的标牌采用统一标识。后来一个研究经济学的朋友也对我说，企业的标识标牌包括企业色必须明确，因为这样便于施工现场管理，也有利于强化企业意识和提高员工凝聚力。这个想法提醒了我，此后，我将巨龙水泥厂施工中使用的标识进一步规范化和标准化，并做了进一步推广，企业的统一标识一直沿用至今。

从2005年开始，公司开启省外拓展，全国性的工程项目越来越多，一般每年都有几十个项目。这些项目地点基本都在偏远山区，交通极为不便，因此我不可能再像省内项目一样，每个都亲自到现场检查指挥。在这种情况下，我们主要通过远程操作对项目进行监控：一是质量管理部门对每个项目的关键节点以电话形式进行沟通，提示需要关注的关键环节和问题；二是在网络覆盖的地方，以远程监控的方式进行监控；三是每3个月实施一次实地大检查，每次检查都要跑几万公里，以保证质量。

最后就是人员培训。我们的业务扩展到全国后，管理和技术人才面临严重紧缺的状况。对此，我花了不少心思，公司投入了较大资金，采取"送出去，请进来"的办法，引进、培养各类技术管理人才。2004年，我们与萧山人事局联系，合作开设了建筑骨干培训班。培训班开在工地上，便于人员面对面进行快速学习，同时我们请了建筑界人士和公司内部具有扎实实践与理论知识的人员进行授课。通过实战操作，我们使学员尽快学到了施工技术、施工预算、施工管理等综合性、全过程的技术管理知识。

不管是水泥生产线，还是民用建设施工，我始终将工程质量放在首位，即便在业务拓展速度最快的那几年，我也丝毫没有放松对质量的把控。正是这样严格的质量要求，为企业在市场上立足和进一步发展奠定了坚实的基础。那些年，我们在工程质量上获得了不少荣誉。由公司施工的水博园大酒店和宝盛世纪中心A、B、C、D楼及地下室工程荣获国家优质工程奖；上海蓝滨嘉苑住宅小区6号楼工程荣获上海市"白玉兰"奖；泰安中联水泥有限公司5000 T/D新型干法水泥熟料生产线工程荣评山东省建材工业优质工程；绍兴东风酒厂灌酒车间工程获"中国轻纺城杯"优质工程奖；宁波文昌街工程、宁波后马新村工程、绍兴通达实业公司住商楼工程、绍兴蓝宝石C型板住宅工程和D型板住宅等9个项目被评为优良工程；杭州红峰丝织厂车间、桐乡新都水泥厂余热锅炉房工程和原煤储存房等工程受到当地政府表扬。

在水泥生产线施工项目推进的30多年里，除了市场拓展和工程质量，我们对资金链的问题也给予了重点关注。水泥生产线施工不同于其他行业，其总投资额非常大，一条生产线下来少则几千万元，多则几亿元。这对于多数企业来说，都是一笔不小的资金。我们承接过的不少工程项目，在施工过程中，会出现甲方资金不足的情况。我们的处理办法基本遵从一个原则，即同业主单位协商共同解决问题，涉及暂缓付款等问题的，在能够承受的情况下，尽量帮助业主单位渡过难关。如果是需要我们垫资承建的项目，则要在资金安全上做好审慎保障和处理，同时评估业主单位的诚信度。

第七章

企业改制了

1. 谋求独立发展

1992 年，是改革开放以来具有重大转折意义的一年，邓小平发表"南方谈话"，极大地激发了市场活力，改革开放全面实施，经济建设加快推进，体制机制进一步放活，整个经济社会发展呈现日新月异的景象。人们摩拳擦掌，跃跃欲试，每个人都想在自己的领域开拓一番新的天地。在这样的大环境和大背景下，我预感企业将面临新一轮提升发展的重大战略机遇。当时，梅西工程队经过内部组织、人员和管理体系的相关改革，已经初步建立起现代企业的组织管理框架。经过多年的市场打拼，工程队也具有了一定的业务和市场基础。唯一存在的问题是，梅西工程队仍然隶属萧山二建，没有独立的法人资格，给企业业务拓展和进一步扩大提升带来相当大的制约和影响。

梅西建筑工程队在 1975 年并入萧山二建，成为梅西工程队，1988 年更名为萧山二建梅西工程处，1989 年更名为萧山二建三〇二工程处。1975—1992 年，工程队名称虽几经更改，但与萧山二建的隶属关系始终未变。在改革开放初期，经济建设刚刚起步，市场经济体制尚未完全建立，这种隶属关系有利于统筹协调区域事务，作为计划经济向市场经济的过渡，它的存在是基本合理的。但随着经济建设加快发展，区域建工需求市场加速扩大，市场竞争越来越激烈，这种体制的弊端就逐渐显现出来。

那时的萧山二建有 20 多个工程处，每个工程处进行业务招投标都需要使用萧山二建的资质，相当于 20 多个人需要乘船，而船票只有 1 张。很多时候，业务竞争发生在公司内部各工程处之间，这样既不利于各个工程处的发展，事实上也限制了萧山二建的进一步发展壮大。我记得大概是 1991 年，我们工程处驻上海的项目经理承接了一个项目，在申请使用公司资质时，萧山二建知晓了这个事情，便打算越过工程处，与项目经理直接对接。10 月，萧山二建在萧山宾馆召开了各个工程处会议，主要讨论工程处之间业务拓展的问题。当时公司书记和经理都在场主持会议，会上我第二个发言，将上海项目的来龙去脉讲了个清楚，并直接提出这样的做法将扰乱公司体制，削弱工程处拓展市场的积极性，不利于工程处的人心稳定，我当场要求萧山二建收回任命。会议上，其他工程处领导人也认为我说出了他们的心声，都表示支持。萧山二建在这样的压力下，也只能放手。

虽然事情表面上解决了，但是我意识到，这不是长久之计。在这样的体制下，说不定哪一天，又会出现这样争夺工程项目的情况，外面的市场那么大，我们却在这里内部斗争，争来争去也是那块"小蛋糕"，这样下去也是双输、共输的局面。面对这样的情况，我回来后在工程处一个人闭门思考了很久，我实在不愿将精力都耗在这些事情上。几天后，我向萧山二建和乡镇局的领导同时提出，要求加快企业体制改革的步伐，脱离萧山二建，自行组建公司，独立承担公司运营的风险与责任，这样也有利于企业在快速变化的市场竞争中，以变应变，迅速有效地做出正确的抉择。

在当时的情况下，我这个想法在很多人看来过于大胆，在工程处内部也有不同的声音，他们主要是担心脱离萧山二建后，无法在市场上独立生存。而当地政府职能部门也一口将我的提议回绝了。我又冷静思考了几天，我想，风险当然是很大的，但是怕风险才是最大的风险，任何没有风险的机遇，只是空想。我决定无论如何也要走出这一步，在萧山二建的庇佑之下，我们的队伍永远也只能是一个没有决策权、没有自主业务能力的附属机构。凭借这么多年的建设积累，我认为工程处已经具备一定的市场拓展能力和区域竞争力。在到处都充满机遇的大时代环境下，如果不带领队伍出去搏一搏，又怎能打下一片自己的天地？同时我也意识到，这一步非常不容易，毕竟这是体制上的重大变动，先例并不多。

改革不易，自身改革更不易。为了让上级部门充分了解工程处的情况和我的想法，那段时间我进行了很多次汇报。当时我在萧山住下来，不论白天还是晚上，只要相关领导有时间，我就马不停蹄、见缝插针地拜访、解释，表明工程处如果不脱离萧山二建，市场就会被进一步压缩，对工程处、萧山二建乃至党湾整体的建筑行业的发展都是不利的。苦口婆心之下，我的想法最终得到了他们的初步许可。

于是，我回到处里开始准备相关申报材料，我们将新公司命名为萧山第五建筑有限公司，并按照程序向有关部门递交审批。材料一上报，遭遇的第一道关卡就是乡镇局，当时的萧山二建是乡镇局的下属单位，其主管领导看到材料后没有同意，原因在于担心我们的脱离会影响萧山二建的总体经营业绩。针对这种情况，我又组建了一个团队，由我带队进一步做各个层面的工作，最终找到萧山市乡镇局的上层领导，同他们讲清楚了整个萧山二建的各个工程处的关系以及发展问题。领导们听清楚了这种体制的弊端，与乡镇局领导进行了沟通，说明了利害关系，最终乡镇局基本同意了。

我终于松了一口气，但事情还远没有结束。成立建筑公司必须有相关施工资质，而当时建筑公司资质证书必须由杭州市建筑业管理局颁发，萧山建筑局是没有颁发资格的。为了及时申请资质，我在当年 12 月便将相关材料申报至杭州市建筑业管理局，但是我们的申请没有通过审批。杭州市建筑业管理局也很谨慎，平时与他们打交道的多是省级、市级或者区级建筑公司，或许在他们看来，我们只是一个乡里的小工程处，无论规模、实力还是施工能力都不足以独立组建公司。

这件事情会比较难办，但我心里早有准备，因此即便处处碰壁，一波三折，也没有让我灰心。我想萧山市乡镇局应该是觉得这事情没有案例可循。于是，我向市局的领导讲起，绍兴市很多与我们同级的乡镇建筑工程队都已经组建了独立的建筑公司，当时的绍兴五建、绍兴六建等都是从乡镇建筑工程队独立出来的，而且因为绍兴的建筑工程大多是我们萧山的施工企业做的，所以我们很了解他们的实力。领导听到我的说法后，还是将信将疑，于是我找了杭州市委办公厅的一位处长，我们 3 个面对面进行了交流。

我把绍兴的情况向这位处长做了介绍，并提出杭州地区对建筑企业和资质的管控过于严格，正是由于绍兴地区体制较活，绍兴各个乡镇建筑工程队才能纷纷独立起来，充分竞争，这几年发展明显快于杭州。如果杭州地区继续将乡镇一级资质卡得过紧，最终将导致我们杭州地区的乡镇企业在整个建筑市场中失去竞争优势。

　　我反映的这个情况，触动了市局的领导，杭州市建筑业管理局最终在1993年2月给我们批了一个暂三级资质，至此，企业独立的障碍基本扫除了，一切申报程序基本完成。1993年3月28日，经过一段时间的筹备，公司正式举办了成立仪式，这在萧山的建筑领域中也算是一件大事，萧山乡镇局局长提前来向我们公司祝贺。在成立大会仪式上，我们还邀请了许多领导、专家等。在阵阵鞭炮声中，印有"浙江省萧山市第五建筑公司"（简称"五建"）的牌匾正式揭开红盖头，挂在了公司的大门前。

　　至此，梅西工程队终于与萧山二建脱离隶属关系，取得独立的法人资格，实现真正意义上的独立经营。我为公司确立了"团结、务实、开拓、创新"的企业宗旨，这几个字看似普通、简单，却凝聚了我多年来管理企业的诸多心得，时至今日，这8个字仍然是我带领企业不断开拓进取的宗旨。

浙江省萧山市第五建筑公司成立

"团结、务实、开拓、创新"的企业宗旨

现在回过头来看，企业从萧山二建脱离出来，成为独立的法人单位，虽然一开始不被很多人理解和认同，过程又一波三折，但是从中又不难看出萧山，乃至浙江在改革开放、在市场经济体制机制建立的过程中，勇于尝试、敢于试错，最大限度为企业争取发展空间，尽量减少行政束缚的意识和决心。我时常想，浙江能够在改革开放和市场化进程中走在全国前列，与当地政府、企业家的这种敢于拼搏、敢于试错的精神是分不开的。

2. 资质等级升级

企业实现独立发展后，我首要考虑的问题是如何加快推进建筑业企业资质等级的提升，在建筑领域，资质就犹如一张通行证，资质没有达到相关等级，企业是不能够承接特定项目的。同时，资质也是一个建筑企业技术水平和施工质量的证明，要想在建工领域立足，必须不断争取更高的资质等级。从暂三级资质到正三级资质，是比较容易的，企业独立后大概半年，我们五建便获得正三级资质。

凭借正三级资质，我们在浙江省地区施工基本问题不大，但是要进上海则必须要有二级资质。为了加快市场拓展，我们开始考虑争取二级资质。二级资质的一个硬性标准是具有高层建筑工程承包的业绩，而目前只有三级资质的我们却不能建高层，由此看来，当时的这些规定也是自相矛盾的。后来我们想到通过分包的形式解决这个问题。我们同杭州市教委下属的各个中学建立了长期的业务合作关系，当时承接了杭一中在中河边的一个18层教工宿舍的建设任务，2023年这个宿舍楼还在。我们同浙江省第四建筑公司合作，由浙江省第四建筑公司出面承接项目并出具资质，然后分包给我们建设，工程结束后，我们已经在事实上具有建设高层建筑的相关经验了。

这时，我们对公司的资料进行整理，提交申报，没想到第一次申报就被退了回来。我一时搞不清楚问题出在了哪里，于是想办法同省住房和城乡建设厅取得联系。记得那是1994年8月的一个台风天，党湾镇书记和我一同去省住房和城乡建设厅，我要见的那位副厅长正在忙碌地"抗台"。我们跑到第一线找到了他，等了好久才同他讲了几句话，他事先大概也了解到我们公司的情况，直接告诉我们申报材料存在一定的技术问题，当天我们回来时已经是晚上10点多了。

事情的原因打探清楚了，便可以向下一步推进了。我们向有关专家咨询了申报材料方面的问题，请他们为我们进行技术上的详细指导，进一步完善申报材料。在申报的时候，我们又提出未来打入全国建工市场的想法，因此需要资质上的保证，省住房和城乡建设厅最终批给了我们暂二级资质。正如从暂三级资质到正三级资质的过程一样，我们从暂二级资质到正二级资质的提升，也在不到两年的时间里顺利实现了。1995 年，我们的正二级资质已经可以在全国建工市场通用。

建筑资质的获取与公司的市场拓展是相辅相成的，资质等级越高，公司在全国争取业务就越具有专业上的优势，而市场份额越大，施工案例越多，就越有利于资质等级的提升。进入 2000 年，公司规模快速扩大，各项实力明显提升，水泥建工在全国已小有名气，我开始思考准备将公司资质等级再向上推一级。我将公司情况与一级资质的评定标准逐条对照，还与几位副总及专业技术骨干进行讨论，我们一致认为资质等级升级的希望很大，但难度也是存在的。

一级资质是要向中华人民共和国住房和城乡建设部（简称"住建部"）提交材料申请的，我决定亲自跑一趟北京。到了北京后我在住建部招待所住了下来，打算在这里详细了解一下申报的相关要求。这时正好中国建筑材料联合会的办公点也在住建部边上，建材和建筑不分家，我们也常与建材行业打交道，相当熟悉，加上离住所也比较近，于是我充分利用这个机会，常同他们交流互动，细致地了解到了一些有关资质申报的情况。建材行业对我们也比较了解，交流之后他们认为我们的施工市场已经在全国多处布点，水泥设计施工技术在全国领先，基本等同于当时世界发达国家水平，这样的条件申请一级资质总体上应该问题不大。同时，他们也提醒我们，住建部对一级资质的审批还是有很多条件限制的，其中最关键的一点是必须要有并购企业的案例，即企业参与并购后，才有资格申报。这一点我们公司当时是不具备的。

鉴于这样的情况，我立即回到了萧山，看如何解决这个门槛问题。我们寻找了一批萧山地区经营比较困难的具有三级资质的企业，并着手与这些小建筑企业进行接洽，最终确定将萧山南部地区一家建筑公司作为并购对象。在并购过程中，我们对其以前的施工项目工程质量、债务情况等做了全面的背景调查。经过半年左右的沟通洽谈和具体业务处理，最终顺利完成并购。

此后，经住建部评审，公司被正式授予房屋建筑工程施工总承包企业一级资质，这意味着公司成为那时萧山为数不多的拥有房屋建筑工程施工总承包企业一级资质的企业。回想几年以前，企业刚刚独立之时，拿到一个暂三级资质我们都觉得十分不易，对于一级资质，我曾经觉得是那么遥不可及，那时的公司情况与各类指标和条件相距甚远，而转眼间，这个遥不可及的目标已成为现实。

现在看来，资质是市场的准入证，资质等级的升级过程，其实就是公司管理不断完善、实力不断增强、员工素质不断提高的过程，资质是硬道理，是公司硬实力与软实力的综合反映。企业就这样一步一步发展了起来，过程是艰辛的，回顾起来却是甜蜜的。

3. 参与国标修订

萧山的建筑业发展较早，建筑业企业众多，行业在长期发展过程中形成了地区性的集聚发展优势，改革开放之后，萧山建筑企业承建的工程逐步走出浙江，遍布全国，甚至远及海外。建筑业成为萧山地区的一张"金名片"，近年来萧山也被冠以"建筑强区"的名号。但即便如此，萧山却没有参与制订过一项有关建设行业的国家标准。

2009年，这样的局面终于被打破了。当时的背景是中华人民共和国人力资源和社会保障部（简称"人社部"）与住建部共同组织，推进对建设行业八大国家职业标准的修订，经过全国层面的选拔，"钢筋工"一项标准的修订交由萧山独立承担。而经过萧山区建筑业协会推荐，我公司成为"钢筋工"标准的主编单位。2009 年 5 月 15 日，全国住房和城乡建设行业国家职业标准修订工作启动会在北京召开，我公司总经理诸黎明、总工程师李德军受邀出席了会议。

主编国家标准，无论是对公司来说，还是对萧山建筑业来说，都具有里程碑意义，意味着萧山地区建筑业在全国具有领先地位，也显示出公司的建筑质量和技术水平。这是对公司多年来在建工市场施工领域成绩的充分肯定。我意识到这是一项十分重要的工作，并决心一定要将这件事做好，因为这不仅是我们一家企业的事情，更是萧山地区建筑行业的一件大事。诸黎明、李德军回到萧山后，将启动会的议程以及国标修订要求向我做了详细的汇报。当月，公司与区建设局及相关行业专家共同合作，成立"钢筋工"国标编制组，自此，编制组全力投入修订工作之中。

从 6 月份开始，编制组在李德军总工程师的主导下，结合理论、案例和现场调查，集中推进标准修订。在修订工作中，他们根据建工市场最近几年发展的新情况、新技术，对原来的职业标准做了大胆修改，增添了不少新的内容。就拿普通的钢筋混凝土来说，以前是单一结构，但现在普遍是钢混结构，这就要求钢筋工掌握新的施工技术。又比如随着大空间、大跨度工程日益增加，预应力施工已是非常普遍，但旧规范很少涉及此内容，且又没有专门的操作标准来规范此项目，因此，编制组花了许多精力，通过现场调查研究，大量查阅有关规范，最后在"钢筋工"标准中增加了许多预应力的内容，填补了这方面的标准空白。在差不多 6 个月的时间内，编制组组织进行了 3 次集中修稿，最终

国家职业标准修订初审会

完成了标准修订的成稿。

9月17—19日，建筑工种国家职业标准修订初审会在萧山宝盛宾馆召开，住建部总经济师李秉仁、国家人事司劳动处调研员孟学军、省住房和城乡建设厅原副厅长赵如龙等领导、专家和建筑企业代表齐聚宾馆参与评审。标准得到了与会专家的基本认可，专业组也对稿子提出了修改意见。初审后，编制组集中力量对标准进行了细致修改，之后公司又集中组织两次修改会议讨论、商定相关细节。

12月14—16日，国家职业标准修订在北京进行了终审，诸黎明总经理、李德军总工程师及其他组员参加了会议，5位专家对我公司修编的标准内容做了充分肯定，对不足之处提出了改进意见。编制小组在进行了适当修改后，于2010年1月11日把终稿发给了住建部与人社部等部门，终稿最终实现编印。

我们这样一家乡镇企业，以农民工为主力，凭借强烈的进取精神，发展到参与国家标准的修订，这自然是一个惊人的进步。

一项重大的任务终于圆满完成，我也松了一口气。萧山区建筑业协会的领导后来遇见我，一再同我讲，这次工作完成得很好。他认为萧山的建筑行业此次参与国标修订，是一种荣誉，更是萧山多年努力争取到的一种权利。萧山的建筑行业参与修订标准，必然促使本行业的企业自觉遵守标准，从而推动萧山地区总体建设质量的提高，提升"萧山建设"的整体竞争力。而我们公司能够被推荐为此次国标修订的主编单位，更是说明我们公司凭借多年的不断努力，企业品牌已得到上级各主管部门和社会各界的一致认可，良好的品牌形象也已经树立起来。此次的国标修订，进一步提升了公司美誉度和社会影响力，同时也对公司通过特级资质的审批形成了有效的助力。

4. 企 业 转 制

从 20 世纪 80 年代开始，乡镇企业逐渐成为中国工业经济的重要组成部分，乡镇企业安置了大量农村生产改革后出现的剩余劳动力，其产品更是一度填补了计划经济时期留下的商品需求市场空白。在浙江也是如此，从改革开放开始到 20 世纪 90 年代，乡镇集体经济一马当先，充当了经济快速增长的急先锋，推动了浙江经济第一轮高速增长。

1992 年邓小平发表"南方谈话"，号召人们进一步解放思想，只要"有利于发展社会主义社会的生产力""有利于增强社会主义国家的综合国力""有利于提高人民的生活水平"的事都可以做，由此在全国层面掀起了一场以经营管理体制和产权制度改革为核心的乡镇企业转制大潮。浙江杭嘉湖、宁绍一带的农村集体企业，多数由乡、村两级组织创办。在温台一带个体私营经济的挤压下，这些集体企业的问题逐渐显现。正是在这种大背景和较强的竞争压力之下，1992年，浙江农村集体企业开始进行转制。

最初主要采取动产拍卖、不动产租赁或人人参股的所谓"股份合作制"等改革方式，但由于不能完全解决集体企业活力不足的问题，一些地方开始采取更彻底、更大胆的改制方式，即出让全部资产，让经营者成为大股东的改制方式。到2000年前后，浙江基本完成了农村集体企业改制，乡、村两级组织不再占有或仅占有极少量的企业股份，实现了浙江农村集体企业产权结构的历史性变迁。

萧山党湾建筑企业转制开始于20世纪90年代初。1990年，梅西乡的大东建筑材料厂率先转制，由村属集体企业转制为私营企业，开党湾建筑企业改制之先河。1995年，为进一步激发企业活力，实现企业自主经营、自负盈亏，真正把企业的责任落实到经营者身上，党湾企业迎来集中改制期。萧山五建也在这个时期正式开始推进改制，改制的宗旨是将现在的集体企业改为民营股份制企业。

1995年初，党湾镇组建的改制工作领导小组进入公司，开始做改制前的诸多准备工作，重点是对企业的实际有效资产进行盘点和评估：一是对所有的在建工程进行评估，评估出改制前的价值；二是对所有设备按照当时的现值进行评估。当时，工作组的评估工作相当仔细，设备一台台地评，钢管一根根地量，夹子一个个地数，财务应收应付一一对外发函核实。此时公司的财务状况已由1991年的亏损240多万元转变为改制前的盘盈200多万元，也就是说在这5年中企业创造了400多万元的利润。

在整理评估工作的同时，我开始考虑参股的事情。既然是民营股份制，我当时的想法是把企业所有中层以上管理人员都拉进来参股，我的初衷很简单，多一个人就多一分力量，只有做企业的主人，让企业命运与个人命运休戚相关，参股人才能真正为企业的发展和未来思考和努力。而镇里的有关领导则有不同的看法，他们担心参股人员太多会造成责任推诿、凝聚力不强等问题。围绕这些问题，我在不同的场合同各个分管镇长做过一些讨论。我们在 1995 年 8 月就已经把所有评估材料都交上去了，但一直没有得到党委班子成员的同意。我这个人心直口快，自己认为对的事情，便想坚持下去，事后我意识到，可能这些争执导致领导对我有了一些误解。于是，我主动上门找到各个分管领导，进一步做解释工作，向他们讲清我的经营想法和思路，表示企业经营要公开透明，只有得到参股人员的认同，才能提高参股人员的信任和凝聚力，而让管理人员参股会增强他们的主人翁意识，凝聚更多的智慧和力量以促进企业的发展。经过多次解释和沟通，乡镇领导基本认同了我的想法。

改制的具体过程也不是一帆风顺的。当时的所有改革都是摸着石头过河。企业改制是一个试探性的改革过程，并且涉及经营体制转变、产权变革，政府、集体、企业、个人等多重身份牵涉其中，整体过程相当复杂，争议也很多。一些不相关的人也想插一脚，他们没有经营好自己的企业，就在外面传播一些扰乱人心、不利于改革推进的言论，一心想把改制工作搞乱、搞黄，这些都给改制工作带来了诸多困难。面对这样的内外部情况，我组织了公司的班子成员会议和全体职工大会。在会上，我既解剖了不利于改制的相关因素，又公开透明地讲述了转制后的经营想法和愿景，向职工说明改制后的企业将具有更强的活力和竞争力，个人将具有更大的施展能力和才华的空间，这使大多数人员从思想和行动上都统一到改制工作中来。

虽然从思想上已经认清和了解了改制的有益之处，但是在真正参股实施时，有些中层人员还是不想参股，有些仍决心不足、顾虑较多，其实他们最担忧的问题还是日后若企业经营不善会造成利益损失。我个人对这种想法表示理解，我也从自身的角度向他们做了解释说明：我们企业经营管理规范，基本面比较好，另外水泥生产线施工已进入全面推进阶段，具有较大市场潜力，只要按照既定方向稳步发展，工作人员齐心协力、开拓进取，企业应当具有相当好的发展前景。这些中层管理人员，很多都是同我一起打拼过来的兄弟，长期以来形成了很好的默契和凝聚力，他们是信任我的，所以经我一分析，便纷纷打消了各种顾虑，表示要继续相互扶持，大干一场。当时也有一些部门级人员，心里是想参股的，但是苦于资金不足，于是我做了大量工作，从各个渠道借来资金，帮助他们完成了参股。

1996 年 3 月 8 日，公司改制大会正式召开，会议顺利通过各项决议，完成企业转制，这是具有里程碑意义的事件。自此，企业真正明晰了产权，转换了经营机制，实现了自主决策、自主经营和自负盈亏。改制后的企业真正摆脱了体制僵化的困扰，结束了在夹缝中生存的困境。改制大会顺利结束后，我着实松了一口气，心中顿觉畅快无比，人们常说的"海阔从鱼跃，天空任鸟飞"大概可以描述我当时的心情。当然，作为一个民营股份制企业的掌舵者，我觉得肩上的担子更加重了。做出科学的决策，打开更加广阔的市场，建立行之有效的企业管理运行体系，担起对全体员工的责任，等等，对我来说都是挑战。当时我心里有一个强烈念头，就是不能辜负大家的信任，更不能辜负全公司员工的付出。

改制后，公司的效益和整体气象超出了我们的预想。改制进一步释放了企业的活力，种种举措也提高了管理人员的企业归属感，同时提高了企业的运作效率和市场拓展能力。公司经营收入和利润以成倍的速度提升，1996 年底，公司经营迈上了一个新的台阶，合同总额首次超过亿元大关，达到 1.77 亿元。各个股东看到了公司在整个经营过程中的务实性、真实性和开拓性，现在劝他们退股他们都不愿意了。

附：

关于决定对萧山市党湾蔬菜加工厂等企业实行转制的通知

各有关镇办企业：

为适应社会主义市场经济客观要求，明晰产权关系，遵照市委、市府部署，经镇党委、政府研究，决定对萧山市党湾蔬菜加工厂等十二家企业实行转换经营机制，以进一步促进企业素质的全面提高，使我镇工业的发展再上一个新的台阶。（转制企业具体名单如下）：

萧山市党湾蔬菜加工厂

杭州钱江制衣厂

萧二建第二分公司

萧山市第五建筑公司

……

上述企业接通知后，要做好有关基础工作，争取一九九六年六月底完成转制任务。

萧山市党湾镇人民政府

一九九四年十二月三十日

关于要求转换企业经营机制的报告

镇工业办公室、镇资产公司：

　　为适应市场经济的需要，明晰产权关系，促进企业更好地处理改革、发展和稳定的关系，通过企业的经营机制转换，加大吸纳资本的力度，实现企业增资减贷，使企业通过机制的转换，再上一个新台阶，再登一个新高点。为此，经研究提出要求转换经营机制的申请。

萧山市第五建筑公司

一九九五年八月二十二日

第八章

谁说农村建筑工程队

不能建高层

1. 我们的第一幢高层住宅

准确地说，公司是在民用建筑领域起步并逐步发展壮大的。1994 年以前，我们的民用建筑产值要高于工业建筑，在民用建筑领域，我们凭借过硬的工程质量，在杭州、绍兴、宁波等地均取得了不错的市场业绩。那些年我们承建的民用建筑主要有绍兴纺织企业厂房、绍兴华舍纺织厂、绍兴涤纶厂、绍兴漓渚印染厂、绍兴东风酒厂、绍兴新丰热电厂、杭州洗衣机总厂、杭州电视机厂、杭州市林业水利局、杭州市教育局下属各个中学、中国房产宁波分公司、宁波海曙公司、上海工业玻璃三厂、上海第四皮件厂等。

此后，在拓展水泥工业建筑的同时，我们不断扩大民用建筑领域市场份额，尤其是那几年的经济形势比较乐观，各地上马项目也比较多，给我们的业务拓展带来了良好的环境和机遇。但随着时代的发展进步，民用建筑领域的工程早已不是当初在萧山一带建一些小房子和二层楼房之类的，城市建设正在向集聚化和规模化方向推进。厂房建设开始注重生态环保、效益效率及各类结构性要求，住宅建设也面临人口大量集聚和收入阶层分化带来的多样化需求。总体来看，各类高层建筑的建设开始进入需求的井喷期。对于这样日新月异的市场需求变化，当时我们的施工经验还是相对欠缺的，每承接一个新的项目对我们来说都是一次全新的挑战。因为多数没有先例可循，所以我们要通过不断学习、探索、试验、检验来总结出相对成熟的建筑施工工艺。

1993年年中，杭州市要建一幢18层的高楼，那时我们刚刚成立了新公司，还是暂三级资质，达不到建高层的要求。但我们还是通过由浙江省第四建筑公司承包、管理，我们具体施工的方式承接了下来。我们想通过这个项目在民用高层建筑施工上有所突破。

这个项目位于杭州市中心，地理位置比较瞩目，在这个地段要建一个高层，影响力是比较大的。但是在市区搞施工，场地比较狭小，材料搬运存在一定困难，也没有堆放材料的场地。在具体操作过程中，我们只有一边进行基础施工，一边逐步进行材料运输，采取边做边进材料的方法。因为杭州市中心对夜晚施工的噪声有限制，所以又要对施工时间进行合理调控。在这种情况下，我们仍然排除万难，按照计划完成了基础施工，没有延期，这也是我们萧山人一种敢拼、敢吃苦精神的体现。

基础施工结束后，我们开始了墙体的施工。墙体为剪力墙，对于剪力墙的施工，在当时的年代，在操作上没有过多经验可吸取。在这种情况下，我们只能自行研究，边试验边推进。公司组织技术人员、现场施工人员及木工班组长先进行了小范围试样，在试样过程中采用穿墙螺栓，模板外采用钢管进行刚性支撑，确保模板稳固、无隙缝。试验成功后，才逐层往上推进。通过这一施工探索，我们对剪力墙的操作情况有了深入的了解，并掌握了相关的技术。后来我们自己制定了相关操作标准，为公司在高层建筑中对剪力墙进行施工提供了模板。

高层建筑的粉刷也是一个难题，因为在混凝土表面粉刷容易产生空鼓和裂缝，要想得到光滑、美观、持久的效果，需要下一番功夫。我们专门对高层建筑的粉刷技术做了研究，组织团队到上海等地考察，回来后根据先进的操作工艺，对自身的项目进行试样，试样成功后，再按照试样的标准全面推进，确保装饰不产生空鼓，达到无隙缝。

我们在学习中施工，在施工中学习，不断对每道工序进行试样，成功后再进行全面推进，同时及时掌握外面的操作工艺，最终按期保质地完成了项目建设并交付给使用单位。这次项目的竣工，标志着我们具备了高层建筑的施工能力，这是我们在民用建筑领域的一个标志性建筑，是一个重大突破。

2. 攻克高层建筑的地基难题

公司承建的高层建筑中，比较典型的施工工艺处理项目是萧山区的绿都世贸广场和杭州钱塘江大桥边上的望江楼。绿都世贸广场位于萧山区的市心中路，是当时萧山北区开发较早的一个项目。那时，萧山一带几乎没有什么高层建筑，萧山地区能够承建高层建筑的企业也不多。我们自己的五建大厦（现在的宝盛宾馆）处于建造过程中，绿都集团的领导经常到我们的建成项目和施工现场参观，他认为我们现场施工严谨有序，建筑质量相当高，最终决定将绿都世贸广场5万多平方米的项目交给我们。

杭州钱塘江大桥边上的望江楼项目，规划是建3栋18层建筑，项目投资人是设计院出身，对建筑施工质量要求比较高，他也多次来我们施工现场参观，但每次看完都不做表态，直到最后才诚挚邀请我们合作这个项目。后来我同他一起聊天时他谈起，事实上每次来现场参观，他都将我们施工的细节看在眼里，记在心上，也同其他施工单位做了比较，最后认为项目交给我们做更加放心。

绿都世贸广场

这两个项目在施工时，碰到了一个相同的难题，那就是施工区域的地质问题。好在我们对建高层建筑已经有了一定经验，而且对萧山地区的地质非常了解。绿都世贸广场地区是沙土和淤泥的混合地质，属于萧山地区的典型地质，在这种地质条件下，水的渗透性很差，施工排水困难。我们经过分析试验后，考虑采用围垦的经验，先把整个地下室分成6块，在每块中间挖一个坑，把水渗透到深坑，使施工都能在无水条件下进行。但这6个坑终究是要填好封住的，否则一经填充水又将涌上来。我同项目经理和工程师及设计人员查阅了很多资料，在工地上反复观察试验，最终采用一种导流法来解决这个问题——把坑封住后留一根管子，让水通过管子流出来，最终待坑的垫层混凝土干硬的时候再把导流口用木针封住。就这样，我们妥善地解决了排水的问题。

望江楼这个项目地点是在钱塘江边上，这个区块的地质特点与萧山城厢地区又有所不同，它不是沙土加淤泥，而是纯沙土。这个项目的现场负责人叫肖建江，他组建了一个团队，据我了解，这个团队具有比较强的理论知识，但是在处理复杂的地基基础方面缺少经验。坦率地说，对于不了解沙土性质，且没有沙土深度开发经验的团队来说，很多问题确实较难处理。沙地中水的饱和度非常高，沙土会在瞬间变得像弹簧土一样，难以挖掘。因此在挖地基时，如果按照以往的方法，一路平行挖下去的话，那么往往没挖几下，便难以进行下去了。好在我们有围垦的经验，那时我经常抽出时间到现场给施工人员进行挖土培训，同时我从老家叫了一批有围垦经验的挖土人员给他们做示范。其实对于这种情况，解决办法就是在整个基础面上挖几个坑，让其他地方的水渗透到这些坑里，从而降低其他地方的土质含水量。因为水渗入的速度很快，所以挖坑时要调动一切力量，以小班组的形式进行连续作战，几十分钟内挖一个很深的坑，确保挖坑的速度快于水渗入的速度。这项工作对劳动强度的要求比较高，但是在我们的共同努力下，最后妥善地解决了问题，并按时、高质量完成施工。

望江楼这个项目是在 2000 年左右施工的，当时整个杭州住宅几乎都是毛坯的，很多业主单位还没有建精装修住宅的概念。因为我们在酒店建设中已经组建了精装修的团队，并有了精装修的施工经验，所以对望江楼的公共部位进行了精装修，这在当时应该是住宅中最豪华和先进的配置了，也得到了业主的肯定和好评。

在做这两个项目的时候，我基本上天天跑工地，同项目经理和工人们一同解决技术难题，脏活累活也同工人们一起扛。其实在我看来，施工中遇到的每一个难题，都能促使我们不断进步。只要有学习精神，肯用心钻研，用创新的思路解决问题，不怕辛劳地处理问题，把控好关键节点，任何难题都会迎刃而解，而施工技术和经验就是从这一个个案例中不断积累起来的。

作为从党湾走出来的建筑工程队，我们常被冠以农村建筑工程队的名号，当时建筑业内普遍认为农村建筑工程队不会造高层。而这两个响当当的高层建筑就是被我们这样的农村建筑工程队建成的，而且建得很好。高层项目的施工，对公司在民用建筑领域的拓展来说，具有里程碑意义。凭借这些高层建筑的施工成绩，从业内口碑的角度来讲，我们从一个不被人看好的农村建筑工程队蜕变成能够高质量完成高层建筑建设的建筑公司，并很快跻身萧山顶尖建筑施工企业之列。可以说，正是从这个时候起，水泥生产线施工和民用建筑施工两者并驾齐驱，成为公司主营业务的两大支柱。在我看来，只要敢想、敢闯、敢做，我们终能占领市场，并领先于市场。

农村建筑工程队在人们的眼中，意味着管理粗放、技术落后、装备简陋、员工素质低下，现在我们终于甩掉了这些帽子，成为实力雄厚的现代化建筑施工企业。我们在市场的磨炼中，战胜自我，超越自我，赢得了市场的尊重。

3. 突破民用建筑的超高层

2006 年，公司成立了建筑研发中心，以便集中人力物力强化建筑施工技术，为企业在建筑领域的进一步拓展提供有效的技术支持。公司在成立建筑研发中心、参与建设行业八大国家职业标准中"钢筋工"一项标准修订的过程中，逐渐积累了更加丰富的建筑施工技术和经验，这些技术和经验在我们的超高层建筑——40层的宝盛世纪中心建设中发挥了非常重要的作用。

在这栋超高层建筑的施工过程中，我们首先遇到的是主体结构问题。宝盛世纪中心设计稿的主要结构是地下3层，地上160米，这样大体量的超高层建筑如果采用全钢结构，那么建筑的防火性能会较差。后来我们考虑采用钢筋混凝土结构，将型钢放在中间作为支撑，这样的结构设计既达到了支撑强度的要求，又保证了防火的安全性。

在地基基础处理上也有一定难度，因为地下设计是3层，最深的电梯井要在地下20米左右，这就面临2个问题，一是挖土的土方要保证不坍塌，二是要把水及时排出。为保证土方坚固，我们把钢筋混凝土围起来挡土，但由于深度太深，其侧压非常大，于是我们又在中间做了几道支撑。降水方面仍然采用前面几个高层建筑的排水方法，在地基周围打好多深井——深度超过20米的50%左右，再把水及时抽掉。这个方法是我们在建高层建筑时总结出来的经验，此时我们又将其运用到难度更大的超高层建筑施工中。

对于超高层建筑来说，打桩是最关键的。我们对每一支桩的深度都严格控制，标准是要打到地下的岩石层面。这里关键的一点是如何正确判断是否打到了岩石，我们的经验是要看排出来的泥土是否有大量石屑。按照设计要求，打桩要达到岩石下的一定深度，因此每次打桩后，专业人员都要进行严格的检查，丝毫不马虎。最后还要确保处理好打桩后的残渣。在地下室的施工建设中，我们充分采纳第三方检验机构的意见，使用防水混凝土，以防止地下室渗水事故的发生，并对钢筋的施工连接点处理到位。

大厦主体结构基本完工后，我开始思考建筑的装修格调问题。我对宝盛世纪中心的装修定位是，一定要达到或超过同时期超高层建筑装修的水平。于是我组织了一个考察团队，走出浙江，来到上海浦东陆家嘴一带参观考察超高层建筑，我们从浦东世家都市等多幢超高层建筑的装修风格中吸取了不少的经验，结合宝盛世纪中心的功能定位，初步确定了大厦高端、大气的基本格调。对于一个建筑来说，大厅的装修设计至关重要，且操作难度大，成本投入也大。我们对大厅的设计风格、用料选材下了一番功夫。最终建成的大厅成为大厦的第一形象，无论是电梯井，还是屋顶壁面都具有鲜明的特色，并在总体上符合大都市超高层建筑的定位。

当时的很多写字楼都没能做到全部精装修，企业入驻后，往往要根据自己的需要，再做一番改造和修整。针对这样的情况，我也做了充分的考虑，最终决定整个写字楼全部采用精装修，这样的好处在于，不论是新客户还是老客户，都不会长期处于吵吵闹闹的装修环境之中。为了全方位满足客户的不同需求，我们对大厦每一层楼的空间装修都有不同的功能定位，客户可以根据自身的需要自行选择楼层和房间。客户进来后，基本不需要整改，仅需在部分地方做小的调整，比如电线安装，我们在每一个自然间中留一小部分电线在墙角，客户可以根据自身的需求调整，不会出现大规模敲敲打打整改的情况。这样的处理，让每一位入住我们大厦的客户都得到了安静、舒适的办公和休息环境，客户对大厦的服务管理非常满意。

在宝盛世纪中心的项目中，我们积累了建设超高层建筑的经验和技术，以及创新性的操作方法，这为我们日后承接其他超高层建筑项目奠定了非常好的基础。我时常回过头来思考走过的每一步，其实建一幢楼并非只需钢筋混凝土这些人们能够想到的简单材料，一座大楼的矗立，其实就是技术、劳动和精神的结晶。在建高层的工程中，既要考虑结构的牢固程度，又要考虑房子的耐久程度，还要考虑如何将建筑的功能最大化，如何确定一个能让大部分客户接受和适应的装修格调，让大厦经受住时间的考验。只有将每一件事情都考虑充分，并找到合适的解决办法，将工程有序地推进，才能在同样的成本约束之下，达到更好的实际效果，最终才能令客户认可和满意，而客户的认可和满意是项目成功的唯一标准。

第九章

无心插柳步入

宾馆行业

1. 力排众议建设总部大楼

1996 年，企业完成改制，正式成为民营股份制企业，公司发展也跃上了一个新台阶，那一年企业的总营业额达到 5000 万元，员工队伍发展到 1900 人。企业破土而出，在市场竞争中有了一席之地，无论从建筑规模、功能定位，还是从企业形象的角度来看，梅西老的办公场所已经越来越不能满足发展的需要。从那时起，我便开始考虑在萧山城区买地，建企业总部大楼，几经比较和选择，最终买下了萧山新区市心路边的一个地块。

当然，这个过程也是充满争议的，不同的声音有很多。因为当时的新区，可不像现在这般繁华热闹，现在成群的高楼大厦在那时只是一片农田，说是新区，看上去其实和其他乡下地方没什么区别，只有银河小区等为数不多的几栋住宅。在我设想购买这块地时，周围不少人都觉得不可思议，很多人认为我看走眼了，选了这么偏僻的地方，甚至在工程打桩后，仍有一些朋友提醒我这个投资负担太重、市场前景不好等。但这些质疑并没有动摇我的决定，我相信自己的眼光。

当时做这个决策，我也是经过了长时间的深思熟虑。一方面，公司发展到了一定阶段，如果办公地点始终禁锢在农村，一则现有企业员工外出和上下班交通极为不便，尤其是需要在全国各地跑的项目经理、总经理等，乘火车和飞机到了城区后，还要转车到乡下，浪费了大量的时间和精力；二则办公地点由农村搬迁至城市，意味着企业实现了全新的跨越，将有效提升企业的影响力和形象，对于日后企业招聘人才、洽谈业务、对外联络都有诸多益处。另一方面，也是非常重要的，我从自身阅历深入思考，并请教了当时诸多规划设计人员和学者，他们都认为萧山是中国改革开放的一块热土，现在的这个新区今后将具有相当大的发展潜力，眼前虽然还是大片农田，但是原萧山老城区的发展正在受地形和地域的限制，亟待开发新城，拓展区域。随着萧山区政府的搬迁，未来城市中心必然北移，这将是一块非常优质和繁荣的地段，其商业价值难以预估。因此，从更加长远的战略上考虑，我认为在新区买地建总部是合理且必要的选择。

宝盛宾馆建造前的地块

另外，当时我还有一个不成熟的想法。随着企业经营规模的发展壮大，在稳抓水泥生产线施工和民用建筑两大主营业务的同时，不断向外拓展，实现多元化经营，是未来企业转型的一个重要方面。当年步入水泥生产线施工领域，其实也是偶然，是在不断尝试中走出的企业经营之道，因此在当前阶段，更加不能故步自封，否则企业的路只能越走越窄。

一个企业的领导人，其不可替代的作用就是在关键时刻做出关键抉择。幸运的是，我这次的重大抉择又是正确的，实践证明我们企业总部的这一次搬迁以及向宾馆行业的拓展，为企业进一步发展开辟了新的空间。

于是，在买好地块，决定建造总部大楼后，大厦究竟以何种业态建造，成为一个重要的问题，因为这涉及企业未来的多元化道路方向。刚开始准备拿地时，该地块的土地性质是商用办公加住宅，因此，对大厦的定位，最原始的方案是建办公大楼加单身公寓。但是待大厦准备设计施工时，我们得知该地块的土地性质有了变更，商用办公加住宅变成了商贸用地，且为了配合城市新区的发展，要求最好建设商业设施。在这样的情况下，我们最初的规划设想也必须随之改变。与公司管理层、规划设计人员商议后，我们初步决定除了总部办公功能，还要在大厦中增加酒店功能。没想到，这一改变竟然开辟了一条新路，走出了宝盛的持续发展之路，当然这是后话了。

我们当时邀请了浙江大学设计院进行建筑方案设计，并邀请省建材设计院做结构设计。按照设计方案，总部大楼是一幢19层的主楼加一幢7层的姐妹楼，暂定名为五建大厦，主楼作为宾馆，即后来的宝盛宾馆，姐妹楼作为公司办公楼。虽然那时企业的两大支柱产业基本在市场上站稳了脚跟，但是从资金上讲，企业总体上还是比较薄弱的，五建大厦启动之前，我们也是千方百计地筹措资金。

1998 年，资金一到位，大厦便开始动工了。

为什么建宾馆？我当时也经过了一番考虑。随着前些年建筑市场的发展，企业渐渐做大，各类业务接待往来逐年增多，原来在党湾的办公场所过于破旧和狭窄，我心中一直以来就有建一个略上档次的接待场所的念头。只是在五建大厦规划设计之前，心中还没有要建一个酒店的设想。实事求是地说，是没想到能有这么大的规模。而现在随着土地性质的变更，居然有这么一个难得的机会。此外，我逐渐意识到，随着经济的快速发展，居民收入也稳步提高，老百姓的生活水平逐步改善，越来越多的家庭开始选择娱乐、旅游等消费支出，全民性的消费升级正在悄然启动，企业和政府机构也有各种各样会务会展等活动，对酒店也有较大的需求。因此，酒店业作为一个新兴的朝阳产业，将会逐步进入发展的黄金期，而那时萧山的高星级酒店较少，对我们来讲也是一种机遇。同时，宾馆建成后，也将作为公司对外的一种形象展示，这对于建筑业务的拓展、企业品牌的树立，都能起到很好的辅助作用，可谓好处多多。

就是在这样的想法之下，宝盛宾馆应运而生了。后来随着对酒店行业经营方面的深入了解，我发现酒店业作为国内最早对外开放的行业之一，其现代化的管理理念、管理方法，以及标准化的操作要求，对整个企业集团管理的规范和水平的提升，起到了重要的推动作用，这也是我继宝盛宾馆后，决定继续大力发展酒店业的一个重要原因。事实证明，在建筑行业，特别是在水泥生产线施工遭遇宏观经济调控和行业调整的情况之下，酒店业成为公司发展的另一个重要支柱，企业实现多条腿走路、多元化发展，避免了在经济转型和产业更新换代的大背景下经营遭遇断崖式下跌。酒店业为企业开拓了更为广阔的市场空间，让企业走出了一条全新的路子。

2. 初涉酒店建设装修——宝盛宾馆

宝盛宾馆是我们公司凭借二级资质建设的第一个高层建筑，前面讲到的绿都世贸广场和望江楼，都是在承建宝盛宾馆主体结构时承接的项目。那时整个萧山地区的高层建筑都比较少，对我们自身来说这是一个"高大难"工程，整个施工过程也是我们对高层建筑的施工要求与工艺逐步了解、掌握的过程。酒店建设属于民用建筑中的专业性项目，具体的建设要求、功能定位、施工工艺都与其他普通民用建筑有较大差别。我们那时还从未接触过酒店建设装修，酒店整体施工对我们来说就是一个全新的领域。俗话说"万事开头难"，在宝盛宾馆建设期间，我们确实遇到了不少的困难，但是通过整个团队的共同努力，我们最终克服了所有困难，确保了项目按期推进。

杭州萧山宝盛宾馆

在设计施工之前，首先需要确定的是酒店的基本定位。在建五建大厦的最初构想里，我们就是考虑到在建筑施工点多面广的环境下，接待的客人会比较多，如果自建一个接待场所，既能办公又有类似酒店的基本功能，那么就可以解决当时的难题。当时我们规划设计的第一稿是小规模的客房和餐饮设施，之后又做了一些市场分析，恰巧又赶上土地性质的变更，因此我们考虑不如就直接建一个星级酒店。规划设计第一稿的定位是三星级酒店，高度为 15 层。

设计稿通过后，建筑施工开始了，这时又出现了一个插曲。萧山市委领导来五建大厦审核建筑立面时和我探讨，酒店定位三星级是可以的，但是否考虑把房子造得再高一点，他建议我们把高度提升到 19 层。这个时候我们已经打好了桩，只能开始重新补桩。当时恰逢萧山市政府办公机构迁移至北区，那段时间有很多市领导经过我们宾馆建设的地方，这样一个全区屈指可数的高层建筑，在当时也算是一个新生事物。很多领导经过这里，都免不了进来参观一番。其中当时萧山市一位领导来看过工地后，让其他领导带信给我，提出此时正值 1998 年东南亚金融风暴，全球的酒店业经营都面临较大风险，这样大规模的宾馆，建成后经营可能会有问题。我与这位领导并不熟识，他能够托人带信给我，纯粹是出于一种关心，我非常感谢这位老领导的指导。其实他的话说到了我的心坎里，对于这样的市场环境我当时心里也是没有底的，更何况我们还没有建设和经营酒店的经验。

然而当时的情况是，工程已经过市里领导同意，桩也已经打好，停下来是不可能的。现在宾馆由 15 层建到 19 层，其实很多设计标准已经超出了三星级酒店的标准，那么索性我们就将酒店定位为四星级。第一，在当时的区域环境中，高星级酒店很少，这样就形成了竞争优势。第二，当时酒店刚刚动工，建成、装修直到营业估计至少需要两年时间，届时整体的经济形势应该会有所好转。第三，其实也是我的一贯主张，即要做就尽最大努力做到最好。在同样的经济环境下，先垮掉的总是那些无竞争优势的低端产业和低端产品。于是，宝盛酒店的基本定位就这样确定下来了。但我们完全不熟悉酒店的建设和运营，究竟四星级酒店要达到一个什么样的标准？我认为不能全凭文件的条条框框来，还要有一些直观的感受。当时我们考察了省内好几个酒店，包括香溢酒店、萧山金马饭店、宁波南苑酒店等，心中对于酒店的定位多少有了一些感觉。

接下来就是高层建筑的施工问题了。首先高层建筑用的是灌注桩，由于经验不足，我们也是探索性地施工与管理，经过了多次试验和检验，取得了比较好的效果。其次就是地下室积水问题，这个地下室的设计是1层，要挖6米多深，那个地块的地质条件是淤泥加沙土，渗透性不好，地下室做垫层后也总是进水，施工难度非常大。我基本上天天下午都在指挥操作，最终我们采取了上文提到的围垦的办法来做抽水和疏导，创造性地解决了这一在高层建筑中普遍会遇到的难题。其实这个办法的第一次运用便是在宝盛宾馆的建设中，后面绿都世贸广场、望江楼，以及宝盛世纪中心的建设都是遵循和改进了当时的做法。

在混凝土的制作上，我们也采取了一些创新的做法。造一个高层对混凝土的需求很大，当时又没有商品混凝土，一些小的搅拌机质量控制能力不好。为确保混凝土质量，我们考虑现场自己制作一个搅拌站。当时我们花费了很大的人力物力，最后施工人员研发了一种半自动化的提升设备，石子、黄沙等原材料都是用计量工具称重，然后按照科学的配比方式进行搅拌，百分之百保证混凝土的质量。由于配比量控制得比较精确和专业，虽然混凝土的标号当时设计的是 C25，但我们最终达到了 C35 级别，得到了大家的认可。1999 年正是整个萧山地区混凝土框架结构转型提升的关键期，很多业内人士，包括当时萧山区建筑局的局长等，都一致认同这个楼是当时萧山混凝土结构的典范。

宝盛宾馆建成后，成为整个萧山地区的第三栋高楼，宝盛宾馆作为高层建筑的一个典型，也是萧山历史上建筑结构提升的一个重要标志。至此，整个萧山建筑行业不断吸取经验，提升施工工艺，建筑由整体结构表面目测效果较差向目测效果较好和结构优质化转型。

土建施工进行到一半左右时，就要考虑酒店的装修问题了。由于从来没有接触过酒店建设，我们对装修情况一点都不了解。但我心里一直清楚，作为一个四星级定位的酒店，酒店的功能布局、房间装饰等都应十分考究，既要满足市场需求，又要做到别具一格。没有经验和感觉，只能走出去寻找经验和感觉，闭门造车建不出一个优质的酒店。那段时期，我带领相关人员赴全国各地多家高星级酒店进行考察，南下广东、东进上海，全国各类型的酒店都留下了我们的身影。

记得当时我们先从杭州城站坐火车到广州，参观了广州著名的白天鹅宾馆，然后马不停蹄地来到深圳。当时深圳是全国开放较早、外资进入较多的城市之一，代表现代经济发展的前沿。我们找到了四五家深圳具有代表性的宾馆，看了他们的装修风格和酒店具体功能设施。最后我们又联络设计单位广州美术学院，经他们介绍来到一家深圳地区专门做酒店装修的装修公司。在了解了我们的具体需求后，这家装修公司在几天之内做出了装修草图。但看过之后，我仍然感觉没有达到自己的理想要求。我当时想，既然已经到了这里，离香港这么近，不如再去香港看看，找找灵感。于是我和公司的徐总过关来到香港继续看酒店。我们的活动范围主要集中在中环地区和弥敦道附近，中高端的酒店我们参观了六七个，装修风格基本是大众普遍能够接受、装饰材料较上档次、整体相对厚重的类型。

在回杭州的火车上，我脑子里一直都是形形色色的酒店装修风格，我思来想去，觉得宝盛宾馆的装修应该符合以下要求：一是风格不能太过小众，要符合大多数人的审美；二是要与杭州地区现有的星级酒店风格有所区别，形成我们的独特优势；三是作为四星级酒店定位，酒店的装饰装修一定要具备相应的档次，能满足日后中高端商务、休闲等多种层次需求。

考虑到当时各地酒店以现代式和欧美式装修为主，我们以这样的风格进行装修也不会有多大的创新，如果也选择西式装修，很容易被"淹没"。后来在公司的项目对接会议上，我提出不如反其道而行，做中式的装修，没想到这一提议得到了当时公司管理层的普遍认可。大家进一步商议决定，将酒店的整体装修风格定位为明清风格，主要考虑到当时各地酒店中式风格相当少见，这种装修可能会给人耳目一新的感觉。

装修风格定下来后，就进入设备安装和装修施工的阶段。在酒店装修方面，我们完全是门外汉。虽说公司之前有多年的建筑施工经验，但酒店的装修完全不同于住宅和工业建筑，要复杂得多，是一个全方位的系统性工程，要考虑大厅、客房、会议厅、餐厅等多个方面。而我们对这些一窍不通，连如何安装中央空调的出风口都不知道，只能邀请外部专业人士现场指导和协助施工，其间我们边做边学，积累经验。

在装修材料的选择上，我们颇费了一番精力。酒店是一个高投入的项目，通过之前对多个酒店的考察分析，我得出的结论是，酒店如果投资成本过高，将会给今后运营带来很大的压力。因此，在装修过程中控制好成本是非常关键的。在选择装修材料时，我们采取了多种材料相结合、组合运用的办法，建成后的酒店风格沉稳大气，不仅在视觉上达到了较好的效果，也符合财务预算。与当时大多数酒店大量使用每平方米上千元的石材相比，仅此一项我们就减少了不少投资。酒店的建设成本，包括土建施工、装修、酒店设施等在内，控制在每平方米 3000 元左右，相对其他很多同档次酒店每平方米 7000 元、8000 元的成本，我们的成本节约了至少一半。可以说成本控制相对理想，为宾馆的日后经营打下了良好基础。

根据计划，宝盛宾馆于 2001 年 7 月 28 日开始试营业，于 8 月 18 日正式开业。经过紧张有序的施工，大楼至 2001 年 7 月初全部装修结束，之后便开始紧张的酒店软件系统调试工作，全面进入开业准备阶段。而宝盛宾馆的 400 余名员工在 5 月份已基本到位，全面进入培训阶段。7 月 28 日，宾馆正式开门迎客。经过 20 天的试营业，酒店各区域的运转基本趋于成熟。8 月 18 日，宝盛宾馆正式开业。这意味着公司成立多年后，以及我个人在梅西建筑工程队从事建筑行业 20 多年后，正式涉足其他领域，多元化之路跨出实质性的一步。

酒店的建设并不是一次性工程，在宝盛宾馆的运营过程中，我们逐渐了解到，酒店的功能设计将对酒店日后的运营起到非常重要的作用，如果空间功能设计不到位，酒店必然面临面积使用效率不高、管理错位等诸多问题。此外，随着酒店业发展和消费者需求的不断变化，酒店的功能设施也要进行及时的改造更新。当时宝盛宾馆的多功能厅设计就给了我们一个深刻的教训。在酒店设计建造阶段，我们参观了其他很多酒店的建设，大多数酒店都将多功能厅设在酒店的最高层，包括当时萧山的几家饭店，后来我们也采用了这样的设计。

宝盛宾馆开业典礼

运营后不久，我们便发现了多功能厅的设计问题。当时宝盛的多功能厅在第18层，而多功能厅是人员往来集聚最多的地方，遇到会议，所有人都需要在一个共同的时间段通过电梯到18楼，这就人为地造成了拥挤，浪费资源不说，更重要的是让客人产生非常不便利、不舒适的感觉。我们立刻意识到这是一个错误的设计，于是在2002年我们便开始着手改造多功能厅。对于一个已经建成且正在运营的酒店来说，改造起来困难重重，我们也付出了很大的代价。

那时我们决定将酒店主楼的多功能厅改建在裙楼办公楼的最上面，也就是第8层，这样建设的考虑在于，将多功能厅设于酒店的中部楼层，人员上下楼较为便利，而酒店主楼受建筑结构所限，已经没有拓展空间的余地，且将其放在办公楼上层，还可以直接利用办公楼现有的2部电梯，再另加3部电梯，基本可以满足需求。但是多功能厅的建设相当于要在当时的7层楼上再建一层，这个难度是相当大的。我记得当时7楼上方有一个中空的玻璃屋顶，改建时需要把玻璃拿掉，然后及时用混凝土补满，否则遇到下雨天就会进水，为此施工时我们用防雨布来应对。

有一天，眼看着乌云密布，要下大雨了，我同施工人员一起到屋顶，大家抓紧时间盖防雨布。那天正好遇到雷阵雨，风异常大，厚重的防雨布也被风吹起来了，连带着我们几个人也飘飘忽忽，站不稳，其他几个人估计是实在撑不住了，没有抓住防雨布，防雨布瞬间被大风掀起，只有我一个还死死抓着这块布，但是说实话，我也快撑不下去了，尤其他们几个人松手后，防雨布像是有千斤重一样。这时，又一阵疾风过来，差一点就把我和防雨布一起吹走了，幸好我急中生智，用一只脚钩住了栏杆，算是保住了一条命，也保住了这块布。当时不觉什么，事后想想还真是相当危险，一个不小心，人就从7楼摔下去了。不仅如此，这块厚重的防雨布要是掉到别的地方，肯定会造成一些事故，后果不堪设想。

改造后的多功能厅能容纳500人，我们将其定名为"宝盛厅"，而原来的酒店主楼18层，现在重新改造为客房。改造后，避免了原来住宿客人和用餐、参会人流同挤客梯的局面，也方便了厨房的运转。后来，随着经济加快发展和老百姓生活水平的提高，越来越多的公司选择在酒店开商务会议和年会，越来越多的家庭选择在酒店吃年夜饭、聚会和办喜事。"宝盛厅"的兴建，满足了日益增长的会议、餐饮以及各类活动的需求，自建成后场地利用率一直很高。

"宝盛厅"改造后，我们又根据普通消费者日常餐饮聚会次数逐渐增多的现实需要，将酒店一楼改建成为大众化的餐厅，取名"钱塘轩"，主打百姓日常消费，价格亲民。"钱塘轩"一经开放便人气爆棚，绝佳的地理位置、舒适大气的环境，加上实惠的价格、美味的菜肴，吸引了很多人前来用餐。"宝盛厅"和"钱塘轩"的改造取得了较大成功。2002年，宾馆营收超4400万元。

2004年，我们再次分析市场的新变化和消费者的需求，认为宝盛宾馆在高端商务接待和客房方面有所欠缺，现有的接待设施和客房与消费者日益提升的需求有差距，于是我和酒店管理层决定对宾馆部分营业区域及功能再次进行更新改造。经过数月的施工，我们投入近500万元，将20个餐饮包厢和113间客房装修一新，并将裙楼办公楼的5—7层改造成商务会所，新增高档客房近30间。这一系列的装修改造为宾馆提升接待规格，增加营业收入创造了基础条件。

在宝盛宾馆的建设、定位、装修和改造的全过程中，我们作为一个跨界经营的企业，一切都要从零开始，摸着石头过河，自己要掌握河流的趋势，也要了解河水的深浅，不断总结经验、吸取教训、与时俱进，在实际经营过程中发现问题，便及时解决问题。正是这样的做法和理念，才使宝盛宾馆从建成到现在的20多年时间里，始终保持良好的营业业绩，并在酒店功能设施以及服务上始终位于萧山星级酒店的前列，成为萧山地区老牌星级酒店的经营典范。

宝盛宾馆的成功，是意想不到的成功，这个成功，无论在改变企业形象、另辟发展路径，还是在提振员工信心、增强企业学习能力等方面，都是花钱买不到的。

3. 酒店连锁经营第一步——肥城宝盛大酒店

肥城是山东省泰安市一个拥有近百万人口的县级市，系全国百强县之一，经济发达。县城距泰山风景区、曲阜孔子故里两个世界级的旅游景点和泰安市区都只有30—40分钟车程，距济南75公里，地理位置相当不错。

泰安肥城宝盛大酒店

龙山大酒店位于肥城市中心，距市政府近在咫尺，所处位置优越，为当地标志性建筑。龙山大酒店是肥城市政府的重点工程项目，高20层，占地20余亩，建筑面积达3万多平方米，最初定位为四星级酒店，经招商引资后于1994年兴建。主体结顶后，由于开发商出现资金问题，项目停工，政府收回后由于种种原因一直未能复工。最终几经辗转，产权归中国农业银行肥城市支行所有，并向社会公开招商引资。

　　最初我们是通过萧山一个机关人员的介绍得到这一信息的。2004 年，我开始组织有关人员对该项目进行多次考察、调研。通过了解到的情况和深入的分析，我对这个项目有如下看法：一方面该大楼虽然空置了 10 年，但由于当初是超前设计规划的，内部布局多年后仍然符合当前需求，且内部装修基本空白，改造的空间较大，经过系统的设计改建，完全可以达到四星级的标准。另一方面，对于酒店业来说，酒店的地理位置和周边发展情况非常重要。肥城本身具备一定的经济发展水平，且仍处于上升阶段，有较好的发展潜力。再者肥城距国家重点风景名胜——泰山、孔府均较近，外来游客多，外地客源市场较大。另外，泰安与杭州都是国内外知名的旅游城市，每年都有千百万的游客到来。泰安的肥城大酒店与杭州的宝盛宾馆能够进行密切的交流合作，南北呼应，使前往杭州的游客有一个设施齐备、价格实惠的下榻之所，使前往泰山的游客有一个高雅恬静、服务上乘的休憩之地。

　　我将上述的想法同公司其他高层进行了充分的交流，毕竟这个项目是我们继宝盛宾馆后，再次迈向酒店业，而且是省外酒店业拓展的第一步。肥城宝盛大酒店建成后，将与宝盛宾馆形成连锁经营态势，因此，我们对这个项目的评估相当慎重。在与公司其他高层统一意见，并经股东会同意后，我们才最终确定这个项目。2004 年 6 月中旬，我与中国农业银行肥城市支行行长签订购买合同，买下了这一酒店的毛坯房，将酒店正式命名为"肥城宝盛大酒店"，并以四星级标准建设改造。

　　接下来的任务就是针对现有的空间格局进行改造和装修，在酒店风格定位上，我们借鉴了宝盛宾馆的经验，采取了新中式格调，以区别于其他酒店的现代式和欧美式装修，跳出市场大众风格，形成独特的吸引力。这次我们自行设计了肥城宝盛大酒店的功能和空间配置，有效避免了当初在宝盛宾馆功能设置中犯下的错误。

施工开始后，我在肥城连续住了两个星期，把所有能预见的装修问题进行了提前决策处理。按照新定位的标准，确定了原结构改造的诸多细节，比如对墙面进行了技术分析，并采取了加强措施。酒店原来的内墙采用的是纤维多孔板，由于时间较长，板子两面有些开裂，无法继续使用，但是如果敲掉的话，既浪费成本，又要花一定时间。究竟是完全舍弃重建还是保留修整，我困惑了许久。最终，根据以往的建筑施工经验，我想到了一个可以保留使用的改造办法，即将两面墙用螺杆穿起来，进行加固，外面采用钢丝网进行粉刷。这样既保留了原来的墙，又保证了耐久性。当时，为确保能达到这样的效果，保证钢丝网和螺栓连接有效，我自己做了个实验，却一个不小心把钢丝网的钢丝戳到了手上。周边的工作人员马上把我送去医院打破伤风针。当然，这是个小插曲，但也让我清楚地意识到，建筑施工的危险真是无处不在。

两个星期的时间里，将能想到的问题基本处理好后，作为主要负责人，我对整个工程的进度把握心里有底了。在那边开好头后，我便先回到萧山，处理日常事务，此后，我每20天左右就会去一次肥城，看看工程的进度。

毕竟我们之前有过建设宝盛宾馆的经验，因此总体来说，这次的肥城宝盛大酒店建设改造是比较顺利的，另外我们在建设中采取封闭式装饰管理，因此酒店的筹建速度也很快。刚开始筹建的时候，我们是计划在2005年三四月份开始营业，当时还担心建设周期不够，还好我们按期顺利地完成了改造任务。整个建设期，从酒店处于毛坯状态、装修队伍第一天进场，到2005年3月28日酒店开始试营业，仅仅用了6个月时间。

　　如此快的装修进度引起了肥城各界的惊叹，不少肥城的商界朋友和业务伙伴见到我，都说这次终于让他们见识了浙江民营企业的工作效率，他们着实佩服。之前，他们嘴上常喊着"时间就是金钱"，其实也没多少人往心里去，工作该怎么推进还是怎么推进，没有多少人愿意为此加班加点。每每听到这些，我也只是笑笑，我心里想，殊不知这让人称道的"浙江速度"背后，全是我们施工队伍的辛劳付出和汗水，"浙江速度"其实就是浙江精神。那个时候交通还不是很发达，没有现在的高铁，高速公路也很少，我坐火车从杭州到肥城，单程要 12 个小时。我每隔 20 多天去一次现场，为了不耽误萧山公司的工作，每次都是在快下班时，下午 4 点左右出发，6 点多到杭州城站坐火车，第二天早上 6 点左右刚好到肥城现场，在酒店开始一天的现场指导管控，然后晚上再乘 6 点多的火车返程，第二天早上回到萧山公司上班。

　　在试营业的前两天，为了按期开业并让客人体验到最满意的服务效果，我们酒店全体人员每日通宵达旦地搬运物资与调试安装。那两天的经历我至今记忆犹新。大概是 3 月 26 日，整个酒店装修全部完成，等待设备进场。26 日晚上，装载酒店全部设施的 12 辆大卡车全部到位，这说明采购部门相当用心和配合，要知道酒店设备有成千上万种，涉及的供应商更是不计其数，能将所有货品在统一的、合理的时间送到，可见采购部门同各个供应商的对接工作做得相当到位。设备在装修后一次到位，既避免了在装修过程中分次安装设备的混乱状况，也避免了寻找大型仓库带来的人力物力消耗。

　　当然，在这种情况下我们面临的问题是必须要赶在开业前将所有设备配置安装到位。搬运和布置 12 辆卡车的物资绝对是一项浩大的工程，当时酒店工作人员全体出动，男员工搬重物、大件，女员工搬些零碎的小件。当时我年纪也已经不小了，而且肠胃一直不好，体力不及年轻人，因此公司的经理们一再劝我回去休息。说实话，酒店正处于开业前的紧张准备阶段，长时间的加班加点，的确让我有些体力不支，不夸张地说，好像随时都可以倒头睡下。但是我转念一想，这样恐怕不妥，这样关键的时刻，如果主要负责人不在场，就很难激发员工的积极性，领导都回去休息了，员工们凭什么一整晚在这里辛苦地干活？于是，我同这个项目的几个负责人说："我们谁都不能走，我们是员工的主心骨，我们要同员工们一起搬，虽然大家今晚会非常辛苦，但至少我们可以在精神上鼓励他们。"就这样，在这个灯火通明的大厦里，几百个人通宵达旦地搬运物资和调试设备。这体现出我们的企业精神，这里没有领导、经理、服务员和厨师，只有为同一目标而努力的一个团体。

原计划两天完成的任务，我们一天就完成了。于是，我们临时决定，在试营业的前一天，也就是 27 日晚上，举办一个参观会，让感兴趣的市民过来先睹为快，也为肥城宝盛大酒店做一次宣传。27 日这天晚上，上千名市民涌到酒店来参观，人数之多超出了我们的想象。之所以会引起这么大的反响，一方面是因为酒店建设周期之短已经成为肥城广为人知的事情，很多人想来看看这个经过 6 个月左右的时间改造的酒店究竟是什么样子。另一方面我们新中式的装修风格很独特，很多当地人没有见过这种风格的装修，因此对酒店产生了很强的好奇心。上千人同时参观酒店，对酒店的接待设施也是一种考验，这时我们的很多营运经理建议限制人流或者关闭一些区域，他们主要是担心这么多人踩踏，会将新铺的地毯弄脏。我当即告诉他们，这是因小失大，没有必要，新酒店不能拒绝人，而要让消费者了解酒店的优势，引起他们兴趣，这些地毯我们可以采取一些措施进行保护。最后我让工作人员做好安全疏导工作，让所有有兴趣的市民对酒店进行全方位的参观。

新建成的肥城宝盛大酒店拥有标准客房 250 间，餐位 1200 个，其中包括数个大型宴会厅、30 多个特色包厢，是肥城市第一家，也是当时唯一的四星级酒店。开业的那一天，闻讯来参观、体验的人数更是几倍于 27 日晚上参观的人数。10 年前的经济发展水平与现在相比，还是具有相当大的差距的，星级酒店对老百姓来说，还是一个新生事物，我清楚地记得，那天发生了一些令人啼笑皆非的事，比如有市民踩着自行车就往大堂里闯，还有市民到了餐厅就点地摊小炒……总之，那天的场面非常热闹，现在想起来也让人感到温馨，宝盛大酒店在当地成功打响了第一炮。

泰安肥城宝盛大酒店开业典礼

其实，酒店开业在肥城引起的反响，是不能仅仅用一个商业事件来定义的。10 年前，这个酒店便是肥城市民翘首以待的标志性大楼，没想到最终以烂尾收场，这多年来一直是肥城人民难解的心结，是城市的一个伤口，时至今日，它的命运终于得到改变，所以从这个角度来说，肥城宝盛大酒店的开业也是肥城城市建设的标志性节点。

肥城宝盛大酒店经过一年的运营后，经山东省旅游局考评，荣膺四星。在开业后的这一年中，酒店的经营势头一直不错，营业额稳步上升，服务质量和管理水平执当地酒店业之牛耳。有关主管部门也认为宝盛大酒店为肥城带来了全新的服务理念和先进的管理手段，对当地酒店业起到很好的榜样引领作用。对于宝盛集团来说，肥城宝盛大酒店的建设运营意味着公司向酒店业成功跨出了连锁经营的第一步，宝盛的知名度与美誉度正在进一步提高，宝盛的品牌在除杭州乃至浙江地区外的全国更多的地域开始被越来越多的人所熟知。

也许是酒店业为公司带来了好的运气，2006年，对于公司整体业务拓展来说，是一个关键的年份，酒店业与建筑行业两者良性互动发展，全年合同产值比2005年翻了一番，且在承接业务上呈现出诸多亮点。公司整体业务从水泥工建业务为主导向民建和综合性业务拓展，民建市场从规模较小的分散业务向规模型、集中型发展。从地域上看，民建工程正在逐步从省内向省外拓展，工业建筑正在从国内市场向国外市场转移，更加广阔的发展空间正在一步步打开。

4. 宝盛第一家五星级酒店——宝盛水博园大酒店兴建

肥城宝盛大酒店运营步入正轨后，我们在酒店业建设运营方面已经具备了一些业务经验，于是我开始考虑如何在更高层面、更广的领域推进酒店业发展。

那一段时期，我们开始考察周边省份，在全国各地寻找市场。2006 年左右，浙江省水利厅的水利博物馆项目在报纸上进行招商，他们计划在博物馆边上建造一个五星级酒店，作为中国水博园的配套项目。项目位于钱塘江南岸六桥至二桥间，紧靠钱塘江，占地共 112 亩。

杭州宝盛水博园大酒店

地点太过偏远和荒凉，是这个项目最大的缺点。当时萧山有一家规模较大的酒店品牌企业也对这个项目感兴趣，但最终因为地点偏僻而放弃了。对于这个项目，我们当时也做了充分考虑。虽说那边的地理位置偏远，各类基础设施并不完备，周边环境也较为冷清，各方面条件都一般，但从长远来看，在萧山城区周边建设如此大面积酒店的估计仅有我们，在萧山土地越来越稀缺的未来，这类大规模用地的酒店将更加稀缺。此外，该地区距杭州市区仅一江之隔，当时之江大桥正在规划开建，距萧山国际机场也仅 10 多分钟车程，萧山钱江世纪城近在咫尺，交通网络的日趋完善会彻底改变它的周边环境。相信在不久的将来，这里会变成比较成熟的地段。同时，这也符合公司重点发展酒店产业的战略方向。此外，作为宝盛的第一家五星级酒店，它意味着宝盛的酒店业，无论是硬件还是软件都达到了一个高峰，对于宝盛酒店品牌的形象是有效的提升。因为我们已经建设运营了两个酒店，对于酒店策划、施工和管理的一整套流程都相对熟悉并具有一定经验，这也是我们敢于承接这个项目的重要原因。想好之后，我们便决定参与酒店建设投标。一切进行得很顺利，我们于 2006 年 12 月 28 日正式签约。

确定这家酒店的定位，还是经过了一定波折的。最开始的招投标过程中所阐明的项目用地是 112 亩，但在后期建设商议中，省水利厅提出一个意见，就是酒店未必要造这么大规模，总面积在 4 万平方米左右就比较合适了。我在前面阐述过，之所以考虑接下这个项目，其中一个重要原因就在于其规模上可以达到一个较好的效果，从而形成其独特优势，在这种偏僻的地方建一个同一般酒店规模相仿的同类型酒店是没有任何竞争力的。基于这样的意见分歧，我邀请了省旅游局的酒店策划方面的专家进行了多次研讨，其中有一些专家给了我们诸多有意义的指导。我大概记得有一位黄工，对我们酒店的事情特别关注，多次主动找到我提出他的看法。最终，我们与专家的意见基本达成一致，那就是要在这里造一个集旅游、度假、会展等功能于一体的综合性度假式酒店，我们坚持要求酒店建筑面积至少要达到 9 万平方米。

省水利厅和水博园的领导还是担心，如果酒店面积过大，日后运营负担会太重。鉴于这样的情况，我同公司的领导层决定去海南进行考察，去看看这类大规模度假型酒店的运营方式，水利厅领导的意见不无道理，针对这样的大项目的建设和运营，应该做到审慎评估、有备无患。另外，也需要从这些酒店的建筑装修风格上吸取灵感和经验，为下一步酒店建设打好草稿。说去海南不要紧，谁知这一去就是连续去了 3 次三亚的亚龙湾。第一次我们自己去踩点，参观了亚龙湾的希尔顿、喜来登、万豪等酒店，看过了之后便有了初步想法，那就是我们的酒店在装修和设施风格上可以参考这种热带地区的格调。

第二次我邀请了有关专家、领导到亚龙湾参观，我们看了很多大型的综合型酒店，分析了他们的周边设施环境等。经过反复交流，最终他们基本认可了我的意见，那就是萧山那一块地只有做功能设施齐全的度假式酒店，才能有生存和发展的空间。根据调研经验，要做综合型度假式酒店，基本的餐饮、会议、疗养、会展等功能设施必须完备，客人从进入酒店的那一刻开始，就可以欣赏到优美的风景，置身于度假的环境之中，享受到会议、会展、健身、疗养、餐饮等多重优质服务。而这样的功能定位，是必须要大规模场地的支撑才可行的。

抱着审慎的态度，我决定第三次去亚龙湾。我将我们酒店的建设定位和相关想法向有关领导进行了交底，诚恳地征求他们的意见，请他们从专业规划的角度对项目的可行性再做一次评估。在现场参观考察之后，领导基本同意了我们的建设理念和定位。就这样，五星级度假式综合型酒店的定位确定下来了，后来在酒店的运营和实际操作中，我们的想法被证明是正确的。水利博物馆的那几位领导，到现在每次见到我还必提我将他们带到三亚参观的事情，说："多亏了你的坚持和执着，不然这块地现在的景象很难想象啊。"

接下来我们邀请了专业机构进行酒店规划设计，多次评审后确定了设计方案，值得一提的是，我们的宝盛水博园大酒店建设项目被列入萧山区旅游建设"1010"工程①，这表明此项目得到区委区政府的充分认可和高度重视。自 2006 年底签订协议后，过了一年左右的时间，杭州国际水城与我们商议，于

---

① 萧委办发〔2007〕122 号文件，即建设十大旅游景区项目和十大高星级酒店项目。

2008 年 1 月 19 日举行宝盛水博园大酒店的奠基仪式。

　　我们制订了详尽的奠基方案，并落实了各相关责任人，确保酒店奠基仪式的顺利举行。此时酒店的 100 多亩土地仍长满了 2 米多高茅草，到处是野鸭和飞鸟，经过酒店筹建办人员的努力，我们在短时间里平整出场地，搭建起了奠基平台。奠基那天下着小雨，气温在 0 摄氏度以下，但这丝毫没有影响大家的热情，各主管单位领导也十分重视。那天，省水利厅厅长、副厅长及厅里相关领导早早便到了现场，萧山区委书记和区长等班子领导也齐齐出席。奠基仪式上，我简要介绍了宝盛公司的情况和宝盛水博园大酒店的大致规划建设情况，并表示将尽最大的努力将酒店工程建设好。

宝盛水博园大酒店奠基仪式

　　奠基过后，我们开始了施工前的各项准备工作，同时对酒店内部的功能布局进行进一步的优化调整。经过 10 个多月的准备，12 月 2 日，随着施工的第一根桩打下，酒店正式进入了全面建设期。2009 年全球金融危机仍较为严重，各类经济指数仍未好转，原材料的价格呈下滑态势，钢材等各类大宗材料价格正遭遇历史低点。这时我们考虑在市场探底时进行企业投入，储备了大量的建筑原材料，加快了投资建设进程。

整体建设比较顺利，但在酒店的内部功能设置上，我又犯了一个错误。按照最初的设计方案，酒店面积是 10 多万平方米，规划建设 500 个客房、2 个多功能厅。这个设计是在 2008 年左右完成的，待到投入建设时，刚好遭遇金融风暴，整个世界的经济迈入了冬天。酒店是反映经济兴衰的窗口，金融风暴沉重地打击了经济，也包括酒店业，在大的经济环境下，宝盛也不可避免地受到影响。我反复考虑这样的设计，担心投资压力过大，资金流转会有问题。最终，在我的建议下，在酒店内部功能上削减了 100 个客房和 1 个多功能厅，总面积变为 9 万平方米左右。

没想到这样的改变给酒店的经营带来了很大的问题，中国的市场太庞大了，在 2011 年酒店开始运营后，这个问题就立刻显现出来了。对于高档次、大规模的度假式综合型酒店的定位来说，大型商务会议是其主要的市场，更何况酒店当时周边环境还相当荒凉，基本没有配套设施，很难吸引单体、散客的注意。而承办大型会议的多功能厅其实在酒店运营中扮演了最为重要的角色，无论是客房、餐饮还是其他配套，事实上都是要靠多功能厅来运转。当时我们的多功能厅的布展撤展需要一天半时间，这对客房和餐饮等来说就形成了一个真空期，大大影响了酒店的运营效率，给经营带来不利影响。

我意识到这个问题后，立刻组织相关人员和施工队伍进行补救，重新设计增加了一个多功能厅，规模容量可达 3000 人，同时增加了 100 个客房。这样，

2个多功能厅可以轮换开会和布展撤展，使客房和餐厅的运转能力大幅度提高。这样的错误给了我们一个深刻的教训，但也让我们在酒店建设的实际工作中积累了重要经验。此后，我们新建的酒店在规划设计时基本从2个多功能厅起步。

在施工方面，多功能厅也是一个难点。我们设计的多功能厅高12米、跨度30米，中间无柱，屋面结构采用混凝土屋架。施工难度主要在于大跨度下的支撑问题，如果支撑不力，无论是施工时还是竣工后都将存在很大的安全隐患。设计单位给我们的混凝土屋架设计方案中采用的是非预应力工艺，可以达到使用荷载。但这时我意识到一个问题，那就是设计单位没有考虑到钢筋的延长情况，如果钢筋出现延长趋势，那将导致屋顶下延、混凝土存在隙缝，长期下去钢筋会受到一定的影响，支撑能力难以达到要求。做了建筑这一行之后，"安全"二字在我心里始终是首要考虑和分量最重的，无论从企业发展还是社会责任来看，"安全"就是命脉。都说教育是"百年树人"，一个好的建筑又何尝不是"百年大计"？建筑结构不能存在任何含糊，一点点小问题和小瑕疵，或是一个细节关注不到，未来可能就造成巨大的灾难。

就这一问题我同建筑总工进行了深入研究和技术评估，并考虑邀请省一级的高级结构专家进行论证，最后我们到浙江大学结构研究所进行了审核。审核结果是，这类屋架要在原来的非预应力工艺上，再增加一行预应力结构。预应力结构可以解决常规混凝土的隙缝问题，使两者优势互补，这样一来这一结构的安全性就超过了常规标准。在混凝土操作阶段，考虑到这是超大跨度的空间结构，我们对混凝土材料的使用做了严格把控，在混凝土浇捣过程中，专门组织了管理班子到混凝土厂进行监督。同时，在施工时，采取两边斜坡左右平行推进的办法，解决了单面受力的不利影响，确保施工过程中的安全。2009年5月，由萧山区建设局举办的全区结构标准现场会议在水博园大厅举行，当时这个项目作为建筑结构处理的范本，供全区各在建项目工程负责人观摩，当时的分管区长和住建局局长在会上对我们规范、严谨的结构施工进行了表扬。

经过一年左右时间的建设，宝盛水博园大酒店主体工程基本完成，接下来的重点在于酒店内部的装修和设备调试，以及酒店场外空间的建造和修葺，等等。2011年5月，我们商议决定在9月28日这一天开始试营业。项目部从年初就开始进入工作倒计时，各类安装和内部装修同步推进，负责酒店筹建的领导班子在三四月份陆续到位，酒店物资选型和人员的招聘有序展开。到7月份，酒店的人员招聘进展顺利，首批员工于7月中旬在萧山十中举行了培训开班仪式，剩余的第二批员工于8月上旬全部到位，酒店全面进入培训与开工阶段。

听上去一切井然有序，不慌不忙，但事实上，这是一项时间紧、压力非常大的任务，毫不夸张地说就是争分夺秒。其中我们遇到的主要问题就是工程的进展比我预想得要缓慢。一方面由于工程占地面积和建筑面积巨大，施工工艺复杂，工种繁多，本身建设装修难度大；另一方面当时赶上全行业普遍性的用工紧缺，又是高温期，这都给按时完工增添了未知数。同时，施工分部和工序是一道一道环环相扣的，其中一道工序由于材料未到位或因其他种种因素不能及时完工，就会影响整个工期。另外，还有因个别班组施工未达到质量要求造成的返工或班组替换等，都影响了进度。

那几个月里，我基本上天天待在宝盛水博园大酒店的现场，协调整个建设进度。到了8月下旬，我预估了一下，觉得这样下去工程确实难以完成，这时我考虑到调动整个宝盛的力量来完成这项任务。我和置业总经理、旅业总经理全力投入项目现场，制订倒计时安排表，并调动公司内部资源，从其他酒店和分公司抽调装修班组、水电班组支援水博园项目。进入安装阶段后，我调集了上百个安装工人和几十个安装管理员，加快安装进程，为整个项目争取时间。那段时间我基本上是早上 7 点到项目工地，晚上 10 点回家，持续了近一个月，公司相关负责人和项目的管理人员也和我一样，加班加点，全力奋战，有个别施工负责人甚至数天没合眼。到了 9 月 20 日，工程基本上有了收口的迹象，这时我调动所有宝盛的管理层包括其他酒店的人员开荒搞卫生，每个管理人员每天都分配任务落实到人。那时宝盛宾馆的姜总常带一队人过来帮忙，一天，她刚刚进入宝盛水博园大酒店的场地，便看到一个人坐在门口的大理石地面上一动不动，再走近一看，原来是我。那一刻她着实吃了一惊。我脸色苍白，有气无力，密密的汗珠子还挂在额头上，一身衣服不知道多少天没有换过，哪里有一点平日的样子。她赶紧叫人送来一些点心和矿泉水，拉着我去找了个地方休息。时至今日，她还常向我提起当时我筋疲力尽的那一幕。

在我们奋战的这一个多月里，我们公司也陆续接待了一些到酒店参观的客人，包括党湾镇的一些领导，还有扬州江都的一个考察团，等等。当时，从他们的角度来看，这里仍是一个尘土飞扬、材料满地的大工地，谁也不敢相信在 9 月 28 日能正常开业。不仅是客人，就连公司自己的员工都对此持怀疑态度。但此时的我已有一定的底气，经过一段时间的班组力量的充实和施工节奏的加快，进度已回到原来的轨道上，按照这个速度走下去，9 月 28 日试营业基本没有问题。

一定有很多人会想，为什么我们一定要在 9 月 28 日试营业呢？时间放宽一个月不是可以准备得更加充分吗？为何一定要将自己置于这样的压力之下呢？其实，公司有整体规划，一方面，任何一个工程项目都需有一个既定的完成目标和日期，只有这样才能激发员工紧张有序地高效完成任务的状态。另一方面，也是最为重要的原因，那就是我在年初的时候就对酒店的销售部门下达了指令，要他们务必在9月底至10月初接到一定的会议会展。当时这个地段还非常偏僻和荒凉，我虽然对这个酒店的定位充满信心，但实际上对于酒店日后的经营状况，心中也是没有底。大概忧思过重，那段时间我每晚失眠、出冷汗，就怕这样大规模的投资投下去，却拉不到会议和客人。

事实证明是我多虑了，在酒店营销人员的努力之下，不少客人都了解了酒店的原生态环境及大规模多功能厅的优势，对于他们来说，城里中规中矩的商务酒店他们见得多了，芦苇、草荡的原生态环境带给了他们更加新鲜的感觉，加上我们多功能厅能容纳1000多人，周边的酒店几乎没有哪家可以达到这样的规模。因此，客人过来考察之后，基本上都能将会议会展确定下来。所以，当时的情况是，我们已经提前好几个月确定了一个1000人会议的订单，而且从10月份开始会议订单已经排满，如不能按期开业，酒店声誉要面临严重损害，还要支付巨额违约金。这对我们来说已经是背水一战，没有回头路了。

9月28日，酒店如期开业了，我心里的一块石头也终于落地了。在29日和30日，我筹备了开业宴请，邀请了宝盛水博园大酒店的全体员工和公司及酒店项目部的全体管理人员，对他们这段时间来辛勤的劳动和辛苦的付出表达感激之情，感谢他们在关键时刻展现的团队凝聚力和面对困难时敢于承担的勇气和决心。国庆节后的10月5日，随着第一个会议团队的入住，宝盛水博园大酒店正式进入营运期。酒店经营实现了开门红，团队预订档期紧凑，出租率近5成，营业收入超过了预期。新开酒店取得这个成绩，不仅在萧山，就是在杭州其他地区也是少有的。

杭州宝盛水博园大酒店开业典礼

经过几个月的磨合，酒店运营管理已经步入正轨，不知不觉时间已经进入了2012年。在此情况下，我考虑在三四月份举行正式的开业庆典仪式。经过与管委会其他同事的讨论，最终定在2012年3月18日举行，当时距离这一天还有一个多月的时间。

日子敲定后，我们便着手筹备。作为整个公司近年来的一桩大事，我力求将此次庆典搞得圆满和隆重，也作为我们宝盛集团品牌和形象的一次展示。为保障庆典筹备各项工作得到有效部署和落实，保证庆典顺利举行，我们成立了水博园大酒店开业庆典筹备委员会，由我牵头任主任，各副总裁任副主任。委员会下设工作组及各专业组，由浙江中旅旅业集团总经理来振里任工作组组长，浙江中旅旅业集团办主任任工作组副组长，统领宣传策划组、名单确认组、资料宣传材料确认发放组、接待服务组等4个专业组。

筹备委员会成立后，首先是邀请人员名单的确定，我和委员会各成员做了分工，大家就各自分管一块，将相关领导、客户和业主进行罗列。一个多星期后，我们对各自的名单进行汇总，居然有1000多人，这还是在对邀请名单设定一定门槛、有很多人员未进入本次邀请范围的情况下。我不禁感慨，虽然一直以来我信奉的是低调务实的原则，但经过多年的发展，公司还是积累了丰厚的客户和人脉资源，宝盛能有今天，也离不开他们的支持。经过分类和分层罗列整理，我们初步形成了一份较为完善的拟邀请名单。邀请函印好后，我们便开始发出邀请，受邀人员除个别因其他事务早有安排外，其余900余人均确定出席开业庆典。

随着时间的临近，各项筹备工作在紧张而有序地进行着。公司全新的宣传片、宣传印刷品和庆典礼品制作都基本完成，《萧山日报》和其他市区媒体的邀请工作也已就绪。在接待准备方面，我们制订了详细的接待方案，成立各专业接待组，落实专人负责。在服务上，除水博园酒店人员外，我们又从山东肥城宝盛大酒店和宝盛宾馆各抽调20余名各区域熟练员工协助服务，制订了对重要宾客的贴身管家服务方案。最后，在与区府办和区旅游局等主管部门沟通后，我们确定了当天庆典的各项议程和方案。

转眼就快到开业庆典日了。从 17 日凌晨起天就开始下雨，时大时小，虽说典礼是在室内会场里举行的，但下雨总会让人心里不舒服，特别是大部分宾客是自行来酒店的，这多多少少会影响他们的出行。晚上天气预报说第二天阴有雨，我只能默默祈祷老天别下雨。也许是我的祈祷起了作用，天公也作美，18 日天虽然一直阴沉沉的，却没有下雨。我一早来到了酒店，酒店的各项接待准备工作已就绪，欢迎拱门、庆贺气球、祝贺横幅迎风飘扬。主会场宝盛厅由于 17 日晚上仍在举办宴会，是从晚上 11 点开始翻台布置的，经过一夜的奋战，也已布置完毕。早上 9 点开始，陆续有宾客到来，一个多小时的时间，90 桌的大厅已坐满了宾客，人员基本到齐了。

待嘉宾们观看了公司的宣传片后，我第一个上台讲话，代表公司及酒店对来参加开业庆典的各位领导、各位来宾表示感谢，并向他们简单介绍了酒店的基本情况，并表示本酒店是发挥了集团的建筑优势，由自己定位策划、装修设计的。本酒店的建成将会为宝盛整合自身资源、拓展产业提供一个新的平台，进一步提高公司推出的"酒店一站式"服务的知名度和影响力，为企业转型探索新的路子。

随后，萧山区副区长代表领导班子对酒店的开业表示热烈的祝贺。他讲道："作为我区旅游'1010'工程项目之一的宝盛水博园大酒店成功开业，标志着旅游'1010'工程又取得了实质性成果。"他相信，宝盛旅业集团作为区内一家大型龙头旅游企业，一定能够依托钱塘江畔这一独特的自然资源优势，不断提升硬件和软件水准，将酒店打造成集休憩、观赏、游乐、生态、科普、健身、艺术展示于一体的综合型文化休闲度假酒店，为萧山旅游业的发展注入新的生机和活力。省水利厅分管副厅长和省建筑业管理局局长也分别致辞。除了表示祝贺，他们也对酒店的开业寄予了厚望，希望宝盛水博园大酒店成为水塔相映、人水相和的一流度假酒店。

随着全国政协常委、民革中央副主席、全国政协港澳台侨委员会副主任宣布"杭州宝盛水博园大酒店正式开业"，喜庆的音乐、绚丽的烟花将整个仪式推向高潮。之后的庆典午宴进行了2个多小时，我和公司高管给每桌客人敬了酒，感谢他们的到来，也感谢他们多年来对宝盛的支持与帮助。下午1点多，宾客们各自回程，开业仪式正式结束，我的一件心头大事也算圆满完成了。

这一年，我也有幸获得了一个重要的荣誉——当选为"浙江省年度经济人物"。对于本次评选的评判标准，专家评选团的意见是，入选者要有创新，主要是商业模式上的创新，或者曾参与突破性的、标志性的事件，企业要有发展，而且是有可持续性的发展。经过专家评选团和广大网民近两个月的投票选举，名单确定了。专家们提到，赋予我这一殊荣的原因在于，在全球经济这么艰难的情况下，咬定青山不放松，坚守实业不动摇的企业家是值得尊敬的。

我还记得在颁奖典礼上，大会主办方对我们企业做了详细的介绍，并给予了较高的评价。我做了简短的发言。在提问环节，主持人提出如何解决企业转型升级这样一个问题，这是全萧山企业家面临的一个普遍而又艰难的问题。我结合宝盛的实际，进一步强调了做好人才的提升是实现企业转型升级的基石，宝盛的发展一直以来都是在转型中裂变，在裂变中升级，我们在挑战自我、跨越自我中，一步一步地发展起来了。

浙江省年度经济人物评选现场

　　这次参加评选并最终获选，是我在大规模公众媒体上的首次露面。一直以来我都奉行低调原则，多次拒绝各类媒体的采访，也基本不参与个人奖项的评选。此次参评，主办方在省内经济界的权威性、影响力毋庸置疑，我能入围本身也是社会对宝盛的一种认可，对我们这么多年孜孜不倦坚守实业的一种肯定。

第十章

组建集团

1. "宝盛" 之名

时间进入了 21 世纪，公司发展也迈入新纪元。五建大厦经过 2 年多的建设，已成为一幢 19 层的崭新高楼，屹立于萧山新区的市心路与山阴路东南角，并成为新区当时唯一的高层楼房。2000 年初，五建大厦 B 楼 7 层辅楼即公司总部办公楼进入装修阶段，至 10 月底装修完成。11 月 18 日，公司总部从党湾梅西八字桥搬迁至萧山新区新大楼。时光荏苒，在五建大厦建设之初，这里周边还都是一片农田，而如今车水马龙，商业繁荣，高楼大厦鳞次栉比，已成为萧山区的中心地带。

以这次总部搬迁为转折，公司无论在发展规模上还是品牌建设上都发生了质的飞跃。公司进行了更名，正式以"宝盛"为品牌面向全社会，萧山五建从此正式更名为浙江宝盛建筑工程有限公司。

为什么取"宝盛"之名？随着企业界市场品牌意识的觉醒，萧山五建这个带有深厚计划经济色彩的名称与企业的发展已不相适应。借着这次搬迁的契机，我便一直思考企业重新命名的事情，于是向外征求取名意见，结果也是百花齐放，取出许多名字，我一时间也难以取舍。我自己也在冥思苦想，究竟取个什么样的名字好，在大家争论不休的时候，我突然灵光一闪，想到摘"宝贝"的"宝"字和"茂盛"的"盛"字，组合成"宝盛"，这两个字的寓意都极好，书写起来，方方正正，厚实稳重，组合在一起更是有欣欣向荣之感。与公司其他人员沟通后，大家都觉得不错，于是就正式更名为"宝盛"。

名字取好后，我开始考虑请人为"宝盛"题字，因为听说请专家名人题字是最好的。于是，我请好友帮我写了一封信，联系了当时的浙江大学校长潘云鹤。我带着信来到浙江大学，找到了他的办公室，接待我的是他的秘书陈卫东。陈秘书向潘校长大致讲了我们的情况，便引我到校长办公室面谈。见到潘校长后，我们就这些年企业的发展状况做了介绍，最终表达了此番来意，即想在企业当前多元化拓展的背景下，将原先带有计划经济色彩的名称，更改为更符合市场经济特色的企业名称。

我把预先想好的"宝盛"之名告知潘校长，并征求他对名称的意见，没想到他竟也同我们看法一致，认为这个名字取得很好。我提出想拜托他为宝盛题字，潘校长对我们企业的发展和想法很认可，并且十分支持，于是欣然同意。他当即挥笔为我们题好了"宝盛"二字。我回来后，过了几天，其秘书陈卫东打来电话，说是潘校长一并帮我们把公司的英文名也取了，就叫"Blossom"，英文寓意鲜花和盛开，同时读音上也与宝盛相近。其实那时我还没有想过要取一个英文名，企业有了英文名，蕴含着全球化发展的观念，这个名字读音好、寓意好，意象也准确，真是一个意外之喜，更可喜的是，日后的宝盛还真需要一个英文名，潘校长的确有眼光。当然，这是后话了。

2. 成立股份控股母公司——宝盛投资股份有限公司

2000 年初，随着公司在酒店、房产、矿产等行业的拓展，原有的浙江宝盛建筑工程有限公司作为单一的法人，就像小马拉大车，已经越来越不能满足企业实际管理需求，急需设立以集团来管控的组织模式。

我与管理层其他同事商议，考虑将浙江宝盛建筑工程有限公司更名为浙江宝盛建设集团有限公司，作为集团母公司。子公司由杭州萧山宝盛宾馆有限公司、杭州宝盛房地产开发有限公司、德清县宝盛房地产开发有限公司、浙江华远矿业投资有限公司组成。后经省、区工商部门审定，集团正式定名为浙江宝盛建设集团。在组织结构上，建设集团总部设置办公室、人事部、经营一部、经营二部。经营一部主要负责市场拓展，经营二部主要负责市场招投标。总工程室设技术部，负责技术管控、质量安全管控、施工现场的过程监督以及设备管理等。同时还设立了计划财务部和预算部。经营分支机构从原来各地的分公司改为 13 个分公司，其中经营一部、经营二部以及 13 个分公司为专管建筑领域的职能部门，办公室和人事部不仅要统筹管理集团总部，还要管理所有分公司的相关事务。至此，宝盛集团成功组建，企业实现集团化管理。

2004 年底，企业的规模和多元化拓展情况与 2000 年相比，又发生了较大的变化，酒店、地产、矿业等产业在各自领域取得了新的成绩，具备了成立产业集团的实力，原有的宝盛建设集团有限公司，无论从机构设置还是名称上看，都已经不能满足当前的发展需要。因此，我决定进一步调整公司整体组织框架，考虑组建成立各个产业集团，在产业集团上面设立一家控股公司进行管控。有了这个想法之后，我们专门邀请了相关专家，在宝盛宾馆召开了研讨会，讨论产业集团和运营公司的管理框架网络体系。经过长时间的考虑和多次商议，我们最终组建了宝盛投资股份有限公司，并以此为母公司，控股建设、旅业、置业、矿业四大产业集团，各个实体公司按行业性质划入各自的产业集团。

在母公司层面，设总裁一名，副总裁若干，同时各位副总裁兼任各产业总经理，我们针对人事、财务、物资、投资、信息、网络等公司运转的关键职能，设置了办公室、人力资源部、投资拓展部、信息部、财务督查部、计划财务部及采购部，强化整个集团管控，并为各子公司做好服务。办公室主要起到协调推进的作用，负责所有的进出、法律方面的审核审查工作。人力资源部主要负责各个企业的副总经理及以上层面的管理，并对他们的成果进行考核考评。投资拓展部主要对控股公司的战略发展项目进行投资投入，并有效把控风险。信息部全方位对信息数据进行掌控。采购部主要负责物资的集中采购和集中配送。财务督查部对各产业生产管理环节进行掌握。计划财务部负责各企业的核算，在财务方面我们实行了收支两条线的创新和管理，即每个下属单位有两个账户：一个是收入账户，指该企业所有的收入都进入该账户，不能支出使用；另一个是支出账户，股份公司给各单位设定一定的备用金，备用金通过支出账户进行该企业的支出操作，在备用金使用过程中根据实际经营情况向计划财务部申请提账支取审批。

集团形成了全新的组织架构、制度框架和规范有序的治理方式，完成了迈向现代化企业集团的重要一步。

集团成立后，经过几个月的磨合，各公司运转已基本进入正轨，母公司层面的部门管理方式也日趋成熟，并逐步树立起较好地服务下属集团的意识。集团名称和组织框架调整之后，从整个集团角度来看，"宝盛投资股份有限公司"

是一个无明显区域和行业标志的企业名称，不像浙江宝盛建设集团，让人一看到名称，便认为是单一从事建筑业的企业。没有了区域和行业的限制，企业可以进一步开展多元化经营，扩大发展空间。此外，此次变更也为企业资金流转、品牌建设、市场拓展等带来诸多好处，使企业可以在更广泛的领域，根据市场的客观规律，科学合理地开展经营。从各个产业集团角度来看，这增强了原公司的实力，拓展了原公司的自主发展权，激发了各个行业的发展动力，真正实现了专业的行业由专业的人来管，专业的事由专业的人来做。

集团组建成功之后，我又不由想起公司这一路走来的点点滴滴。梅西建筑工程队组建之时，整个队伍也就三五个人，承接的工程都是机埠、小桥等简单的小体量工程，如今这支小队伍已惊人地发展成为具有一级资质的建筑企业和拥有上万员工的集团公司，其业务遍及全国多个省份。几十年时间里，我们经历了无数次市场兴衰、行业起伏，一路走来风风雨雨，实属不易。企业的命运与国家宏观环境息息相关，公司的发展可以折射出整个中国时代的变迁。准确地说，可将这40年划分为两个阶段，前20年处于改革开放前期和初期阶段，公司发展步伐较慢；后20年随着国家进入全面改革开放的新时期，公司紧抓市场机遇，实现了自我跨越式发展。数字是一个很好的说明，建筑工程队从20世纪60年代初成立，到20世纪90年代总产值突破1000万元，我们用了近30年时间；从90年代的总产值1000万元到2000年的总产值1亿元，我们用了10年；从1亿元到10亿元，我们仅仅用了3年。

回顾企业发展的总体历程，我认为成功的关键是抓住了时代机遇，实现了几番重大战略转折。1990年之前，改革开放初期，整个国家经济发展才开始起步，体制机制还不够健全，各种争议较大。在这个时期，对于企业来讲，选择一个正确的发展方向是十分重要的。当时正处于基础设施开始大规模建设的时期，而水泥是最缺乏的建筑材料之一，于是我们选定了水泥生产线施工作为公司全方位市场拓展的主方向。水泥生产线施工难度大且结构复杂，但我相信只要突破了难点，就能取得专业性领先的技术竞争力。之后，我们在省内进行全面拓展，其间虽遭遇诸多技术、资金难题，但我们本着处处为业主着想的施工理念，力争每个项目的工期和品质都令业主单位满意。最终，我们在水泥生产线施工市场积攒了良好的口碑和声誉，打出了企业主营业务的一张王牌。

1990 年之后，经济发展进入了黄金期，企业也进入快速发展期。特别是进入 21 世纪后，整个经济更具活力，也更加多元化，社会消费加快升级、房地产市场异军突起等都是这一时期的典型特征。这段时间，五建大厦建成，企业总部从党湾农村搬迁至萧山中心城区，企业的形象和知名度实现了质的飞跃。

企业的另一个重大转折点是进入酒店业。在这一领域我们最初的想法是建一个公司接待场所，以便招待有业务往来的客人。后来索性将五建大厦建成了宝盛宾馆，成为酒店行业崛起的新星。我们以刻苦的学习精神、精益求精的专业精神，陆续开发了多个星级酒店项目，自己探索和总结了一整套酒店建设、经营的规范和经验，并取得了很好的成绩，如宝盛宾馆连续 6 年获评"杭州十佳饭店"。至此，公司完成从传统建筑行业向现代服务行业的拓展，迈出了实质性的步伐。

随着地产业的加快发展，民用建筑领域需求开始增多，我们开始考虑承建高层建筑，当时高层建筑的市场基本被省级、市级的建筑企业垄断了，他们的综合实力相对较强，且具有一定的建筑经验，乡镇一级施工队伍很少能够承接高层建筑的项目。我们思考着如何找到一个承建高层建筑的突破口，于是在杭一中的项目中，我们大胆采取了与浙江省第四建筑公司进行分包的办法，即浙江省第四建筑公司承接，我们负责具体施工的合作模式。这个项目的实施成为公司建设高层建筑的基础。之后的宝盛宾馆也是我们自己投资、自己建设的项目，建成后其成为当时萧山的第三幢高层建筑，而前面两个高层都是由省一级施工单位施工的。宝盛宾馆在品质上达到了较高标准，成为萧山地区建筑历史上一个具有里程碑意义的建筑。公司在萧山地区的知名度也进一步打响，成为萧山地区仅有的具有较高建筑资质的两三家企业之一。与此同时，公司开始进入地产业，连续开发多个城市综合体项目，并在当地产生较好反响，企业的多元化发展道路得以进一步拓宽。

改革开放的激流奔腾，犹如大浪淘沙，优胜劣汰，当初同梅西建筑工程队同时期起家的诸多企业，生存下来的寥寥无几。改革开放之初，萧山乡镇级建筑企业有 66 家，包括临浦建筑公司、萧山城厢建筑公司、萧山建筑公司等 3 家规模较大的专业公司，而在这一轮改革开放中真正生存下来的没有几家，在萧山东片近 30 家企业中，至今仍然屹立于市场的只有宝盛等为数不多的几家企业。

企业能取得如今的成绩，要感谢我们所处的改革开放的大时代，时代赋予了我们无限探索的机会，但个体的努力和奋斗也是不可或缺的重要因素。通过这些年的经历，我充分认识到，做企业就要立足市场，准确把握市场机遇，时刻求变。在一定意义上，我们就是探路者，找准方向，走出自己的路。故步自封，犹豫不决，将失去大好时机，终究会被时代抛弃。企业要在行业中走专业化路线，要在专业上下苦功夫，努力突破技术和管理难点，在市场中形成竞争优势。同时，要牢固树立服务意识，打造令客户满意和认可的优质项目、优质产品，形成良好的口碑。

3. 实行三级管理模式

集团组织架构基本建立起来了，一个称职的管理者，就是能在具体运行中，敏锐地发现存在的问题，进一步调整完善管理模式，让纸面的规划，变成科学合理的运行流程。特别是在集团成立后没多久，下属子公司已增加到近20家，且行业跨度较大，公司对下属企业事无巨细地管控，已不适应各产业的发展需要，三层组织架构的各层级职能需进一步规范和明确。

在这种情况下，我着手考虑公司管理运行模式调整的问题，并多次召集公司内部会议讨论，同时请专家分析和研讨。最终公司管委会集体研究决定，对公司管理体系实行"量身定制"，按战略决策层、产业运行管理层、企业经营执行层三级进行调整，实施人、财、物三要素由股份公司总部集中统一配置，产业集团、下属公司授权分级管理的运作模式。最上层是宝盛投资股份有限公司，第二层是浙江宝盛建设集团、浙江宝盛旅业集团、浙江宝盛置业中心和浙江华远矿业四人产业，第三层是正在运营的各家实体公司。

方案对三级管理层的职能进行了划分。集团总部为决策层，其职能是企业经营战略决策、经营方针指导、经营过程监督、经营实绩考核。决策层具体负责企业战略决策，确定各阶段发展规划及投资计划；审定批准各产业集团的投资计划及资本运作方案，下达各产业集团的年度经营目标，实施对各产业集团运行、执行过程的监督与经营实绩的考核；全面掌控投资、融资运作，集中掌控资金运转和合理调配；决定企业内部管理机构的设置，制定公司基本管理制度，审定批准各集团公司制定的管理制度、工作标准、规范程序，建立健全公司统一、高效的组织体系和工作体系；制订人力资源发展规划，建立人才培养体系，健全中高层管理者培训、提拔、考察、晋升机制；确定企业文化建设、品牌建设的规划并组织实施，协调社会公共关系，树立公司良好的社会形象；负责企业生产、经营过程中所有物资的全面掌控及大宗物资的集中采供；等等。

各产业集团为运行管理层，职能是在股份公司授权基础上，对人、财、物等经营要素统一组织，实施产业运行管理。运行管理层具体负责制订本集团各阶段经营目标及年度实施计划，包括经营计划、生产计划、财务计划、用工计划、培训计划等，经集团总部审定批准后组织实施；根据本产业集团的发展需求，提出投资计划及运作方案，经股份公司总部审定批准后组织实施；根据股份公司下达的年度经营目标，制订本集团下属各公司的年度经营目标，负责对本集团下属各公司经营过程的指导、监督与经营实绩的考核，报股份公司审批；根据股份公司对本集团的授权，决定本集团公司管理机构的设置，细化本集团公司的管理制度、工作标准、规范程序（报股份公司备案），并对下属各公司执行情况实施监督；在服从股份公司资金集中运转的前提下，根据股份公司的授权，合理调配资金，确保本集团经营资金正常运转；根据股份公司对本集团的授权，产业集团可根据工作需要实行本部和下属公司总经理助理、总监的人事任免；可制定考核与奖惩政策，报股份公司批准。

各下属公司为经营运转执行层，职能是按产业集团下达的各项经营目标，制订实施计划，组织实施，强化执行。经营运转执行层具体负责制订生产、经营、服务及市场拓展等实施方案并组织实施，严格过程控制，确保各项经营指标完成；执行本产业集团下达的各项管理制度、工作标准、规范程序，提高执行力，建立统一、高效的工作体系；根据本产业集团的授权，决定本公司中、基层管理者的任免、考核与奖惩，经产业集团批准，股份公司备案；适应市场需求变化，组织有效的生产管理；严格执行质量管理制度，控制产品质量；严格执行内部管控制度，加强资产管理及维护，提高资产使用率，加强成本核算与成本控制，降低生产及运营成本；强化员工思想意识，加强员工队伍建设；强化品牌意识，执行与维护企业文化，树立公司良好社会形象；确保股份公司和产业集团阶段性重要任务的顺利完成；强化安全管理意识，严格执行安全管理制度与处置程序，做好预警预控工作，及时处理重大突发事件并上报公司；根据本公司的发展需求，提出技改方案，经产业集团审定批准后组织实施；等等。

三层职能划分确定后，我们在企业内部印制了三级管理模式操作细则，内容包含各级的具体职责、各自的管理范畴和各类审批事项的权限等多个方面。我们把细则下发到各个层面的管理人员手中，让他们应用到学习和实际工作中。经过一段时间的磨合，各级企业基本适应了新的管理模式。

这一阶段对于企业来说是极其重要的一个时期，是从传统的单一企业向多元化企业集团转变的重要阶段，也是宝盛内部管理变革最大的一个时期。我们成功组建了四大产业集团，真正实现了三级有效、有序管理，为企业今后的多元化发展奠定了组织和管理基础。

4. 建成企业后勤基地

随着公司的发展，特别是组建集团之后，公司的员工队伍日益庞大起来，员工人数越来越多，且来自全国各地，因此，为员工提供一个良好舒适的住宿环境成为越来越迫切的需求，保障员工住宿也是公司以员工为本的重要体现。

在此之前，公司有一幢规模不大的宿舍楼，但这个楼是外租的，经过多年的使用，各类设施已经非常陈旧，且宿舍周边环境较复杂，员工上下班及宿舍日常安全较难保障，而且伴随房价的快速上涨，租房成本也水涨船高。同时，这仅有的一幢简陋的宿舍楼也满足不了员工增长的住宿需求，还有很大一部分员工自己租住在周边的农民房里，环境和安全状况相对更差。

其实很早以前，大概在宝盛宾馆开业后不久，我便考虑过这个问题，想找合适的机会拍下一块土地，兴建一个集住宿、餐饮、日常活动及其他生活服务于一体的后勤基地，以此来提升员工的生活品质。我认为一个相对舒适的生活工作环境也会增强员工的工作热情以及企业归属感。后勤基地的兴建，是我的一个迫切心愿，也是广大员工的殷切盼望。经过前期的一些准备，2004 年，公司在蜀山街道沈家里村购入 15 亩土地，用于后勤基地建设。

我们找了专业的规划设计公司对后勤基地进行了合理的规划设计，正式兴建总投资 4500 万元、含 5 幢框架结构的多层楼房。经过 2 年多的紧张施工，至 2006 年，公司的沈家里路后勤基地建设基本完成。整个基地涵盖办公用房、员工宿舍、单身公寓等多种业态，篮球场、乒乓球室、图书室等生活娱乐设施齐全，其中宿舍参照宾馆标准间设置，家具、独立卫生间一应俱全，整体环境较之前有了质的提升。后勤基地的建设，极大地改善了员工的住宿环境，对进一步增强员工的凝聚力、向心力，为企业发展集聚人才起到了重要作用。特别是经历了 2010 年的用工荒时期，我越发感觉一个良好的生活服务设施能成为企业招收员工的重要吸引力和竞争力。

之后，企业后勤基地不仅承担了员工生活服务工作，还成为企业的临时办公场所。2007 年 1 月初，我们将公司本部、建筑公司、房产公司从宝盛宾馆搬迁至后勤基地办公。

　　我这样做主要基于以下 3 个原因。一是考虑宾馆经营需要。首先是车位问题。随着公司发展和职工生活水平的普遍提高，公司车辆和员工私家车越来越多，加上与公司有业务往来人员的车辆，占据了宝盛宾馆不少车位。而宾馆总车位还不到 150 个，一到经营高峰根本不能满足停车需求，公司搬迁后腾出的车位可缓解停车问题。其次是营业场地的问题。几家公司搬迁后，原办公地点可改造成高档次的商务会所，新增的近 30 个客房，进一步扩大了宾馆经营容量。二是考虑到企业壮大后的办公需要。随着几个产业的发展，各公司的管理部门和员工数量增长较快，原有办公面积因大楼体量所限，已没有扩展空间，而后勤基地的一幢楼就有近 3000 平方米，完全可满足公司在今后几年的办公需要。三是考虑往来出入的需要。在宾馆办公，公司和宾馆虽有各自的出入通道，但公司客人和宾馆顾客难免会相互混淆，走错地方，同时，建筑、房产等业务往来人员较多较杂，与宾馆客人同出同进总是不太合适，可能会影响宾馆客人的入住体验。

　　就这样，后勤基地成为企业总部的第二个办公场所，虽说当时考虑的是在这里临时办公，但这一驻扎就是将近 10 年，直至 2016 年 6 月宝盛世纪中心建设装修完工，企业总部才再次搬迁。

第十一章

风险控制

1. 金融危机来了

2008 年中，始于美国的次贷危机开始蔓延全球，引发世界范围内的金融危机，世界经济呈现衰退。这一波金融危机也波及中国，从整体上来讲，中国受到的金融危机影响相对欧美国家较小一些，因为我们不在风暴中心，所以避免了较大的冲击。但是冲击不是没有，回忆当时的情况，我认为此次金融危机对我国经济的影响主要体现在外贸、生产及就业上。

我国是出口导向型国家，出口占国内生产总值比重较大，贸易对整个经济的运行非常重要。但从 2008 年下半年开始贸易出口明显下滑，贸易形势非常严峻。出口贸易的衰退直接影响了国内的制造业加工，这令为出口而生产的制造业大为堪忧。最后的冲击就在于就业，那几年国内的就业形势本就不是很乐观，由于这次贸易寒冬，生产大幅下降，企业难以为继，就业问题更加凸显出来。

整体宏观环境较差势必会影响行业和微观经济，金融危机来临之后，从宝盛集团来看，各个产业或多或少都受到了冲击。从建筑业来说，有些项目因业主资金问题而延迟开工，基建等行业开始整体控制投资，市场业务量明显缩减。

从酒店业来讲，国外旅行和商务团队逐渐减少，如前几年宝盛宾馆常年接待的韩国团队几乎不见踪迹。而伴随此次金融危机，作为散客主力来源的商务客人也日渐减少，宾馆经营压力倍增。从房产业来说，历经 2007 年新一轮涨价后，国家出台了一系列调控政策，加上此次危机来势汹汹，整个房产行业顿时陷入低迷，前景未卜，市场观望气氛浓郁，大多数人持悲观态度。相比以上 3 个产业，对我们来说影响最严重的还是鑫远矿业，银铅锌价格急剧下降，降幅超过 50%，直接跌破公司生产成本价，每开工一天便意味着亏损一天。因此，我与鑫远矿业的领导班子商议后，当机立断，决定暂停矿业生产，所有库存产品停止销售，对所有员工进行妥善安置，待产品价格稳步回升后再恢复生产。

到 2008 年底，在江浙沿海一带，有不少中小企业开始倒闭，危机的影响逐渐显现。11 月中旬，我专门组织公司全体管理人员召开"金融危机带来的影响分析及对策"会议，就是希望公司上下能够意识到当前危机的严重性，团结一心，积极应对。

没过多久，国家出台了应对金融危机的几大政策，包括 4 万亿元投资、十大产业调整振兴规划和医药卫生体制改革等，用以扩大内需、保持经济增长和调整产业结构。在政府相关利好政策的作用下，国内许多行业出现回暖迹象，其中作为经济增长助推器的汽车业和房地产业回暖迹象明显。对于我们来说，在政策的刺激作用下，几大产业的经营形势逐渐好转，矿产品价格开始稳步回升，只待回到一定的价格水平时便可以恢复生产。总体来说，这次金融危机，由于我们做了最困难的打算，上下一心，沉着应对，可以说是有惊无险。

2. 项目中的风险管控

除了金融危机带来的宏观环境影响，企业在市场中生存，遭遇的各种风险是无处不在的，有些风险较难规避、不可控制，但是大多数风险都是可以通过提前预警、事中处理等方法及时规避的。从事建筑、房地产、矿业等这么多年，在实际操作中遇到的风险管控问题也不少，总结起来，有工程带资垫资风险、项目担保风险及项目投资风险等。

我们在水泥生产线施工领域承建过很多垫资建造的项目。自1993年开始，整个国家在改革开放的大环境下，各行各业发展突飞猛进，很多业务思路也在发生根本性的转变，从建筑业来看，原来拿到工程款再开始施工的时代早已成为过去，后来大多数的项目都是带资或者垫资承建。一般来说，带资是指签订合同前先打给甲方20%—30%的带资款；垫资是指开工后甲方先不付工程款，我们垫资造到工程进度的30%—50%时，甲方才开始支付工程款。在这种情况下，我们公司内部形成了一个控制标准，带资和垫资两者必须取其一，不能既带资又垫资，同时在两者之间，我们更倾向于垫资型项目。

在桐乡新都水泥厂项目中，工程进行到70%左右，资金出现了问题，对方要求我们垫资。对此我们进行了深入分析，后来了解到该公司实力较强，公司整体运作管理也相对规范，其主要负责人信誉度比较好，是一个办实事的人。基于此，我们决定给他预垫一些资金。我们采用公司垫一些、项目垫一些、供应商垫一些的三方分担合作模式，最终按期完成了工程。在杭州西子水泥厂项目中，工程进展到50%左右时也出现了资金危机，对方不能按时支付工程款，我们同样采取了谨慎的分析和评估，评估之后认为这个项目垫资过多可能会对公司其他的前线投资带来困难，因此果断选择了停工。这个项目后来停工了两年，最终西子水泥厂和一家国有企业进行了合并重组，之后我们复工并完成了工程。

在杭州巨龙水泥厂的项目中，投资合同约定2500万元，甲方要求我们带资1000万元。我们了解到这个厂有自己的水泥设备配套制造厂，评估过后，我们认为它具有一定的偿还能力，当时我们也需要加快占领水泥生产线施工领域的市场，因此决定带资1000万元承建。为确保资金安全，我们采用了比较牢靠的方法，打出现金后要求对方开出1000万元的承兑给我们，作为保证措施。

记得当年公司接洽杭州半山的一个业务工程，经营部的人员谈了几次没有谈成，最后叫我一起去。我亲自去了一趟，发现对方公司没有自己的办公楼，办公地点是租用的宾馆场地。在具体洽谈中，对方要求我们先带资15%，在工程进程中再垫资15%。我当时一针见血地指出，有工程垫资就不需要再押金，不可能双重垫资，我们既带资，又垫资，一个工程押两笔资金，这在常理上说不过去。我回来后便决定放弃该工程，因为对方的反常现象，反映了其自有资金不足，项目风险很大。不久后，我听到消息，该工程由萧山的另一家建筑公司承接，结果工程进行到1/3时，业主就因债务问题逃走了，工程拖了四五年，建筑公司一分钱也没得到不说，还丢了带资款，送了垫资款，白白遭受巨大的损失。

后来我们逐步总结了在带资垫资中规避风险的经验，对需要带资垫资的工程业务，前期必须进行全面的背景调查，包括对方的企业规模、资金实力、业主为人等。要对整个市场做全方位分析，了解对方项目的真实性和对方项目主要负责人的诚信度，了解项目发展前景和企业的经营状况，最后通过专家评估小组进行系统评估。这几十年来我们没有因垫资遭遇资金损失。

担保风险也是企业面临的一个重要市场风险。从 1993 年开始，经济进入快速发展期，有些企业盲目进行扩量扩产，在资金上常需其他有实力的企业担保融资。我记得有个蔬菜加工厂，他们的负责人请我为他们的贷款担保。对于这个工厂的情况我一点都不了解，所以当时并没有回复他们。事后我组织团队对这个厂做了深入的分析，评估显示这个厂的经营和管理状况都不是很理想，最终我拒绝了担保。过了不到一年半时间，这个企业最终还是垮掉了。

企业在市场经济活动中，要发展就必定需要银行的支持和担保，但是担保本身又存在一定风险，这是一个矛盾。我们既要有序发展，又要创造条件，实现积累型发展，即自己拥有固定的物业可以用于抵押。在实际的经营活动中，我们基本不要别家公司为我们担保，因为一旦担保，便涉及互保问题，同时公司也有个不成文的规定，那就是无特殊情况，对外不做担保。

在 2011 年发生的温州企业互保、联保危机中，大批企业一夜间倒闭，自此以后，因企业担保链引发的信贷风险也时有发生。资金链、担保链逐步成为当前银行业信贷风险管控面临的最大问题。政府部门对此非常重视，将担保链风险的防范工作作为振兴实体经济、促进结构转型的重要抓手，担保链风险的防范也成为各家银行风险防控的重要工作之一。由于宝盛长期以来对担保风险的有效控制，很多"两链"风险并未对企业造成不利影响。

除带资垫资风险、担保风险外，企业在项目投资决策上，也面临普遍风险。宝盛宾馆投资建设时，我们的资金是有些紧张的，当时我们在水泥生产线领域积累了不少水泥厂的应收账款，于是我们采取了以物换物的方式，用水泥换宾馆的设备设施，从而弥补了资金缺口，减少了贷款负担。在投资项目上，我们也犯过冒进的错误，比如在 2011 年地产业的爆发期，我们一下子拿了好多土地：泰安项目拿了 230 亩土地，舟山项目拿了 290 亩土地，宝盛大厦项目拿了 20 亩土地，杭州地区一个 8 亿元的项目我们占了 1/4。项目推进了一段时间后，我们预计到资金会比较紧张，这么多的投入都由我们自己来完成，可能会出现一些问题。后来我们对每个地块和项目进行分析，采用了不同的解决办法，我们以保本加收益为原则退出了杭州项目，同时引进合作伙伴共同开发泰安项目，这个项目资金问题缓解之后，可以确保宝盛世纪中心项目的按期推进。2012 年至今，我们根据自身实力状况，及时妥善安排好项目资金，平稳地推进了宝盛旗下的所有项目，没有出现一个停工或烂尾工程。

在项目投资方面，我认为首先要认清自己的实力，不要过度地扩大杠杆，任何项目的推进都需要自身实力的支撑。其次，要认清市场状况，对市场的预见性要强，在市场过热时，要保持冷静的头脑。最后，项目推进中要善于观察和分析情况，善于从苗头上发现问题，及时采取措施减少和遏制损失。我们自己有一个口头禅——"成功是投入，失败也是投入"，我们以此来警醒自己：项目投资就是一把"双刃剑"，会有利益，也有风险。有时候，风险不预警，足以让我们这个处于发展中的企业陷于危局。在这个过程中，最关键的，就是在每个阶段通过全方位的理性分析做出科学的决断。

3. 构建风险管控网络

企业的运作时刻面临着各种风险，特别在市场发展不完善的阶段，风险防范是一个企业保持发展，立于不败之地的重要基础。在市场中，由于风险失控，一时之间就破产倒闭、倾家荡产的案例不在少数。我作为企业的负责人，除日常的运营管理以外，最重要的一项职责就是防范和及时发现企业运作中存在的各项风险。

2014 年，随着市场供需发生变化，大量商品积压，各种应收款和社会合同履行风险开始加大。我开始更加关注企业的风险防范管控工作，我认为处于市场寒冬期的企业最重要的任务就是生存，度过艰难期比什么都重要。正是出于这个原因，在日常风险管控的基础上，我同公司管理层商议，根据公司运作模式重新梳理风险管控系统，以更好地发挥各个职能的管控作用。

在股份公司层面我们设立了 3 个风险管控小组，分别是投资风险防范管控小组、财务资金风险防范管控小组和合同风险防范管控小组。其中投资风险防范管控小组负责全面加强投资前期考察和投资过程中的风险评估和管控。财务资金风险防范管控小组确保财务资金计划有序，降低应收风险。合同风险防范管控小组负责对合同起草、审核、签订、执行等全过程进行掌控，确保实际操作与合同要求一致，避免合同中存在的各项风险。

以上每个小组都设立了运作委员会，其中投资风险防范管控运作委员会由我领衔，委员会下设管控小组，实行组长责任制，定期向委员会提交风险管控报告。在此架构基础上，我与管委会同事商议，建立由产业集团牵头的安全生产管控、质量管控等小组，建立覆盖全公司的风险管控体系，增强全公司的风险意识。

与此同时，加强执行主体责任追究制。坚持谁主管谁负责，谁失职谁担当，谁损失谁赔偿的责任追究制。2014 年初，股份公司与各产业集团老总签订了责任书，对风险管控责任做了书面明确。风险责任永远是一票否决制，我必须全力确保公司各项风险管控做到万无一失。

第十二章

酒店全产业链服务商

1.探索中初窥酒店经营门道

在建设宝盛宾馆的时候，其实我的思路仍没有从传统建筑业中突破出来，那时一心想着的是建成之后与哪家经营单位合作，将酒店的经营管理委托给他们。在思考了很久之后，我突然意识到，为什么不自己经营管理呢？虽说酒店的经营具有很强的专业性，但是任何经营管理之道都有相通之处，凭着刻苦的学习精神，我们也一定能做好酒店的经营管理。因此，我们脑海中便有了想要自己管理酒店的这个想法。

那段时期我们恰好在评审宝盛宾馆的装修方案，同时组织了一次专家评审会，在钱塘江大桥附近的之江饭店举办。我们请来了省旅游局的一位处长和萧山旅游局的一些领导。在论证会议上，我透露了想要自己管理酒店的想法，当时这位处长表示："你这个人胆子真可大，现在经济这么不景气，你还来建这么一家大规模的酒店，建了不说，还想自己经营，你知不知道现在很多大型的、有多年市场经验的酒店都面临入不敷出的状况，这个时候你还敢试水！"一席话说得我有些打退堂鼓了。

　　在这种经济形势下，既要推进酒店建设，又要进行酒店管理，何况还是对酒店管理一窍不通的门外汉，那时候我当真感觉有点迷茫。我冷静思考了很长一段时间，除建筑本业以外，我一直在探索企业的多元化发展道路，希望能在其他领域有所涉及和建树，这不正是一次绝好的机会吗？虽然面临的宏观市场和行业情况不甚明朗，但是经济形势不会一成不变，行业中的奥秘通过慢慢探索总会一点点领会，没有谁是天生就能做酒店的，就像没有谁天生就会建房子一样。这样思考之后，我基本确定了自己管理酒店的想法，我脑海中迅速出现组建酒店经营团队的种种任务，各种思路蔓延，竟让我几个晚上难以入眠。

　　如果确定自己管理酒店，面临的就是要自己组建酒店的员工队伍、酒店营销部门、酒店中高层团队，要系统学习和培训酒店管理的理论体系，构建起酒店物资、人员和财务管理的组织框架，等等。这对于从未接触过酒店管理的我们来说，的确是困难重重。唯一的办法就是边学边做，逐渐摸索其中的门道。于是在建设装修酒店的同时，我们便着手市场考察，力求对酒店经营管理有最初的和最直观的认识。

　　根据市场考察情况，我们首先对酒店今后运行的一整套管理制度和标准作业程序（Standard Operating Procedure，SOP）进行研究分析。以一般酒店业惯有的一套管理标准为基础，结合我们酒店自身的特点，从便于酒店管理、有利于激发员工积极性的角度做了调整和修改，并最终形成相关制度标准。同时理出了组织机构框架，按照框架的要求进行市场招聘。由于初次涉足酒店行业，公司缺乏这方面的人才，宾馆的筹建管理团队基本上是由外聘的萧山酒店业资深人员组建的。我们从金马饭店招聘了一位副总专管运转，从国际酒店招到一位副总负责餐饮，酒店办公室主任也是金马饭店过来的，下面各部门，房务部、餐饮部、工程部、销售部等的员工也都是从其他各个酒店中招聘过来的，酒店总经理的人选我们则从自己集团中选派。

招聘过程中，对人才的把关是相当重要的，因为我们在短时期内无法对人员素质做全面深入的了解，因此常常会走一些弯路。我们在招聘高层管理人员时，就遇到过这类名不副实的事情：有些人在面试时侃侃而谈，看起来很有阅历和经验，但是在实际工作中表现平平。鉴于此，我们对招来的管理层采取试用原则，在试用期强化对其业务能力和工作态度的评估，看他是否适合岗位，以便再做梳理和调整。在以后招收人才的数次体验中，我们感受到对每个人进行系统准确的评估，对于建立一个优秀的团队来说是至关重要的。

管理班组形成以后，在招收员工时，我们也采用了这样的办法。在招收厨师时，组织候选人员进行实际的厨艺操作，并请来专业的评审团队现场评审。在招收客房部人员时，进行现场卫生清洁、杂物整理、床铺铺设等技术操作考评。在招收销售人员时，提前3个月，每个星期对销售员跑市场的情况进行跟踪，根据他们的能力做出筛选。这样的程序下来，我们根据每个人的专业特长和性格特点，安排他们到最适合其职业发展的岗位上。每个团队中的人员，都是经过考核精挑细选留下来的。1998年左右正是经济不景气的时期，招工存在很大难度，同时，也有很多亲戚朋友想通过走关系进入酒店工作，也给我带来了难题。不管怎样，最终我们都是根据人才本身的专业性和酒店的实际需求来选拔任用人才的。我们切实组建了一支靠得牢的团队，这为酒店日后的成功运营打下了坚实的基础。

经过一段时间的筹建，公司基本组建了完备的酒店营运队伍，当时总员工在500人左右。接下来，我们选派酒店中高层和各部门负责人去江苏、上海等地的大酒店进行参观和培训。为了在短时间里取得较好的效果，对于酒店一线员工，我们实行了军事化的培训方式，选取萧山第一职高的场地作为基地，开展酒店理论知识与实践操作培训，并指导员工系统学习酒店运营管理手册。经过两个多月的封闭式培训，员工的专业素质和服务意识明显提高，凝聚力和向心力也明显增强，总体上取得了很好的效果。后来我们将此方式一直沿用在酒店人员的培训中。

各项工作准备得较为充分，酒店试营业后，一切推进得较为顺利。但同时我们也发现了很多预想不到的问题。在试营业一个月后，我根据现场的调度情况，隐约感觉人员配置有些超标。其实酒店这个行业的成本控制是十分重要的，即便具有可观的营业额，若营运成本过高，也很难带来效益。酒店行业内有句俗语叫作"轰轰烈烈做生意，明明白白赔钱"，讲的就是这种高成本下的营运难题。整天躲在酒店里是想不出更好的办法的，针对人员情况，我们对市场做了进一步分析。我们最先来到绍兴诸暨五泄的一家山庄酒店进行考察，经过了解，他们的规模与我们差不多，但是他们的员工队伍只有 300 多人。这一对比着实令我吃惊，我们的人数居然是他们的 1.7 倍。于是，我与他们的总经理进行面对面交流，把他们的经验带回来研究。后来又考察了周边的几家酒店，情况大多如此。回来后我们根据这些酒店的经验，分部门推进人员调整，最终将人员减少到 400 多人。

后来，我逐步意识到，酒店业其实和建筑业有许多共通之处，那就是两者均属于劳动密集型产业，是一个人员多、环境杂的行业，但由于酒店工种繁多、进出物资频繁，直接面对各种各样的人，"服务"占比较重，因此其经营管理更为复杂。在这种情况下，"人"的因素是至关重要的，员工的自我素质、工作态度、责任心、凝聚力等对酒店经营均将产生重要的影响。酒店试营业后不久，有些外聘管理人员由于各种原因，对宝盛的企业文化和做事理念不认同，在工作中也未尽心尽力，常常敷衍了事，对企业全无诚心，同时也影响到了其他人的工作情绪。面对这种情况，我当断则断，即刻进行人员调整，起用了一批有冲劲、肯干事的管理人员，平稳度过了波动期。

不久后又发生了一起人员纠纷事件。一天中午，同往常一样，一切准备就绪，几十桌客人等待午饭上桌。但时间一分一秒地过去，厨房却一点动静也没有，客人已经有些不耐烦了。部门经理将这一情况反馈给我，我立即放下手头的工作，去厨房部了解情况。事情原委是这样的：有一个分管餐饮的副总经理与餐饮部的厨师长发生了矛盾，这个厨师长在开餐时不允许所有厨师上菜，以此来对抗餐饮部的这位副总。我现场做了初步调解后，先放下其他事情，让厨房部以最快的速度先给客人上菜，大批客人稳定下来以后，我才略微放了心。事后，我又做了进一步了解，原来是这位副总心胸狭窄，他和厨师长是两路人马，工作思路不统一，那日的事情是长期矛盾激化的结果。不管谁对谁错，私人恩怨不应影响到工作，我们了解情况后对这些肇事者做了清退处理。

当时，在运营管理上，还出现了一件事情。酒店人员在清理厨房垃圾时，发现很多完好的梭子蟹被扔进了垃圾桶，这种情况持续了两个多星期。后来财务部门对用料进行核算，发现确有异常。深入调查原因后，我们发现，原来问题出在一个冷餐房的厨师领班身上。他与外面的供应商联手，每天大量进货梭子蟹，以增加供应商的销售量，并以此拿回扣。这些梭子蟹的进货数量远超每日的需求量，因此多余的只能扔进垃圾桶。了解到这样的情况后，我们劝退了该厨师。为杜绝此类问题，我们研究采取了一些制度上的举措：一是实行采购价格复核制度，即采购员每天上报价格后，由另外的人员进行市场调研，以验证采购的价格是否合理；二是采取复核式领料计划，原材料领料时需手工和电脑双向记录，当两者不符时采取查账措施，并通过定期核算毛利再次核查，以杜绝不合规定的随意领料行为；三是实行统筹使用能耗制度，即在酒店运转时，将能耗管线分成多路使用，需要则开启、不需要则关闭，避免整个系统部分空转，造成浪费，在这样的制度安排下，我们酒店的总能耗费用可以比其他酒店节省2—3个点；四是实行部门盈利测算制度，即在酒店整体盈利测算的基础上，强化各个部门的按月盈利测算，进一步细化核算单位，并将各个部门的核算情况与同类型酒店的相关部门进行横向分析比照，摸清优劣势，以便进一步发扬或改进，同时形成各个部门的自我约束机制。我想，作为一个有一定规模的企业，发现问题后除了要及时解决之外，更重要的是要以制度来堵塞漏洞。没有制度，要制定制度；制度不完善，要根据实际情况修订制度。这样，我们才能逐步地建立起现代企业的管理制度体系。

鉴于酒店在试营业这段时间暴露出的问题，在试营业大概两三个月后，我组织了一次酒店一线领班及以上人员会议，以便于切实摸清酒店一线运行的全部细节，发现问题并及时解决问题。那时我们召集了酒店所有领班及以上的管理人员，进行了一次面对面的沟通交流，听他们讲述日常工作中的感受、发现的问题、对酒店运营管理的想法等，同时也听取了一些部门之间的相互配合情况和对彼此的看法，并让他们提出相关的意见、建议。这次会议取得了比较好的效果，从中我们的确了解到很多坐在办公室里想不到、看不到的实际运营问题，给了我们很大的启发。自此以后，这个环节成为我们宝盛旗下酒店营业初期的一个必备动作。

在前面我们提到过，宝盛宾馆建成后是萧山区的第三高楼，是萧山区为数不多的四星级酒店，也是萧山新区的第一家星级酒店。从建筑规格上来说，它属于当时萧山区屈指可数的高档次建筑。但是因为公司是从党湾农村建筑工程队发展起来的，公司总部也是刚刚从党湾搬迁至萧山新区的，所以很多人给宝盛宾馆起了个外号，叫作"农民饭店"。其实这也是熟人之间的一种善意的调侃，但是我心里清楚，这里也包含着他们对酒店管理以及服务质量的一种质疑。从酒店业的角度来讲，硬件条件再好，也掩盖不了服务和管理上的欠缺。一个酒店真正的实力是体现在硬环境和软服务两个方面上的，甚至从某种层面上讲，优质的服务给予客户的吸引力甚至要超过硬件设施。但是宝盛在运营一段时间后，确确实实让每一位顾客体验到了高标准的硬件配套设施和高品质的管理服务，比如我们的家具全部采用红木材质，品质高档且风格高雅。客户对酒店的评价一直较高，"农民饭店"一说渐渐不再被提及。

宝盛自开业以来，营业额年年攀高，最高时一年超 9000 万元，那时业界有个说法，酒店的营业额应该达到投资的 1/3，宝盛宾馆当时的投资是 8900 多万元，这样相当于我们的营业额和投资额达到 1∶1。宝盛宾馆在萧山地区形成了非常好的市场口碑，连续 6 年被评为杭州市"十佳饭店"，并荣获"中国最受消费者欢迎商务酒店""中华餐饮名店""国家银叶级绿色饭店"等称号。看到宝盛宾馆的业绩，我多年悬着的心也总算放了下来。一个完全不懂宾馆经营的门外汉，带领一个同样完全不懂宾馆经营的团队，在酒店行业竞争异常激烈的市场环境中，居然就这样一步步走了下来，打造出了一个能让客户认可、可以在市场上立足的现代化的星级酒店。可见，任何事情只要用心去做，勤于学习、勤于观察和吸取经验，总能摸出一些门道。我在酒店经营上就是这样向前走一步，回顾一下，改进一点，总结一点，再往前走。这时的我们已经初步形成了自己的酒店管理体系和相关的制度安排。

在肥城宝盛大酒店开业初期，我们充分借鉴了宝盛宾馆的运营管理经验，比如针对新员工同样实行了军事化的培训等。我记得这件事情在当地还引起了一定的轰动，当地媒体赴我们的军训现场进行了采访和宣传报道，同时我们还得到了当地有关部门的高度赞扬，这使得酒店还未开业便在当地具有了一定影响力，在广大市民心中留下良好的印象。肥城市梁副市长参加完酒店培训开班典礼后，当即表示非常看好这个酒店日后的发展。后来，他向我透露，他看到酒店员工培训现场，以及开业前的很多程序安排后，便已觉得这个酒店未来大有希望。

泰安肥城宝盛大酒店军训场景

如果说在宝盛宾馆运营过程中，我们在人事管理和酒店系统运营上积累了一定经验，那么在肥城宝盛大酒店运营过程中，我们则是在营销上下了一番苦功夫。受酒店区位条件影响，肥城宝盛大酒店的主要客源基本都是观光客和旅行团，这带来的一个问题就是客房出租率的季节性特别强。当时酒店是在3月28日试营业的，由于那会儿北方天气还比较冷，旅行团和游客都很少，酒店营业受到了很大影响。我记得那时每天的营业额只有2万多元，而每天的运营成本则高达6万元，这给酒店的资金流带来很大的压力。记得当时肥城宝盛大酒店的一位高层管理人员和我一同乘车从肥城到泰安，在路上，他向我提到，酒店当前的运营确有相当难度，是在"米壳中榨油"。这句话给了我很大触动，我意识到这样长久下去酒店将难以支撑。我同酒店的销售部门连夜探讨方案，打算以肥城周边500公里圈内的城市为重点进行营销，尤其针对泰安、曲阜等地的旅游团队进行营销。

销售部门的人员分组分队马不停蹄地开始营销工作，我自己也开了一辆广州本田的车来到青岛，打算专攻这一片市场。我对青岛几十家旅行社做了逐一拜访，并同这些旅行社商议将其赴泰安的旅行团队的住宿安排在肥城宝盛大酒店。其实，这样的安排对于旅行社的行程来说不是最优的，因为肥城在泰安西面，把团队带去肥城宝盛大酒店住宿，相当于走了回头路，所以合作是有难度的。在这样的情况下，我将酒店独特的装修风格和高档次的设施条件作为优势进行营销，同时邀请各个旅行社的主要负责人来酒店现场体验。几个回合过后，他们十分认可我们酒店，纷纷带团队过来体验入住，客人对酒店的设施和服务也相当满意，最终多数旅行社都与我们签订了合作协议。2005年下半年，也就是酒店开业的下半年，酒店基本天天爆满，并且长期延续了较好的态势。

然而，随着时间的推移，酒店的经营和管理模式已不能满足市场的需求。酒店管理团队经过商议，决定由酒店领导带队去济南及周边其他几个城市，同一些事业单位，保险、银行等金融机构进行对接，希望同他们在年会、培训等方面进行合作。同时，我们的管理团队也给营销人员建议，对于这些优质客户，不能做"一锤子买卖"，要由一次合作开始，建立起长期的合作关系，构建长期的对接合作机制。至此，肥城宝盛大酒店的团队市场从以旅行团为主开始向以会议培训为主转型。

近几年，肥城酒店陆续承担起肥城各类高端会议、活动及政府考察团的接待任务，如曾接待联合国工业发展组织考察团，中国文联艺术家赴肥城采风一行，以及省级领导等。有些会务组或有关部门对会议、用餐、住房等都有严格的要求。针对这样的接待任务，肥城宝盛大酒店制订出一整套详细的接待流程与方案，并设立专门的客户经理提供全程一站式跟踪服务。会议期间，酒店方与会务组保持沟通，确保第一时间了解各方面需求，协调统一各部门落实服务接待。经过多年的经验积累，肥城宝盛大酒店逐步形成了自身的整套高端会议和特色会议接待制度和流程。后来我们进行了多功能厅改造，新增了一间多功能厅，当其中一间多功能厅处于撤台换台状态时，另一间能进行会议接待，满足了客户需求，保证了客源。待宝盛水博园大酒店营业之时，我们无论在管理流程制度上，还是在市场营销上，均具备了一定的基础和经验。在酒店营运方面，有些经验做法可以共享，但不能完全复制，只能针对酒店独特的定位不断做尝试和创新。比如宝盛水博园大酒店的运营班组筹建，便与宝盛宾馆、肥城宝盛大酒店不同，因为其休闲度假会展的功能定位，要求我们必须要组建具备相应职能的专业人才队伍。在宝盛水博园大酒店的人员招聘中，我们新组建了健康理疗、会展布置、环境管理等班组，使之与酒店的功能定位相匹配。

宝盛水博园大酒店的地理位置较偏僻，绝大部分萧山本地人都找不到这个位置，甚至从没听说过，更别提来酒店消费了。在建设过程中，几乎所有人都不看好这个酒店的日后经营，当时我和酒店总经理的压力很大。借鉴肥城大酒店的营销经验，这次我们做了充分的前期市场调研，提前形成了以会务团队接待为主要方面的营销策略。酒店组织领导销售人员提前3个月进行针对性市场开拓，积累客户资源，并要求他们将所有市场拓展信息汇报到我这里，使我心中有底。在开业前，我们便得到了不少的会议信息，加上酒店1500平方米的无柱大厅和多个大小不同的会议室的硬件平台支撑，在酒店试营业之前，便已形成了十分理想的预订情况，连续几个月的会议档期基本排满。正是预先进行了市场拓展，才使得水博园大酒店在试营业后与市场无缝对接，形成了较好的营销效果。

在宝盛水博园大酒店的营运中，我们还着重对酒店的成本进行了有效管控，在人员配置上，我们招收了一些可以实现一人多岗的复合型人才，并进一步优化了酒店流程布置，降低了总体工作量，提高了工作效率。另外，在健康理疗、环境管理等方面，我们外请相关专业资深人员对酒店员工进行定期培训。这些是我们在宝盛水博园大酒店运营中积累的新经验和新做法。在我们的努力之下，宝盛水博园大酒店整体运营比较成功，并陆续荣获了"浙江省建设工程钱江杯奖（优质工程）""杭州市建设工程西湖杯奖（优质工程）"，被评为"国家AAA级安全文明标准化诚信工地"、中国金手指奖"十大最受欢迎会议会展酒店"、"中华餐饮名店"、"省级餐饮服务食品安全示范单位"等。

2. 萌生全新产业模式——酒店建设管理一站式服务

自2009年开始，我心中始终在思考整个企业的创新发展问题。宝盛现有的建筑、酒店和置业三大产业均是传统的劳动密集型产业，都面临着市场白热化的竞争，同时随着人力成本、物料成本、办公成本的不断上涨，企业已逐渐进入微利时代。面对这个局面，如何寻找转型升级发展的突破口，成为多年来盘踞我心头的一个问题。

后来，在与业主单位和其他一些业务企业的沟通交流中，对方谈到"自己做酒店项目太累"，因为既不懂建筑规划，又不懂酒店管理。这一点启发了我，我意识到这是一个很好的商机。我召集了几位负责市场拓展和酒店策划的人员，同他们一起探讨这个问题。我想利用现有公司的三大产业资源，推出一个集酒店项目策划、定位、设计、施工、装修、管理于一体的全新服务模式，通过该模式的推进，发挥"一业带三产"的作用。有了这个想法后，我又对此做了深入思考。

首先，酒店建设是民用建筑中最难的项目，因为功能区众多，建设环节复杂，一般没有经验的建筑单位很难承接酒店项目。

其次，酒店定位也极具专业性和经验性，如酒店没能进行科学合理的定位，将造成其市场环境、市场需求和功能设施不配套，最终经营失败的局面。

最后，酒店的经营管理过程极其琐碎和复杂，一个环节不当，就容易造成极大的资源浪费甚至系统瘫痪。而我们宝盛既有几十年的建设经验，又有十多年对酒店管理运营的摸索和了解。市场上很多想进入酒店业的人，既不懂酒店建设，更不懂酒店运营。如果能推出这样的模式，成功地解决想进入酒店业的企业所面临的难题，应该会得到市场的认同和欢迎。

有了这些思考之后，我与公司的孙海哨做了一次深入交流，她也认为这是一个有深度的想法，于是我们初步确定了将以宝盛集团之力全面推出"酒店建设管理一站式服务"的新模式。达成这一共识后，我们一方面进行市场可行性分析，另一方面着手在内部筹备。

我们了解到，截至2023年，社会上为酒店提供项目服务的共有两类公司，一类是前期的咨询、定位、策划公司，另一类是后期的酒店管理公司。其余的设计、土建施工、安装、装修等各环节均需业主外包其他单位。这样造成的结果就是容易出现装修设计和经营管理分离、方案策划和建筑施工分离的局面，导致定位概念不能落实、协调成本高、开发效率低、建设浪费大等。这一情况与我对市场的预想是一致的。之后，我又与各界人士进行多方面探讨，他们均表示这是一个有前景的新型服务模式。这些都更加坚定了我的信心。

经过一段时间紧张和细致的筹备，我们基本理出"酒店建设管理一站式服务"模式的基本定义和服务流程。"酒店建设管理一站式服务"是宝盛投资股份有限公司将下属的酒店策划、建筑施工、设备安装、装修设计、酒店运营等各产业资源进行整合，推出的一个全新的产业模式。宝盛可以为投资者提供酒店策划、建筑设计、建筑施工、设备安装、装修施工、酒店运营等6项基本服务。这些服务不是我们凭空想出来的，而是完全基于宝盛多年来在建筑、酒店、置业方面积累的多样化技术和经验。

比如在酒店策划方面，宝盛自1998年筹建第一家酒店开始，就凭借自身准确的市场定位和酒店经营定位为酒店日后的发展赢得了优势，其间我们成功策划的数家全资的高星级酒店，均取得了良好的收益。在建筑施工方面，宝盛是以建筑起家的，而其专业的施工水平和技术力量在业内有口皆碑。作为一家具有国家一级资质的施工企业，同时作为酒店一站式总承包产业中的一个重要参与者，我们能够在确保工程质量的前提下以具有优势的价格来博得业主认可。

在设备安装方面，酒店设备既系统又复杂，宝盛可以凭借其设备采购安装的经验，在满足酒店定位的基础上，做到节约而不减效，全面而不遗漏，高端而不浪费，使投资方明白如何有效分配高、中、低设施设备，实现节约投资成本的目的，确保酒店能够具有很好的投入产出比。在装修设计方面，宝盛拥有一支符合酒店发展的装修设计队伍，每年都会组织装修设计人员考察国内外高星级酒店的发展方向及动态，远到美国的圣地亚哥和拉斯维加斯等地，近到国内的深圳、上海等地。因此我们能够在掌握酒店前沿动态的基础上，设计出符合酒店经营和运行的酒店产品。在酒店运营方面，宝盛经过多年的积累，已经熟识了一大批物美价廉的优秀酒店物品供应商，仅这一点就可为投资方在酒店开业前期省下一大笔费用。同时宝盛凭借自身的经营和管理优势，能够给投资方带来源源不断的投资收益。

在这6项基本服务的基础上，我们制订了完备的、细致的整体模式计划，并在多次修改完善后，全面向市场推出我们的一站式服务模式。该模式将业主认同的开发理念和定位贯穿始终，并通过严格的过程管控，最大限度地保障策划理念得以贯彻实施，实现最优化的设计、最合理的投资结构、最具价值的开发成果，让客户避免错误、少走弯路，达到节省投资的目的，使酒店在后期的经营与管理上拥有更多的资金，以及更大的市场和发展空间。该模式在当时为全国首创。

3. 全新模式的市场拓展

"酒店建设管理一站式服务"模式推出后，取得良好的效果，没过多久，便有不少单位表示出合作意向。其中，同在萧山的一家台资企业的投资商表现出诚恳的合作意愿。他们在扬州地区拿了一块地，是住宅与酒店的综合体。但他们公司本身既不做建筑，更不懂酒店经营，急需同有经验的建筑商和酒店管理公司合作。在未了解我们的服务模式之前，他们原本打算分头找专业公司合作，为此也费了不少脑筋。在他们知道存在我们这种一站式总承包的模式后，便积极与我们洽谈合作。台商对项目操作的要求很是严格，因为同在萧山地区，这个公司也十分了解宝盛的背景，熟知宝盛多年来在建筑施工、装修设计施工和酒店管理等方面的良好品牌信誉，因此在各方面都比较信任我们，再经过前期多方面的考察和接触了解，他们最终选定了宝盛为项目的全程实施单位。

2010 年 5 月 14 日，公司与扬州扬润大酒店置业有限公司在宝盛宾馆举行签约仪式，就扬州铂金府邸暨扬润大酒店项目一站式总承包正式签署协议。这意味着公司这种新的操作模式迈出了实质性的新步伐。扬州铂金府邸暨扬润大酒店项目位于扬州，总建筑面积近 6 万平方米，由高星级酒店和高层住宅组成。其中酒店项目——扬润大酒店，自定位、策划到建筑施工、设备安装、装饰设计及施工、开业筹备、运行管理全过程，都由宝盛实施一站式总承包。

扬州项目圆满打响了"酒店建设管理一站式服务"的第一枪，之后一站式模式进行得十分顺利，随后我们便签下了江西一家大酒店项目，并陆续有多个意向项目进入最后签约阶段。事实上，对于酒店投资者来说，只要对我们的酒店一站式服务模式有系统的了解，就会对我们的一站式服务产生兴趣，因为这个模式是我们同投资者双方的一个发挥各自优势、互惠互利的高效合作模式。在该模式推出的第一年，我们便成功签下多个合作项目，区位涉及安徽、江西、河北、辽宁、云南等全国多个地区。其实在项目推出之前，我预计全年合作项

扬州铂金府邸暨扬润大酒店项目签约仪式

目在 3 个左右，我们可以慢慢积累经验，再全面拓展，而当时这个势头已经大大出乎了我本人的意料。但 2012 年后，宏观政策出现了一些变化，社会整体消费意愿受到了一定影响，尤其是在酒店业等高端消费项目上，出现了大幅下降的趋势，这使得我们的"酒店建设管理一站式服务"模式的推广和销售有所放慢。从国家有关政策来看，酒店业日后的发展可能要向轻资产投资方向转变。

第十三章

商业综合体开发

1. 地产开发走了些许弯路

继在建筑、水泥、酒店和矿产开发等产业进行拓展之后，公司在多元化发展道路上又迈出了新步伐。2003 年左右，我们根据市场情况开始涉猎房地产业。经过慎重考虑，我们在集团旗下成立了杭州宝盛房地产开发有限公司，组建管理班子与部门架构，并赴嘉兴、上海等地考察，准备找准时机拍下土地。我们在房产行业中是一个新手，对市场比较生疏，但还是摸索着跨出了第一步。

在进入房地产业的第一年，公司开发房产总面积 4.8 万平方米，储存 5.5 万平方米。公司开发的第一个楼盘——南阳商住楼获得较好效益。同时，在湖州市德清县新市镇中心取得了一个旧城改造项目，定名为宝盛万安广场，共分三期开发，总建筑面积为 67243.37 平方米。同年 12 月上旬，公司又取得了瓜沥"银安苑"的土地使用权。

这样的成绩，对于刚刚进入房地产业的新手来说，也算比较可观，但现在回过头来看当时的这段经历，我意识到在这期间的确是犯了一些错误，最终导致公司丧失了诸多大好的发展机会。一个投资者不可能是常胜将军，在瞬息万变的市场中，有失误总是难免，但是对失误做清醒的反思，确实是必要的。比如在土地开发上，我们的一个思路是为避免城市地产业的激烈竞争，先选择去乡镇层级购买土地进行开发，结果导致在相同的管理成本基础上，销售价格上不去，整体客户层次偏低，企业的地产品牌没有一炮打响。在资金的运作上，我们又犯了第二个错误，对于地产的操作，其他房地产公司基本仅仅投入前期土地款，之后工程进程全部依赖外部资金推进，这样可以起到资金的杠杆作用，但我们都是直接采取自有资金投入、自己操作，造成资金滚动发展利用不足，导致产业扩张速度较慢。在项目建设上，由于宝盛以建筑起家，在房地产开发上，也一直都采用内部自行施工的方式，但是经过几个项目的实施，我们发现这种模式并非最优，因为甲乙双方都在宝盛旗下，大家都隶属于一家公司，有些工作未按甲、乙方职责严格执行，反而加大了工程推进的难度，这也是始料未及的。

2. 综合体项目的得与失

2010年初，我们的长期合作伙伴杭州立元集团同我们合作开发一个项目，该项目位于舟山市岱山新区核心地段，周边各项配套设施齐全，项目总用地面积近290亩，总建筑规模35万平方米，计划建成集商业、住宅、酒店和公共配套于一体的城市综合体，项目建成后对完善岱山城市功能、提升城市品位和促进整个地区的发展具有十分重要的意义。事实上，这些情况都是我们听介绍人说的，我们自己并没有做全方位的信息了解，但心里大致觉得这样的项目定位总不会太差，于是我们与杭州立元集团、舟山海中洲集团、华定集团一起合作，在舟山岱山县新城中心拍下了这290亩土地，并着手开发。

后来我们才慢慢意识到，舟山和岱山是两个不同的概念。舟山陆地面积1459平方公里，人口100多万，是我国第一个以群岛建制的地级市。舟山的定海和普陀两个市辖区，人流客流量较大，商业氛围较为浓郁。而岱山是隶属于舟山的一个县，全县由404个大小岛屿组成，户籍人口只有20多万，且人口迁出多，迁入少，人口机械增长率常年为负。地理特征和人口情况决定了其消费市场客源很难保障，因此这个项目的市场打开进展比较缓慢。

2011年6月，国务院批准设立浙江舟山群岛新区，在大宗商品储运中转加工交易中心、东部地区重要的海上开放门户、重要的现代海洋产业基地、海洋海岛综合保护开发示范区、陆海统筹发展先行区的五大发展目标和定位下，群岛发展开始加速，岱山各岛屿开发呈现前所未有的发展态势，岱山整体的区位条件有所优化，人员往来开始增多。我们开发的综合体所在的这块土地市场，到这时才渐渐活跃起来。市场前景虽有所看好，但总体也只是勉强达到盈亏持平。

这次的项目开发给了我们一个深刻的教训，那就是涉及重大决策事项，不能听别人的一面之词，一定要到现场了解情况，要对市场做全面的可行性分析和调查，这是项目成功的第一步。同时，我也更加意识到企业实力的重要性，这个项目前期经营状况惨淡，如果没有常年积累的实力来承担这些开发的财务和利息成本，企业早就被拖垮了。

3. 投资体量最大、业态最全的项目——泰山宝盛广场

在肥城宝盛大酒店开业运营后的第六个年头，我们又在山东地区开发了第二个宝盛的项目。这些年肥城宝盛大酒店在当地的经营状况一直是比较好的，自 2005 年 4 月份开业后，便在当地一炮打响，迅速成为肥城酒店行业的龙头，在泰安地区酒店中也占据了一席之地，当时泰安市政府机构的诸多会议均选在宝盛酒店召开，而宝盛品牌也借此在当地政府和社会各界树立了良好的形象。

酒店的良好经营使我萌生了在当地进一步投资的意愿，同时在与泰安当地有关政府部门的工作交流中，对方也多次诚恳表达了希望我们再投资的想法。大概是 2009 年的一天下午，我得到泰山区政府的通知，泰山区有一位主要领导从厦门回来要来我们这边停留 3 个小时，说是要与宝盛商议合作项目的事宜。这位领导与我沟通时谈到，宝盛集团在泰安酒店行业中已成为一个佼佼者，对泰安地区城市建设和旅游业发展起到重要的引领作用，希望能与我们再次合作，在泰安市中心地区建设一个城市综合体。

在这样的情况下，我也非常期待与泰安方面的再次合作。忙完手头的一些工作后，我便带了公司的几个高层和助手来到泰安市，重点对泰山区的土地进行查看。当时正赶上夏季高温天气，我们跑了两三天，最终看中了泰山大道与迎胜路交叉口这块土地，当时那里还都是比较简陋的小型摊贩和小型修理厂。我当时的考虑是，作为景区，泰山脚下沿线一带都是具有很好发展潜力的地带，我们看中的这个地块恰好处于中心区域，不管以后重点向哪个方向延伸，这个地块的区位总是最佳的。后来的事实证明我们的眼光还是不错的，现在这个地块已经成为泰山大景区总体布局最好的位置，之后万达广场也选址在我们隔壁。

地块选定之后，对于是否正式投资建设这个综合体，我也是经过一番深思熟虑的，毕竟这个项目建起来体量较大，投资量估计也要超过以往宝盛建设的房产和综合体项目。但是最终我还是决定接下了这个项目，我有这样几点分析：一方面，这个项目地段极好，位于泰安城市发展中心轴的中心地段，距京沪高铁泰山站 2.5 公里，距泰山及市委市政府仅 1.5 公里，地理位置非常优越，这对于综合体来说是至关重要的。另一方面，集住宅、商业、酒店多业态于一体的综合体运营模式，是近年来商业地产的一个新生事物，具有较好的发展潜力，而且可以带动宝盛已有的建设、房产和酒店业的进一步发展。同时，我也较为看好泰安市良好的市场前景，泰安作为全国著名的旅游城市，拥有良好的资源基础，但房产市场在前些年一直不瘟不火，直到近几年政府才开始大规模进行旧城改造和推动房产市场发展，起步晚则意味着潜力大，市场远未饱和。泰安的酒店业发展也一直与其旅游目的地的显赫名声不相匹配，高星级酒店较少，且现有的几家四五星级酒店规模也相对较小，酒店业仍有很大生存和竞争空间。正是出于这几方面因素的综合考虑，我才决定投资这个项目。

决定之后，我便着手筹备签约。那些天由于过于劳累，我身体不是很好，几次三番出现眩晕症状，眼看着签约日期快到了，我还住在医院里。当时泰安方面也比较着急，于是我在身体还没恢复的情况下就坐车赶过去同他们签约。随着与泰安市有关领导在开发合同上的落笔签订，我们在泰安地区的第二个投资项目终于落地了。

该项目初步计划占地 227 亩，总建筑规模 51.5 万平方米，其中地上 43.7 万平方米，地下 7.8 万平方米。总体定位是由回迁安置房、社区办公楼、精品商铺、大型超市、五星级酒店、高端公寓楼等多种业态组成的城市综合体。我们将其正式命名为"泰山宝盛广场"。项目在建设之初便已入选泰安市创建国际旅游名城的重点项目。

正式签约之后，项目面临的第一个任务便是拆迁工作。根据双方约定，这项工作由泰安市相关政府部门负责完成。通过当地政府的努力，拆迁工作进行得还算顺利，基本按预先计划完成动迁。随后，公司成立泰山宝盛置业有限公司，组建了项目班子，选定了项目负责人，正式开始进入项目开发工作。

同时，我们于2011年2月18日举行了盛大的项目奠基仪式，当时泰安市委书记、市人大常委会主任，泰安市委副书记、市长，泰安市委常委、秘书长，泰安市泰山区委书记等多位主要领导均出席了奠基仪式。政府领导的关心支持，让我们倍感欣喜，也让我们深感责任的重大，在仪式上我也明确表示公司将坚持"高起点、高标准、高品位"的理念，精心组织、管理与施工，以一流的质量、一流的速度，把项目建成群众满意、经得起检验的工程，并争取将"泰山宝盛广场"项目打造成泰安市综合体的样板和精品。

泰山宝盛广场开工奠基仪式

在具体的项目设计上，我们也根据实际情况，下了一番苦功夫。在五星级酒店的规划方案上，我们考虑到泰安是世界名胜旅游目的地，客流量分布均衡性差，全年有 2/3 的时间客流量较大，而其余时间则相对较少。因此，酒店在功能设计上要满足大量客源的集中需求，保证能在大量客人到来之时实现满负荷运作。我们充分吸取宝盛宾馆和肥城酒店的经验，建设了两个可容纳上千人规模的多功能厅，避免了一个多功能厅出转补转造成客房利用率不高的弊端，由此提升了 20%—30% 的出租率。在高端公寓楼的设计上，实现平面功能上的动静区分，推进人车分流，小区内设大型园林景观，底层中心大花园中间的住宅特设 3 米架空层，连接前后花园，扩大了居民的休闲活动空间，外立面采用新古典式风格，大大提升了小区品位，该小区建成后有望成为泰安地区最高端的居住小区之一。同时，我们沿北面泰山大道及东面迎胜南路布置了大型购物超市、商业步行街，其总体定位为高档商业广场，建成后将成为泰安市又一个商业亮点。

泰安宝盛广场是公司历史上投资体量最大、投入资金最多、涵盖业态最全的项目。在这个项目的投资运营过程中，我们也总结了不少经验。要想项目投资取得理想的效果，首先要亲自对现场进行仔细查看，泰山广场是自身团队亲临现场选址，而岱山项目是听信别人的介绍做出的决定，这就导致了两者完全不同的结果。其次，要充分发挥自身的品牌优势，赢得当地政府和社会各界的高度认可和大力支持，这种品牌优势既保证了公司的市场信誉度，又激励我们在高起点上取得更大进步，品牌优势由此进入良性循环。最后，在项目建设过程中，积极吸取以往建设经验，并结合项目自身特点，科学合理定位和实现规划设计，也是综合体建设成功的必备要素。

4. 宝盛大厦建设及业态调整

宝盛宾馆建成后，企业总部一直设在宾馆的裙楼里，后来我们考虑到酒店人员往来众多，从环境上来看，将办公室设置在那里并不合适，同时办公区域也抢占了酒店进一步发展的空间。集团的后勤基地建成后，我们便从宝盛宾馆搬迁至蜀山街道沈家里路 127 号后勤基地办公，当然这也是过渡阶段的权宜之计。

早在四五年前，我就已经开始思考在合适地段买地建设总部办公楼，但是一直没能如愿。直到 2008 年，萧山区政府决定加快钱江世纪城开发建设，加大招商引资、征迁安置、基础设施建设等各项工作的力度，我们感觉时机逐步成熟。

钱江世纪城地处萧山城北江滨地区，东北到杭甬高速公路，西北至钱塘江滨，西南至七甲闸——利民河，南到前解放河，东至利群河和市心路。与杭州钱江新城隔江相望，规划总用地为 22.27 平方公里，可容纳人口 16 万人。其整体功能定位是以现代服务业为主，集金融、商贸、科研、会展、居住于一体，高科技、多功能、生态化的未来杭州中央商务区、区域创新的引领区、"经济优质、制度优越、文化优秀、民生优裕、环境优美"的示范区。2008 年初，几乎与杭州提出"决战东部"三年行动计划同步，钱江世纪城也推出了 2008—2010 年"众志成城建新城、决战三年显雏形"的三年行动计划，提出了"经济超常发展、新城雏形初具、产业快速崛起"的宏伟目标。很快，萧山区政府下发了关于加快发展总部经济的文件，鼓励符合有关条件的企业通过公开拍地进驻钱江世纪城。

在这样的情况下，我们开始考虑在钱江世纪城购入地块建设综合体兼企业总部。根据萧山区政府下发的关于总部经济的文件，企业必须在萧山地区至少拥有两家酒店，才可入驻，于是我们向政府提出了申请，最终于2008年3月份，通过公开挂牌，拍得了市心北路钱江世纪城核心地段一块土地的50年使用权。该土地地理位置优越，正处于在建的庆春隧道出口位置，拿地之后，我便着手考虑大楼设计规划工作，待附近农民房拆迁结束及其他条件具备就开工。项目总用地面积1.1万平方米，总建筑面积约为11.7万平方米，其中地下部分2.7万平方米，地上部分9万平方米，预计总投资6亿元。

当时我们是按照建造企业总部和精品酒店项目来拿地的，宝盛大厦的最初设计定位，是集精品客房、多功能厅、商业写字楼于一体的五星级高端酒店及商务大厦，同时考虑到这里距水博园仅15分钟车程，在设计和功能上采取了相对错位的发展思路。

大厦建设有序进行，但进入2013年以来，整个消费市场形势发生明显变化。酒店业表现尤为明显，消费量和客流量都普遍下降，整个行业进入了紧缩期。虽然由于多年来的声誉积累和平时对服务、产品品质的严格贯彻要求，消费者对宝盛系列酒店的认可度一直较高，但仍然抵挡不了整个宏观环境的变化，因此我们多少也受了些冲击。同时，酒店业当时已经成为宝盛的支柱产业，其经营状况对整个集团的影响日益加大，因此我们在酒店业发展的决策上丝毫不能马虎，这使得我对正在建设中的五星级酒店——宝盛世纪大酒店产生了担忧。一方面是宏观形势，另一方面是市场竞争，钱江世纪城和钱江新城酒店分布密度原本就较高，可以预见，酒店业在这个区域的竞争激烈程度。

　　思考再三，我立刻组织分管老总做进一步的市场摸底调研，并请第三方机构进行经营模式定位评估，最终我们做出决定，根据当时的市场环境，对宝盛大厦的定位做了系统调整。我和公司负责酒店经营、投资拓展和策划设计的同事对宝盛大厦的定位进行了深入研究，经过数月的反复推敲论证后，根据总部经济及楼宇经济的发展趋势和前景，我们最终将宝盛大厦定位为高科技产业园区，即宝盛科技园。在楼体功能上，一幢楼改为高档写字楼，一幢楼由原来的综合性功能酒店改为精品商务酒店及小体量公寓楼。按照规划，宝盛科技园重点引进以互联网、物联网、大数据、云计算、新一代信息技术及智能制造、生物医药、节能环保、新能源、新材料研发为主的战略性新兴产业的研发中心、实验室和工程中心，致力打造"精而专、专而强"的科技创新园，打造国内高端人才和高新技术企业发展的新高地。由于原来大楼结构和内部布局都是按照酒店经营要求设计的，所以要调整成其他业态，必须对整个大楼的策划布局重新全面考虑。

　　在楼宇的相关配套建设上，我们通过考察，集中了其他楼宇的优势特色，全方位提升了楼宇建设的原有标准，为充分满足入驻客户的办公、生活等不同需求，配置了很多当时其他楼宇没有的相关个性化、高端化设施，比如提供商务餐厅、自助餐厅、会议中心、多功能厅、精品酒店、单身公寓、健身中心、便利超市和其他生活、娱乐设施等。在楼宇的装修格调上，我们主要参考上海浦东地区的高端酒店风格。在物业上，我们也按照高星级酒店管理标准要求物业公司提供相关服务。最终这个项目达到了预期效果，客户来实地参观后，均对设施和服务表示满意，我们从而在市场竞争中取得了相对优势。有一次我到萧山开投资商会议，遇到一位同行，他说我们宝盛在这方面具有丰富的经验，可以把酒店配套设施建设装修案例应用到楼宇，从而在楼宇发展上形成优势。

对楼宇运营进行业态调整后，利好消息也不断传来，G20峰会和亚运会都将在杭州举办，且主场馆都安排在钱塘江两岸，这些国际性的盛会必将带动该板块成为新的热点，从而为宝盛大厦带来前所未有的战略机遇。同时，宝盛大厦的楼宇运营，也是集团继房地产、综合体开发之后，实现了在现有产业运作基础上的一个全新跨越，这是在新的市场形势下，对传统产业及传统模式的一种突破。我很难讲未来这一产业模式能走多远，但是唯一的不变就是"变"，以变应变，以变求变，这个变就是调整，就是创新，就是与时俱进，走在时代的前端，在市场中始终立于不败之地。

第十四章

石油和矿业

1. 初涉民营企业开发石油风波

1996 年，我们从长期在水泥工业领域深耕的省建材工业公司那里得到一个消息，他们有一个机构在西部地区搞石油开发，其中有一位姓潘的老总，他提到可以以民营资本小规模地开发石油。其实那么多温州商人赴陕西开发石油的事情并没有让我放在心上，反倒是这些熟人之间的消息沟通，让我动了也想试试的心思。最开始我们组建了一个考察小分队，派了两位企业高层赴当地进行了多次实地考察，与当地有关部门做了沟通，并就几个意向性项目进行了接洽。回来后，通过一段时间的可行性研究，公司班子确定立项，我们便在公司内部成立了相关机构，组建了人员班子，准备项目投资。

实地考察分析过后，最终我们以 400 万元人民币买了一口石油井，那时的基本设备比较简陋，是用柴油发电机抽油的。我们一开始很担心选井踩空，还好经过一段时间的抽取和调试，每天的抽油量基本可以达到 7—9 吨，产量比较稳定。石油行业的人可能比较了解，由于每口井所通的地层不同，地下压力也有很大不同，出油量更是有天地之差，很难说我们这口井出油量处于一个什么水平，按照当时我们的整体投入来看，效益还是可以的。

但经过一段时间的经营，我们最终还是放弃了这个产业。当时的顾虑也比较多。改革开放初期，该行业的具体操作仍然受到过多干预，例如在销售方面，我们没有自主销售和定价的权利，所有抽出的油要通过第三方销售，第三方还长期压低我们的价格，市场规则也不够明朗和规范。同时，我们也越来越了解到，石油这个行业是有潜力的，但是它的专业性也很强，公司组建的人员队伍专业性比较差，他们在技术和经营操作上都有很大欠缺，一时也难以改变。当然，最主要的原因在于，我们已经初步感受到当地对民营企业的排斥，民营企业无法与大的石油企业匹敌。于是，我们在进一步发展油井数量和全面退出石油业两个选择中，最终选择了后者。

2. 矿产考察之路

最开始接触矿业信息，也是同生意上的伙伴在闲聊中了解到的。2001 年宝盛宾馆开业后，我在企业和个人生意上建立的人脉圈开始逐渐打开，那时我认识一些矿产开发方面的人士，其中一个是开铜矿的老总。

他在闲聊中同我谈起现在矿产资源开发市场的情况，他个人对矿产市场比较了解，也有过较为深入的分析，他认为矿产作为一个基础性产业和基础性资源，其发展具有较强的稳定性和持续性，之后他又给我介绍了全国各地矿产开发的基本情况，谈到了当时几个重要矿产资源开采的经过。

事后，我对这个领域也做了一个初步的分析。我国是世界上疆域辽阔、成矿地质条件优越、矿种齐全配套、资源总量丰富的国家之一。改革开放多年来，我国矿业发展较为迅速，主要矿产品产量大幅度增长，已经跨入了世界矿产资源大国、能源生产大国和矿产品生产大国的行列，从矿产资源供给端上来讲，应该具有独到的优势。从需求角度看，在国内，矿产资源在一次能源消费中占有主导地位，因而对国民经济和社会发展具有特别重要的战略意义。矿产资源关系到国民经济安全和国家战略地位，在当前全球经济一体化和科技突飞猛进的时代，矿业发展的战略意义更加突出。从矿产的特性来看，它属于不可再生能源，本身存在稀缺价值。基于这样的分析，我们开始考虑进入矿产行业。

同其他行业一样，一开始我们也是对此一窍不通，于是我们买来矿产开发的书籍来学习，并外聘行业专家做顾问和指导。在对矿产行业有了一个初步的了解后，我们便开始考虑到外面进行实地考察。我们请来了安徽铜陵的矿业勘探专家李永忠带队，组建了一个考察团队，并在公司内部成立了矿业投资部门，在全国范围内进行信息搜索与实地考察。

我们的第一次考察是在云南和贵州地区。当时我们对如何勘探、如何采矿、如何选矿等没有一点实践经验，于是请了一位安徽铜陵铜矿的勘察专家一起出发考察。云贵地区的矿产资源都在偏僻的深山老林里，我记得我们第一次是到云南的红河州建水县，与建德一家矿业公司合作在那里进行现场勘探。当时我们整整开了 8 个小时的车，然后开始走山路。我们是沙地平原出身，对走山路没有经验，老是摔跤，经常不小心被带刺的树枝划破，好不容易翻过几重大山才来到深山里。当时我们采取槽沟探矿的方法进行勘探，但遗憾的是最终没有发现矿源。

后来有一次是去云南的昭通市勘探。我与徐总等一行三人开车前往，车子在山路上开到一半时，由于山路狭窄崎岖，不能再往上开了，于是我们只能丢下车子步行上山。当时已经是下午，我们走了一段山路后，天色越来越暗，人也筋疲力尽，三人只顾爬山，已累得说不出话，直到晚上七八点钟的时候，才爬到山顶，此时天已黑透。我们才发现其中一人与我俩走散了，在这黑漆漆的大森林里，我们着实感到焦虑和害怕。我们相互呼喊寻找，还好一个多小时后三人又走到了一起。我们商量着怎么下山走出森林，这时才发现我们所处的位置有多危险——面临悬崖、背对着重重的高山。我们对山路不熟悉，且此时天黑得伸手不见五指，我们商量着也只好先站在原地不动，待天蒙蒙发亮再寻路慢慢下山。谁知高山上夜里温度极低，我们被冻得直打哆嗦，想来还不如摸索着下山，也可以运动取暖。于是我们每走一步都先伸出手臂去探路，确定路面坚实且前方无悬崖和塌方，才敢前行。就这样，我们慢慢地走下山，终于安全到达了山脚，但是这次的考察也以失败告终，我们最终没找到矿产的迹象。

还有一次有趣的考察经历也是在深山里，那片山域大概位于贵州与云南昭通、四川交界处。这次我们吸取了上回的教训，一早就上山考察。经过一夜的养精蓄锐，我们仅一个上午就赶了不少山路，考察了几个地方。不知不觉时间已经到了中午，几个人饥肠辘辘，却发现由于出发时走得急，一点吃的都没带在身上。正在焦急之时，我们放眼望去，发现山上有很多新鲜的大胡桃和农民种的玉米，于是我们找了些树枝，搭了个火堆来烤玉米，不一会儿玉米便烤熟了，香味萦绕在我们周围，就这样我们吃了一顿原生态的午餐。正在休息之际，徐总发现在另一个山坡上有炊烟升起，估计是有人在此生活，我们抱着好奇心过去看。原来，这是山间的一户人家，家里有一对二十七八岁的小夫妻和一位年迈的母亲，以及3个小孩子。房子面积大概不到20平方米，是用黄泥堆起来的，里面基本没有什么家具，就连灶台都是用两块砖和一个锅搭起来的，院子里有一只黑乎乎的猪。这种生存状态我们还是第一次见到，即便是我年幼在党湾乡下过的穷苦生活，条件也要远远好于这里。我们同老人和小夫妻聊了一会天，最终在临走的时候给了他们一点现金，我们说给老人和孩子买点吃的，一家人十分感激。遗憾的是，我们在这里还是没有找到想要的矿产。

后来我们经人介绍还去了一次安徽铜陵，那里的山与云贵的山又有很大不同，山坡进去之后到处都是渠沟。在这里我们发现了矿井，但是下矿井考察时我们发现里面都是水，深度已经没过了膝盖，虽然我们在矿井里发现了矿产资源，但经专家论证后，我们认为这个矿井的水量太大，前期的抽水费用太高，成本核算不合理，基于这样的原因，我们最终还是没有买下这个矿井。

那几年，我们的矿产考察小组几乎跑遍了全国各地，考察的大大小小的矿井有100多个，不夸张地说，是行了万里路、走了千座山。矿井所在地区大多是深山老林，条件极其艰苦。我有慢性胃病，出差路上风餐露宿，饮食时间难以控制，伙食质量也只能以方便为准，有什么吃什么，云贵地区饮食口味偏辛辣，经常刺激肠胃，我也只能随口弄点最基本的素食来填饱肚子，胃病更是加重了。与我们同行考察的那些专家、同事也都吃了不少苦头。虽然由于专业性不足等原因，我们错过了很多优质的矿藏，但是通过这几年的实际考察，我们对于矿业领域从原来的一窍不通，到后来慢慢摸出门道，直至对所谓的勘探、选择、地下采矿、破碎、磨粉、选矿、精粉、标准合格率等一一掌握。因为只有自己了解掌握，才能真正有效地判断矿产情况。

3.收购鑫远矿业

前面提到，对于矿产投资，我们几年下来走过了千山万水，看了 100 多个矿井，却也是无从下手。在此过程中，机缘巧合，我结识了天台的矿老板许总，我们两人像朋友一样，很谈得来，日常联系往来较多。2007 年 3 月的一天，他突然打来电话，说在他的老家天台，有一个国有转制的矿产企业，让所有原职工参了股，因经营不善要转让，不过整体情况还不错，问我有没有兴趣实地勘探一下。听到这个消息后，我当即和他约定了考察日期。

几天后，我和分管投资的副总裁一起奔赴天台，经过 3 个小时左右的车程，我们便到达了目的地。该矿在天台县城城关镇近郊，矿域面积 1.15 平方公里。我们大致参观了矿山的基本面，并与许总和矿区人员做了充分的交流，我大致了解了该矿的一些情况。该公司建矿始于 1983 年，2002 年通过了改制，成立了天台县鑫远矿业有限公司。公司成立 5 年来，由于改制不够深入、股权分散等各种弊病，吃"大锅饭"现象严重，难于管理，同时也暴露出诸多安全隐患，而企业投资改造又缺乏相应的资金，整个矿山处于半停产状态。

了解到这些情况后，我们向矿区要了一些资料。这些年矿产考察的经历，也使我在矿产领域积累了一些人脉。我在天台便将矿山的情况和资料拿给一些专家看，请他们从专业的角度为我把关。恰好其中有一个专家参与过矿山探矿，对这个矿的地下资源有所了解。他认为这个矿山还是有潜力的。

之后我们组织团队对整个矿区进行了初步探查，发现作为老矿山，其整个企业基础还是比较好的，各类生产设备仍能良好运转，各种设施的配备、安全措施的保障比较到位，进入各矿点的道路畅通。更为重要的是，该矿虽说建矿至今已历经 20 年的开发，但仍保留着一定的矿产资源。

前些年我们也去过云南、安徽、辽宁等地的不少矿区进行考察，这些矿基本上深处山野，出入交通十分不便，偶尔遇到交通条件稍好的，现场生产条件又极不成熟，且未进行过任何生产，前期需较大的资金投入，有些甚至除最基本的文件资料外，各类证件都不齐全。而鑫远矿业不仅具备直接生产的条件，它的交通条件还非常便利，矿区有专线公路与 104 国道相接，经 104 国道或上三高速行驶 128 公里至杭甬铁路曹娥火车站，可与全国铁路网连接。同时，它位于浙江省内，离萧山也就 3 个小时车程，非常便于今后管理。可以说，鑫远矿山是我看过的综合条件最好、最符合我心意的矿。

回到萧山后不久，我便打电话给远在安徽的华远矿业总工程师李永忠，让他来杭州和我一起再次赴天台考察。我们到达天台后，先查了该矿的有关资料。之后李永忠根据对方提供的有关数据资料，结合实地勘察数据，对该矿的各类技术指标进行了分析，并就相关经济指标做了测算，最终得出的结果令人满意。经过分析鉴定和权衡，我决定收购该矿山。

接下来，便是谈判和股权收购的过程。4 月 4 日，鑫远方代表来萧山宝盛宾馆与我们就矿业转让一事进行磋商。经过一个晚上的商谈，对方同意由我们控股该矿，承诺转让股权不低于 51%，并明确了存货债权债务、现有固定资产、房屋设备的归属权等事宜。双方达成了初步协议，并在会议备忘上签署了名字。

之后就是股权转让工作。鑫远矿业改制前为国有企业，大部分股权在地方政府，小部分股权属于北京的一家国有企业——北京鑫达金银开发中心。2002 年企业改制后，除国有北京鑫达金银开发中心持有的部分股权外，其余大部分股份散落在当地 80 多名矿民手中，这意味着转让股份要与 80 多人一一商谈，并签署单独协议，这确实是一件麻烦的事情。我一连多天同原来的小股东交流沟通，他们反反复复提出各种条件，搞得我相当头痛。随行的工作人员劝我干脆放弃算了，再另寻良矿。但是考虑到这个矿资源确实不错，我心里不想错过这个机会。最后我们坚持和矿民沟通协调，将股份一个个收购过来，整个过程前前后后的会议就开了几十次，最终成功签订了转让协议，完成了与矿民们的股权转让工作，转让后宝盛为控股方，占总股权的7成。

5月14日，我同许法勇等人到北京与北京鑫达金银开发中心的3位高层召开会议，就鑫远矿业组织机构设置、下一步工作等进行商定。会议初步拟定董事会设5人，监事会设4人，由我担任董事长，由许法勇任总经理兼法人代表，下设3个副总分管生产、财务行政、供应销售，并对公司注册资本进行大幅增资。5月23日，转让后的天台县鑫远矿业有限公司召开首次董事会，正式选定各董事、监事，任命企业领导班子，并下达了2007年的生产目标。

至此，天台鑫远银铅锌矿的控股收购终于顺利完成。经过2个多月的前期准备和设备整顿，2007年8月1日，随着隆隆的机器声渐渐响起，半停产多年的鑫远矿业终于恢复了生产，宝盛也真正实现了踏入矿产行业的发展梦。

通过这件事我也在想，人在社会上一定要广交朋友，多积累人脉资源，要善于起用专业的人来做专业的事，如果没有朋友介绍，没有诸多专家、友人帮我在专业上把好关，天台这个资源潜力大、路途方便、效益不错的项目就不会被宝盛收购，也许到今天我们仍在寻矿中。

当然，在同商界各色人员的接触中，一方面要真诚对待，一方面也要谨慎处理一些情况。在2007年底，一个与我认识多年的朋友邀请我一同去印尼合伙投资矿产项目，当时他将前景描绘得非常好，我们又恰好想在矿业上有所发展，经过分析我们认为项目可行，便答应出资合作。哪知事实上他是拿着我们的钱投到了自己的矿上，后来我到印尼考察，才识破了他的骗局。在追债时，此人还千方百计拖延还款，最终我们走了很多地方才找到了他，并取消了与他的合作，将钱追了回来。

4. 赴印尼和缅甸考察矿产资源

2008 年 5 月初，我和分管投资的副总受印尼官方大使馆邀请，赴印尼进行为期近20天的矿产资源考察。我们在印尼首都雅加达参加了他们组织的招商会，会议结束后便在印尼的群岛上进行考察。我还清楚地记得，在印尼考察的时候，我们听到了国内四川大地震的消息，深感震惊、难过。

印尼的矿产资源非常丰富，价格又低得惊人，虽说中国国内资源也不差，但绝大多数已遭开采，而且竞争激烈，偶尔出现一些优质矿产便引来多家企业的争抢，最后真正成交的价格往往不是一般企业所能承受的。因此，这次来印尼考察，我们也是在寻找一个投资优质矿藏的机会。

在考察过程中，最令人印象深刻的是当地的交通环境。印尼号称千岛之国，整个国家分布着上万个岛屿，飞机是各个地区间出行的重要工具，稍具规模的岛均建有机场。虽然称之为机场，其实面积比国内的汽车站大不了多少，机场设施非常简易，飞机也很小，一般只能载数十人。而在岛上使用的交通工具便是汽车，印尼的公路按照国内的标准来分，或许连村级公路都算不上，道路狭窄且崎岖不平，100 多公里的路程往往要开上三四个小时，许多地区非常落后，要进村只能徒步。在印尼考察的 20 多天里，我们大半时间都花在了路上，这让我充分领会到"要想富，先修路"这句话的深刻含义。这几天考察行程过后，我已经初步感受到，虽然印尼拥有富饶的资源，但许多地方受交通和周边环境所限，根本不具备开发条件，只能让投资方望而却步。

在印尼考察时还发生了一个小插曲。印尼的卖矿老板不是很诚实，在我们去考察之前，他们会挖好一个个坑，在上面放些矿石来作假。我们已经是考察了100多家矿山的团队了，积累的相关经验足以识破他们的这些陷阱。总的来说，在印尼的考察没有达到预想的目标。

同时，这次行程也对我的健康造成了一定影响。去印尼之前，我的健康状况还不错，但到了当地后由于饮食的不适应、长期的旅途奔波、截然不同的气候环境，我的失眠症又严重起来，晚上吃几颗安眠药都不能让我入睡。这样的情况持续了10多天，整个人已经筋疲力尽。回国后我立刻去中医院治疗，连吃了8个月中药，才调理好身体。在印尼考察期间有个有趣的小故事。当时我们住在印尼宾馆，宾馆饮食都是印尼本地的食物，我们吃不惯，特别想吃米饭，但是无法向服务员表达出我们的意愿。于是，我们就在整个大厅里观察，看是否有其他客人在食用米饭，有的话我们就可以向服务员指出，但是一连好几天我们也没有发现有人吃米饭。后来我们慢慢通过手语与服务员进行简单的交流，表明我们是中国的客人，服务员心领神会，从厨房叫了一个香港的厨师。于是，我们向香港厨师表明了我们的意愿，没想到他们这里还真的有米饭，最终我们如愿以偿地吃到了米饭。我还记得印尼人把米饭叫作"纳斯"。

缅甸是我们在国外考察矿产的第二站。当时我们得到的消息是，在缅甸仰光有一个经营金矿的老板，想与国内老板合作。我们从云南乘飞机到仰光，我记得那个飞机很小，只能容纳30多个人，下了飞机后，车子要开整整一天才到达金矿。经过初步考察，这个矿的资源有是有，但是已经被开采得差不多了，潜力不大，如果要在周边重新找矿源，我们就要另付大概 3000 万元。

当时我是穿着雨衣，戴着安全帽，穿着长靴下井对井道、矿源进行仔细考察的，出来后老板的妻子就同我们讲，非常希望同我们合作。原来她的丈夫曾在山东省地矿局工作，夫妻俩在矿产业摸爬滚打多年，见过的人多了，但是从未见过一个自己下矿考察的企业老总，因为老总一般都会吩咐他的管理层或是有关专业人员下去。她说我这样身价的人，可以不顾脏乱和危险，自己下去勘探矿产，令她十分敬佩，同这样的人合作，结果一定不会差。

在这次考察中，我们真正看到从矿产开采到矿产精选的全过程。通过几种化学反应，用锅来烧矿，最终可以炼出金块。我们回程时这位老板就带了几块金块到仰光市场出售。

考察过程中，这位老板给了我们每个人一块布，是缅甸的传统服饰——筒裙，统称“笼基”。他亲自教我们如何穿戴：先把布卷起来，在正面用结子束住后直接在腹部打结，不系任何腰带，就算是完成了穿戴，十分有趣。

我们去考察的时候正好赶上缅甸的政治风波，外国势力对缅甸进行制裁。因此，对于这个项目，我们感觉政治风险太大，最终没有收购合作。但我们与老板夫妻俩聊得非常投缘，后来也成为很好的朋友，他们几次到国内，都来萧山找我聚聚。有时候我们拿出真心实意去对待客户，哪怕生意做不成，也能得到他们的敬佩并收获真正的友情。

第十五章

走出国门

1. 在美注册公司

走出国门，是我多年以来的心愿。自 20 世纪 80 年代以来，我们企业发展的脚步从未停止，从最初的杭州地区，到周边宁波、绍兴、嘉兴等地，再到全省及上海，直至后来的遍及全国各省。我们未来的目标，就是走出国门，拓展海外市场。早在 2004 年，我就随中国水泥协会代表团赴越南进行交流访问，对当地的水泥生产线施工情况进行了考察，为今后在适当时机促进建筑产业的国外业务承接做基础准备工作。2008 年，我与公司投资副总裁姚总赴印尼进行了为期半个多月的实地市场考察，了解了当地的自然环境和人文环境，以及资源投资情况，参观了同行在印尼的投资项目。在此期间我们参加了各类会议，也带回了部分符合我们实际的投资项目信息，但这些项目最终由于种种原因未果。

2010 年，金融危机过后，随着政策刺激，各行业项目轮番上马，已出现不理性态势，市场供需逐渐失衡。我意识到我们所涉及的各类产业可能会出现供大于求的局面，迫切需要进行转型和升级，去境外寻求产能释放口和转型突破口是一条可行的路子。恰巧在一年前，我在机缘巧合下认识了一位美籍华商，她有意与我们在美国合作投资项目。在多次接触后，2009年我派酒店集团的来振里、王朝阳和沈斌峰三人去实地考察。通过对多个项目的筛选和可行性分析研究，最终我们在休斯敦选定了一个意向性项目——酒店地产项目。之后，我又与公司相关高层赴美国休斯敦进行了多轮实地考察，回来后又经过反复调研和论证，最终决定在美投资。于是，2010年我们注册成立了宝盛美国休斯敦公司，并确定沈雪峰为公司董事长，王朝阳为公司总经理。在办理好相关手续后，他便赴美开展工作了。但当初选定的酒店地产项目，由于种种原因，进展不是非常顺利，王朝阳在继续做好项目有关工作的同时，也在当地进行多方面的投资项目考察。

2. 涉猎医疗配套项目

在美国注册了自己的公司后，接收美国市场行业信息便越来越便利了。从2010年开始，我常常往返中美两地，参加美国地区的一些行业交流会和各类会展等，这使我在接收世界最前沿的商业信息方面大受裨益。2012年左右，我到美国参加了两个会展，一个是酒店行业的会展，一个是休斯敦石油会展。在这期间，我的一种冷过敏的症状又开始出现。说来这也是一个伴随我多年的疾病了，即一遇冷，比如阴雨天气或者是室内空调温度较低时，我就有些气喘难耐。以前在国内遇到这种情况，通常是到医院开些临时应对的药物顶过去，但治标不治本。这次刚好人在美国，公司的人员劝我到当地的医院好好检查一下。

那天到了医院后，美国医生先是让我填了14张表格，里面涵盖了各种问题。

表格填好后，护士又与我就病情交流了很久，这时他们已经对我的身体整体情况和发病的来龙去脉有了比较全面的了解。最后，医生出来与我交谈了半个多小时，之后他便提出我需要做几项基本的检查。他将我带到一个小房间，我放眼望去，这里竟然布满了各种检查仪器和设备，我问医生："就在这里检查吗？"医生说："当然了。"于是，就在这个小房间里，用了很短的时间，我完成了所有应该做的身体检查。

医生看到检查结果后，很简单地对我说："你需要吃90颗药，这90颗药，一方面是帮助你暂时缓解症状，另一方面是慢慢调理身体，达到根治的目的。"同时，他提到会在我吃完这些药物时打电话询问治疗情况。在这次治疗过程中，美国医院优质的医疗服务设施，医生专业的治疗态度，让我有了很大的感触。在这期间，我托人联系了一些美国的医院，想通过参观交流，进一步了解美国的整体医疗情况。通过这些交流接触，我感到美国医院的医疗设备和技术确实比我们要先进不少，更为重要的是他们在诊疗时可以做到对病人情况有全面、深入的了解。另外，在药物方面，药品通常在研发国使用多年后才出口到其他国家，也就是说在美国研发的药品，通常要领先国内3—5年。

基于这样的情况，我在与他们交流时，试图同他们探讨来中国成立并发展医疗中心的问题。我将国内医疗情况以及大量的高质医疗需求告诉他们，他们对这样的提议也很感兴趣，后来他们请来了医院国际部的负责人同我进一步洽谈。我们初步商定，先邀请他们的专家和领导到中国做一次养生保健方面的学术讲座。前期我们进行了充分对接，大概2个月后，我们在萧山成功举办了一个千人医疗讲座，由美国专家宣讲现代医疗的理念、思路和方法，收到了非常好的现场效果。这次讲座应该说基本是公益性质的，对于企业来说，仅仅收了一点中介费，而这点中介费是完全不能弥补我们整个讲座30万元的成本的。其实，我办这样一场讲座的初衷也是想让人们更加重视健康养生，这也是对社会的一种回馈。

但是从企业发展角度来说，我的确从这里看到一个新的机遇。国内居民收入水平不断提高，特别是东南沿海一带先富起来的家庭，已经越来越重视健康保健问题。中国人向来在事业上具有"拼命三郎"的精神，同我一样，长期奔波劳累的20世纪五六十年代出生的那一代人，已经渐渐步入中老年，身体透支，各种疾病长期困扰着他们。国内医疗和国外医疗在技术、手段和理念上均有一定的差异，让国内大量具有更加优质医疗需求的群体接触到国外的医疗服务，这对国内的医疗服务也是一种竞争、促进，我认为这是一个非常有前景的发展领域。另外，这也同样具有一定的公益性质，很多在国内难治的病，可以通过一些渠道在国外接受不同方式的治疗，或许会取得更好的治疗效果，这也是一项对社会非常有意义的事业。

基于这样的考虑，我开始谋划建立一个医疗服务公司，借助我们当前掌握的医疗资源，打造一个中美医疗信息服务沟通的中介和桥梁，为国内大量需要到国外治病和保健的人群提供一个安全、有效、便捷的渠道，同时将国外各种前沿医疗信息传达到国内，促进国内医疗界的发展。一切筹备就绪后，2013年1月，涵翔医疗公司正式成立。在中美双方团队的共同努力下，公司和10多家美国医院开展了合作。公司运营一段时间后，凭借其优质的服务、高效的运作和过硬的医疗质量迅速打开了区域市场。

在此背景下，2014年5月下旬，我前往美国对这个项目做进一步深入考察。当时我们访问了世界最大的癌症中心MD安德森癌症中心，并与院方高层进行了深入交流，仔细分析了中美医疗差异，赴美就医前景，以及安德森癌症中心的就医现状。考察过后，我更加坚定了在这一领域继续发展的决心。我考虑进一步加强与安德森癌症中心及其他世界知名医院的合作，但是究竟以什么形式实现更好的合作，当时我还没有一个明确的想法。

随着赴美就医人员的增多，大量病患及家属的住宿和餐饮需求越来越迫切，而宝盛本身在酒店餐饮方面具有成熟完备的经营经验，于是，在美建设一个医疗配套住宿酒店，为前往安德森癌症中心就医的病患及家属提供住宿、餐饮等服务的这个念头便出现在了我的脑海里。

具备这个初步设想后，我回到国内，立即组织公司负责酒店运营、策划、设计、预算等的专业人员进行商讨，在详细剖析了项目可行性后，我决定让他们组成考察团前往美国进行详细论证，对美国项目投资的有关法律法规、融资要求、策划设计、基建模式、装修风格等开展考察。作为公司的负责人，我必须努力保证公司投资的正确性。在赴美团队历时半个月的考察和美国公司同事的不懈努力下，项目可行性报告最终出炉，公司正式决定开启第一个国外重大投资项目。我们在距离安德森医院200米处购置了土地，计划总投资3.5亿元人民币，建设约3.72万平方米的医疗配套住宿酒店。该配套项目将涵盖住宿、饮食、健康管理等多项功能业态，将进一步完善赴美就医平台，为国内赴美就医患者及家属提供更好的配套服务。2022年该酒店正式建成运营，让美国有了中国风格、中国元素的酒店，让中国文化进入美国，深受美国民间的认可。至此，宝盛的首个国外重大投资项目在美国休斯敦登陆，成为宝盛融入国际化发展的一个重要里程碑。

3. 进军红酒贸易

除了医疗配套服务，我们也在依托美国公司，不断寻找和探索新的业务领域，那些年我也多次去美国进行了考察。2011年中，我们最终选定红酒总代理作为美国公司新的拓展业务。

选择做红酒贸易，我们主要是基于下面几点考虑。一方面红酒市场这几年在国内拓展较快，大家对喝红酒的认可度越来越高，无论是商务活动、普通宴请、家庭聚餐还是日常居家用餐，红酒都是必备品，市场潜力巨大。

在这种情况下，为保证酒店用酒的安全和品质，同时进一步在国内拓展红酒市场，我们考虑在美国纳帕谷寻找合作代理酒庄，从美国原瓶原装进口葡萄酒。

我们选择做美国葡萄酒，也许很多人都有疑问，因为在国内大家熟知的都是法国等地的葡萄酒。其实，红酒有"旧世界"和"新世界"之分，"旧世界"与"新世界"葡萄酒最早是从酿酒历史上区分的。"旧世界"主要指法国、意大利、西班牙等有着几百年历史的传统葡萄酒酿造国家。而"新世界"则指美国、加拿大、阿根廷、澳大利亚等新兴的葡萄酒酿造国家。而作为"新世界"红酒代表的美国红酒在口感和品质上并不输于欧洲红酒，且美国对于红酒质量的把控十分严格，品质和进货源有保证，能满足消费者的不同需求。

从具体产地上来看，纳帕谷是美国加利福尼亚州圣弗朗西斯科第一个跻身世界级的葡萄酒产地，享有世上最慷慨的阳光和最上乘的红酒。得天独厚的地理条件、宁静的田园风光、各地一流的酿酒师均汇聚于此，赋予纳帕谷红酒迷人的魅力。值得一提的是，姚明葡萄酒自推出以来，在市场上大受欢迎，供不应求，而姚明葡萄酒也来自纳帕谷。加利福尼亚州纳帕谷的葡萄酒，在美国乃至全世界都是非常畅销的。

葡萄酒窖

在酒的选择方面，我们聘请了美国的世界红酒大师进行指导，并组织有关人员进行品鉴，为了使酒的品质和口感适应国内的需求，我们还进行了国内行业考评推荐，最终从美国引进产自纳帕谷的几大酒庄的原瓶葡萄酒在中国做总代理。国内红酒的销售工作我交由公司贸易部负责，销售渠道主要分贸易部对外开拓和旗下酒店内部销售两个途径。在对内方面，我们于2012年初对旗下各酒店相关员工进行了葡萄酒知识专项培训，在美国，我们聘请酒庄首席酿酒师普及红酒基本知识，并讲解和演示酒店员工在红酒方面的具体操作方法，通过视频的方式传输到国内。培训后，旗下各酒店开始全面销售美国红酒。

同时，我也在考虑如何在国内拓展代理红酒的知名度，毕竟美国红酒在国内的影响力正处于逐步扩大阶段，而像姚明葡萄酒，他的名字就是一块金字招牌，不用过多宣传人们就已熟知。经过几个晚上的深思熟虑，我决定先从举办品鉴会入手，旨在为社会各界提供亲身体验"新世界"美国加利福尼亚州纳帕谷红葡萄酒佳酿的机会。

品鉴会之后，我又趁热打铁，在水博园大酒店举办世界葡萄酒大师专业品酒师、侍酒师认证课程培训班。培训邀请美国葡萄酒大师帝姆·汉尼（Tim Hanni）首次莅临杭州，带队担任专业认证班首席讲师，并与美国葡萄酒文化教育协会联合颁发品酒师、侍酒师专业证书。培训课程包括葡萄酒文化、礼仪、鉴赏、产品背景等系列内容。此次培训班的近百名学员是来自全国各地的葡萄酒专业贸易商和爱好红酒的企业家。为期三天的培训活动，效果非常好，汉尼教授的现场授课将这些原本就有基础的学员带入了更为广阔的专业领域，让他们对葡萄酒的认知更为深入。通过举办培训班，我们拥有了一个与业内外人士接触和交流的平台，初步进入了葡萄酒的业内圈子，也使他们逐渐了解了宝盛的红酒品牌。此后，我们每隔一段时间便举办一次培训班，争取吸引更多的业内外人士前来学习与交流。

帝姆·汉尼是美国最早获得全球酒业最高荣誉头衔"葡萄酒大师"头衔的两位美国人之一，1990年在英国伦敦通过严格考核，成为世界最高级的葡萄酒专家、品酒大师，在世界葡萄酒界名声显赫。他是美国葡萄酒文化教育协会、红酒教育协会资格认证的资深教育家，也是美国烹饪学院的客座教授，专门教授和颁发美国葡萄酒系列资格证书，也是第一个在互联网教授国际酒业教育课程的教授和获得国际葡萄酒教育家协会（Society of Wine Educators，SWE）认证的葡萄酒教育家。现任英国伦敦汉尼教授红酒大师协会执行理事会委员、北美葡萄酒大师协会董事会成员、美国加利福尼亚州纳帕调味品公司执行总裁、美国加利福尼亚州罗蒂国际品酒赛主任，是享有国际声誉的品酒专家。帝姆·汉尼是美食与佳肴的搭配艺术家，一直致力于葡萄酒与美食的搭配业务、教育和研究，对美酒与佳肴的搭配拥有独特见解，可提供现代和具有创新性的搭配方案，还提出了平衡葡萄酒与食物味道的烹饪理论。此外，他还向葡萄酒与佳肴领域引进了"umami"味觉理念（umami 是食物的五大基本味觉之一）。截至 2023 年，帝姆·汉尼已在全球 27 个国家就味道平衡、感官学、葡萄酒和烹饪历史等主题进行演讲。2008 年，汉尼教授被《华尔街日报》推选为美国顶级的葡萄酒专家。2012 年，汉尼教授入选美国葡萄酒行业"100 位最具有影响力的杰出人物"。

葡萄酒大师帝姆·汉尼

第十六章

信息化、网络化与管理

1. 全面推进信息化管理

我从未想过，我们的企业也会踏入信息化的门槛。然而，它确确实实来临了，这可以说是乡镇企业前世今生的转折点。所谓企业信息化，就是企业在整个生产和运营管理过程中，利用信息技术手段来提升自身管理水平的过程。在这一过程中，企业通过引进先进的信息技术和管理手段去整合企业现有的经营、管理、销售、设计、制造等内容，及时地为企业的决策系统提供准确的数据信息以供决策参考，以便对需求做出迅速的反应，其本质作用是提高管理水平、加强企业的"核心竞争力"。

对于信息化建设，我是一个门外汉。但是说实话，从很早的时候起，在企业经营管理的过程中，我就已经开始意识到通信网络设施的必要性和重要性。当时我已经50多岁，但是我从不认为"信息化"这东西仅仅是年轻人的玩意儿。信息化是企业走向现代化的必经之路，是大势所趋，这是毋庸置疑的。

早在20世纪90年代，公司总部还在梅西的时候，我便已经意识到信息化是公司实现有效管理管控的重要方法。那个时候我本人及整个管理层在梅西办公，而项目工地分布在全国各地，每次都到实地进行工程监控是不现实的。当时最为高效便捷的沟通方法便是打电话，那时的通信网络设备主要通过电信公司安装，总体收费价格比较昂贵，但为确保项目工期管控、关键节点管控、品质管控、质量管控、材料管控等各环节万无一失，我仍然要求各管控部门每天通过电话及时向我汇报工期进展、关键节点和关键技术实施情况。

2000年以后，随着企业的发展，产业不断拓展，员工越来越多，我越来越意识到没有一个得力的信息化网络工具，企业的管理将寸步难行。这个时候，宝盛的项目更加点多面广，城市、乡村，平原、山区，到处都有我们的工地，到处都有我们的员工，管理半径迅速扩大。在此背景下，如何保持集团管控能力，扫除管理空白和死角成为一个难题，特别是宝盛集团成立后，管理层次进一步增加，管理链条拉长，信息的通达性更显重要。这个时候，我开始思考如何建立一个信息平台，通过这个平台解决总部和子公司、项目部之间的信息沟通问题，使各个层面能在同一时间获取相关信息，并迅速进行决策和反馈，从而提高企业运转效率。同时，信息化网络也是现代企业制度中的重要建设内容，在建筑领域，当时建设部规定，信息化是企业升级特级资质的必要条件。

在此之后，我开始真正系统地推进企业的信息化建设。2001年宝盛宾馆投入运营，我特地请专业人士设计安装了内部信息化监控设施，可以通过电脑接收实时信息反馈。我要求宾馆弱电部门在我的办公室安置了监控设备，这样，我可以坐在办公室随时切换各个页面，实时查看酒店预订情况、运营情况等，对管理起到了解和督促的作用。当然，那时的信息监控系统还比较简单，有很多不完善的地方，这几年，信息化发展速度特别快，我们也在根据实际需要，不断更新完善宾馆的信息化网络。

2006 年，我们从市场上了解到，当时有一种远程的会议系统，可以通过实时视频召开异地会议。我咨询了专业人士，委托了一家专业的公司，花费 30 多万元建立起了覆盖公司各个远程点的会议系统。自此，全国各个分公司和项目基地，都可以通过远程会议系统召开视频会议，及时沟通、传达、讨论、解决以及反馈问题，管理效率大幅提高，时间和资金成本大幅降低。

2007 年，我们了解到市场上有一种专门针对建筑业管理的网络信息化管理系统，于是我们先对建设部的信息系统做了了解，得知当前这个系统利用得最好的单位是江苏中南建设集团，于是我们组团到中南建设集团，对他们的信息系统计划管理进行实地考察。我们发现这个系统可以集中处理每个工程的所有信息，可以实时全面查看进度。看过之后，我们切实感到这正是我们所需要的信息化管理系统。回来后，我们便依托专业人士，抓紧时间构建自己的系统。当时我们在建筑行业信息化管理建设中走在全国前列，2014 年全国实时信息管理系统推广会议在水博园召开，公司的信息部门在会议上对我们的系统进行了讲解和推广。

经过这么多年的信息化建设，我对企业信息化的认识也与之前有所不同，我认为信息化建设绝不是买一套软件、上一个系统那么简单。信息化建设自然需要投入，而且是耗资可观的投入，一旦开始，便需要持续地投入。它更是一个对企业预期的投入，除了资金，更需要全员素质的提高。它牵涉企业流程的优化完善，牵涉企业各个层面、各个部门。信息化是要实现我们整个公司的精细化管理，在提高工作效率的同时，提升我们的管理能力，这种管理能力更多的是事有所查、事可分析，不再单凭过去的经验或一些不全面的数据去做判断。

2009 年 6 月 27 日，股份公司召开信息化启动大会，股份公司全面实施信息化管理。我向所有员工讲解了信息化建设的必要性和信息化的内在含义，让员工对企业信息化有一个大致的了解，同时针对企业信息化建设，对员工提出了一定的要求，我希望员工努力学习新知识和新技能，不光是对信息系统应用的学习，更要通过此次机会在自身业务上有一个新的提升和进步。我也告诉员工，这是一个浩大的工程，是对传统工作习惯的一个彻底改革和转变，是一次管理革命，在实际操作中我们会有很多不习惯，遭遇很多困难，不要急于求成，要脚踏实地一步一步来，先将系统跑起来，运行起来，在逐渐地改变我们的操作习惯之后，再结合我们的业务合理地提升应用。同时，为保障信息系统持续有效地实施和运行，保证各项数据真实客观地形成以及传递，我们要配套出台相应的考核办法，明确职责，奖罚分明，我督促员工贵在学习，认真对待，切实参与到提高公司管理水平及效率的过程中来。

2. 开启网络销售

网络信息化时代的来临，不断改变着原有的商业模式。特别是在酒店业、旅游业等服务行业中，信息和互联网带来的重大变革正在发生，如果说这是一场革命，也不为过。"春江水暖鸭先知"，我们早就感受到了网络在营销上的巨大作用。早在 2008 年左右，宾馆、酒店就已逐步开始探索网络售房，经过五六年的市场培育，网络销售已进入快速发展期，宾馆、酒店的网络销售额由前几年的几万元增长至现在的上千万元。

在此背景下，我们进一步加强了与第三方网站的合作渠道拓展，除宝盛宾馆外，山东肥城宝盛大酒店以及水博园大酒店也陆续开启网络销售，2011 年宝盛旗下所有酒店全面与各在线旅游服务商（Online Travel Agency, OTA） 开展合作。在线旅游服务商的核心模式是旅游中介服务，为消费者提供一站式、全方位的旅行服务，其盈利模式主要来自代理佣金和服务增值，当时国内 OTA 市场的龙头平台主要是携程、艺龙、同程等网站，宝盛旗下的酒店均在这些主要网络平台进行销售。水博园大酒店开业后，我们整合酒店内部资源和周边的景点资源，以组合套餐的形式在携程、同程等第三方网站打包售卖，市场反应异常火爆，最终订房中心当年实现销售额近 500 万元。

虽然与第三方平台合作取得了比较好的效果，但是通过市场考察，我们了解到大型的酒店集团除了与第三方平台合作外，均有自己的网络预订平台。我与信息部商议考虑也建立我们自己的酒店销售网络平台，于是我们立即与一些知名的专业软件公司联络，探讨合作事宜。但是，原来同我们有业务合作的软件公司都劝我们暂不做这一块，一方面这个平台投入较大，初步估算需要 200 万元的费用，另一方面我们集团旗下当时只有两三家酒店，客房数量不多，总体算下来无法形成规模效应。但是我始终认为，眼光要放远，网络销售是未来的一个必然趋势，是我们酒店能否快速扩张和占领市场的关键，建立平台的费用虽高，但是这个费用毕竟是有限的，平台建立起来后，给企业日后客房销售和品牌营销带来的机遇是无限的，与其到迫不得已的时候再上马，不如未雨绸缪，在与我们相同规模的酒店还没有意识到要建立自己的销售平台时，我们先人一步，走在其他酒店的前面。2015 年，政府提出"互联网＋"相关政策举措，正与我们当时加快推进酒店业网络销售的思路相一致，说明我们当时的很多意识是超前的。

在我的坚持下，我们开始建立自己的网络销售平台，旅业集团在 2012 年成立中央订房中心，实现旗下酒店统一的网络订房，并于 2012 年底投入几百万元，完成中央预订系统（Central Reservation System，CRS）的上线。所谓的 CRS，主要指集团饭店所采用的，由集团成员共享的预订网络，它使酒店集团利用中央数据库管理旗下酒店房源、房价、促销等信息，并同其他旅游分销系统——全球分销系统（Global Distribution System，GDS）和互联网分销商（Internet Distribution System，IDS）连接，使成员酒店能在全球范围实现及时预订。CRS 同时为酒店集团其他营销及管理活动提供数据平台，如常客计划、捆绑促销、企业销售、电子营销等，同时有效地管理常客会员营销，使集团内部资源可交叉销售。总之，这是一个酒店营销运行的一体化解决方案。

同时，在 CRS 中，我们可以根据宝盛的实际情况，将不同的产品组合打包，向市场进行推销，通过 CRS 平台，酒店网络预订较为理想。就连当初不赞成我们搞自己预订平台的软件公司，也不得不认同了我当初的想法。

3. 实施三效管理

业务拓展加快，管理层级增多，企业员工人数大幅增长后，提升公司内部管理就成为当时要重点解决和突破的难题，我们考察了相当一部分大型企业集团的内部管理情况，决定采取三效管理模式。

所谓三效管理，它是一种比企业常说的五常、六常管理更为深化的管理模式。三效管理针对现场管理尤其是现场基础管理，强调天天整理、事事规范、人人自律，提高物的使用效能、人的工作效率、企业的经济和社会效益，从而实现企业在安全、卫生、品质、效益、形象等五大目标上的全面提升。

　　宝盛宾馆最早导入三效管理，经过为期 6 个月的按阶段实施，最终正式通过评估验收。之后，公司旗下山东宝盛大酒店也实施此项管理模式。从这两家单位的实施情况看，三效管理效果明显，现场环境得到有效改善，各类物资物料有序摆放，工作效率进一步提高，整体办公环境井然有序。

　　为此，2009 年初，我决定在整个集团全面推广三效管理。当时集团除酒店业外，还涉及建筑和房产等传统产业，其工作环境和员工素质与酒店业差异甚大，刚开始，不少人对能否有效实施三效管理持怀疑态度。但是，由于领导层的高度重视和三效管理实施小组的坚持贯彻，三效管理逐渐取得成效。特别是在公司的重点投资项目——宝盛水博园大酒店项目部，更是效果明显。

　　宝盛水博园大酒店作为公司投资并自行建设的首家五星级标准度假酒店，项目起点高，要求严，以确保获得"浙江省建筑工程钱江杯（优质工程）"，争创"国家优质工程"为目标。在确定实施三效管理后，水博园筹建项目部就决定以此为契机，强化施工管理，提高现场文明和双标化程度。

　　2009 年初，水博园项目部着手实施三效管理，成立领导小组和各专业实施小组，明确分工，强化责任。项目一经开展，筹建项目部员工便积极投入环境整理、现场清洁、标识设计等"三效"现场工作中，现场环境得到了很大的改善。样板部门较好甚至超额完成了预计工作任务，特别是仓库，在第一阶段中一边学习一边实施，在循序渐进中行"三效"：各类物资分门别类摆放，标识清晰，一目了然，通过一张张小纸片，一个个简洁的指示说明，建立起有序的仓库管理制度，使积存物品大大减少，积压原材料资金也相对减少。

　　有了良好的开端后，项目部还经常组织内部审查，各部门设立自审小组，制定并改善三效管理制度，进而建立覆盖全员的责任人制度，各部门、各岗位分工合作，责任分明。同时项目部实施全方位的检查、整改，对厨房天花板、风口、油烟罩、外围垃圾场等死角彻底清扫，使工作场所光洁明亮。通过反复执行正确的操作而形成的良好行为规范，使员工养成讲秩序、爱清洁、负责任的习惯，也在不知不觉中提高了施工文明程度和工作质量。

三效管理的实施，以及同步的系统培训，使项目部发现了以前在管理上存在的误区和不足，并在执行过程中做出了改善。三效管理的实施，也大大促进了空间使用与人力资源的应用，减少了不必要的资源浪费，同时也大幅度提高了项目部的整体管理水平，为创优创杯奠定了坚实的基础。

水博园项目部是宝盛推进三效管理的一个缩影，虽然集团大部分公司当时仍处于实施中期，但在此期间出现的变化显而易见，三效管理真正完成后的成效亦不言而喻。以宝盛宾馆为例，2008 年宾馆用水用电总量比实施前的 2007 年下降了 8%，实际能耗明显低于既定指标，易耗品节支数十万元，财务盘点时间缩短 2/3，真正实现了效能、效率和效益的统一。

4. 成立宝盛管理学院

近年来，公司发展步伐加快，随着集团建筑、房产、酒店等各项业务拓展持续展开，特别是"酒店管理一站式服务"模式在全国各地的推广，公司管理人才的匮乏已成为制约市场拓展的最大因素。新项目的开发、新的管理模式及市场经济的快速变化，对企业管理和项目管理提出了更高的要求，现有的管理者资源，无论是素质上，还是数量上，均已跟不上企业发展的需求，企业迫切需要大量高素质、有效管理者的充实。

这些管理者缺口如何补充？大量的管理人才从哪里来？这段时间，强化企业的人才储备成为我心里的头等大事。我首先考虑的是引进人才，可是短时期、少量的人才是可以通过引进方式来满足需求的，但是从长远来看，长期单纯依靠引进是不现实的。我进一步考虑，对于涉及建筑、酒店、房产等多元经营的集团型企业来说，管理人才要更加多样化、专业化，也要更具有系统性，或许内部培养是储备高素质管理人员的必然途径，未来终究要形成以培养人才为主、引进人才为辅的人才管理模式。

大型企业集团自行培养人才，是有很多先例可循的。有了这个想法之后，我组织相关人员考察知名企业的内部人才培养模式。经过一段时间的考察，我们初步了解到，企业培养人才大多是两种模式：一是把人才送出去培训，参加全国各行业的专业性学习和培训，或是去大学、学院里脱产全日制学习；二是成立企业自己的培训机构——专业性学院或是企业大学。根据成功企业的经验，以及考虑到集团人才需求的多样化特征，我与公司相关高层商议，决定以企业大学为载体，着力培养企业人才，着手成立宝盛自己的企业培训学院，我们将其命名为宝盛管理学院。

对于成立宝盛管理学院，我自身还有深一层的考虑。1993年摩托罗拉中国区大学成立，开启了我国企业办大学的先河。从那时开始，越来越多的企业特别是大型企业，开始意识到企业大学的重要性，并着手构建自己的企业大学，企业大学建设呈现出空前高涨的趋势。截至2011年底，中国已建成的企业大学超过400所，如果加上民间低调成立的企业大学或超过1000所。企业大学已成为企业内部沟通的有效平台，向员工传递着一种进取的组织文化。同时企业大学的培训可集中企业高层和下级员工，使双方得到充分的交流，从而在企业内部营造一种融洽的氛围，增强彼此的协作。企业大学的培训内容不仅针对技能，更重要的是一种企业文化的传递。鉴于此，我对成立宝盛管理学院的期冀更加迫切了。经过一段时间的紧张筹备，宝盛管理学院于 2010 年 11 月 8 日正式成立了，由我任院长，由请来的资深专家任名誉院长，学院下设综合管理系、财务管理系、营销管理系、采购管理系、建筑管理系、酒店管理系、房地产管理系、矿产管理系等八大系，由各分管副总裁兼系主任。

宝盛管理学院开学庆典

宝盛管理学院的宗旨就是为企业发展提供有效的管理服务人才，这些人才能够适应未来市场竞争，符合宝盛产业发展的多样化需求。同时，学院致力于强化人员内部和外部交流，培育、传递并发扬宝盛文化。而教学的基本途径就是围绕企业总体发展目标，根据市场和行业的不断变化，对全体管理者、员工、新进人才进行长期的、连续的、系统的培训。

之后，宝盛管理学院正式开始运作。集团管理人员基本都通过报名成为学院的学员，各课程的教授也紧锣密鼓地进行着，讲师采用内请和外聘相结合的方式。学院的第一堂课是我亲自上的，我主要讲了企业的创业发展历史、企业的理念与文化。我认为作为管理人员，了解企业的发展历程和文化是十分有必要的，只有在了解过去的基础上，各级管理者才能对企业进行更好的传承，更具凝聚力和责任心。

宝盛管理学院的建立，意味着企业为全体员工搭建了一个学习平台，它释放出一个极其重要的信号，那就是全体宝盛员工自进入公司大门开始，就得学习、学习，再学习。在一个发展极快、竞争激烈的社会，唯有持之以恒地学习，才能始终跟上时代的步伐。

成立至今，宝盛管理学院已陆续为集团培养了 140 名中高层人才、400 名专业技术人才。集团每一位新员工，均需在管理学院培训 50 个课时以上。宝盛管理学院的组建成立，为企业今后的发展奠定了人才基础。

第十七章

成功的一半来自家庭

1. 我的夫人

我的夫人缪霞娟，是我生命中极其重要的支持者、扶携者、奉献者。她始终默默地在我身后，给予我不可估量的支持。她也是萧山人，出身于靖江镇一个普通的农民家庭。我们相识于 1972 年，是经人介绍认识的，那时我还在梅西建筑工程队做工。我们相识相恋了 8 年，于 1980 年完婚。结婚 40 多年来，她主内，我主外，我们一路相互扶持。

记得刚结婚那会儿，我已经在工程队做项目经理了。因工作繁忙，新婚后并没有享受多久二人世界，我便去工地做工了。我还记得我们是年初四结的婚，不到 10 天我就去了杭州望江门外面的项目现场。整个项目工期好几个月，中间我好不容易能抽空回来一趟，却也因工地事忙，当天就必须赶回杭州。诸如此类的奔波，在我们的婚后生活中如同家常便饭。

我每天都在工地工作，家务的负担都是她一个人扛着，同时她还要到村里的袜子厂上班，每天早出晚归。在那个年代，整日劳作就只能挣几个工分。挣来的工分，她并没有留给我们这个新组建的小家庭，而是给了我们整个大家庭，分配到她自己手里的，就只有几元钱，但她从未有过什么怨言。平日里她对家里的兄弟姐妹也很照顾，很多我想不到的事情，她都替我想到了，我父母常常赞许这个儿媳，我的兄妹们对这个长嫂也充满了敬意。在这方面，我心里非常感谢她。在袜厂上班的岁月里，她对工作非常认真、努力，也得到了领导和同事们的认可。然而常年的工厂劳作，也给她留下了职业病和后遗症，由于双手长期在工业肥皂水里浸泡，她落下了发痒疼痛的毛病，无法根治。直到现在，每天晚上她都要将双手涂上药膏才能入睡，这着实让我心疼不已。

1981年初，怀胎十月的她顺利生下了我们的第一个孩子——雪峰，但让我愧疚和遗憾的是，孩子出生那一刻我不在她身边。当时我每天都在工地忙项目，又正值农历年底，大量的民工要回家过年，我一要送他们回乡，二要给他们结算奖金，三要安排工地的留守管理。繁杂的工作使我无法脱身，无法在她待产期间照顾她、陪伴她。那时由于信息联络不便，直到雪峰出生后第二天，家里才通过公社总机转电话到杭州清泰街市林业水利局，而当时林业水利局在上城区，我的工地在下城区，之后他们又几经辗转才联系上在项目工地的我，说家里的小孩出生了。想想现在，通过移动电话、短信、微信、视频通话，一瞬间就能相互联系，而那时的联络，却如此困难，真有隔世之感。当时已是腊月二十五，在安排好工地的工作后，又过了两天我才冒着雨雪回到家，见到了我的女儿。我对这件事一直深感自责，平时忙碌疏于照顾也就算了，在孩子出生的重要时刻，在我们人生最为欣喜的时刻，我还因工作而未能陪伴在她身旁，这对她来说是不公平的。

从杭州回来已近春节，考虑到月子里天气寒冷，我特意找到杭州林业水利局的领导，在他们那买了木炭带回家，这份木炭是我的一份心意。天寒地冻，雪中送炭，它寄托了我的一片深情，我想给坐月子的夫人和刚出生的孩子一个温暖的春节。女儿的出生让我们尝到了为人父母的喜悦与幸福，二人世界变为三口之家，单调的生活变得丰富起来。我的工作常常令我不得脱身，女儿的日常抚养任务自然也落到了夫人的头上。那时带小孩不像如今，每个家庭都会有人专门照看，有的甚至有两三个退休老人宠着。她那时一个人既要带孩子、管家务，还要参加劳动，还要在中午很短时间内来回赶 1 里多路，辛苦可想而知。雪峰 4 岁时，我在家里建房子，有一帮子工人的工作餐要做，她便一边带小孩，一边给工人做饭，很是辛苦。

说到建房子那会儿，最初应该是 1984 年，我着手将家里的老房子拆除重建。原来的房子是我父母造的 3 间 2 层楼房，随着我们兄弟各自长大成人，我们开始各立门户。1980 年我结婚前，我分到了边上一幢，4 年后，我将自己的那部分拆掉，盖成了新楼房，一共花了 7000 多元，其中向亲戚朋友借了 3000 多元。1988 年，儿子斌峰也出生了，家里的空间越发狭小，我打算再建一幢大一些的房子，让家人住得更舒适一些。通过与堂兄弟的宅地置换，我在距离老房子200 米远的地方造了一幢 3 层楼的房子，总共花了 4 万多元，自己积蓄 2 万多元，又借了 1 万多元。这幢房子建了 5 个多月，其中大部分时间都是我夫人在家照看。夫人白天一边要照顾出生才七八个月的斌峰，照料家里日常事务，一边还要每天起早走 2 公里路去义盛市场买菜，给建房的工人们烧两餐（午餐和下午的点心），每天在新老房屋间来回跑，现在想想也是非常不容易的。而我又必须要把项目工作做好，基本无心照料家里造房的事情。夫人最终把儿女照顾得健健康康，造房的工人也连连称赞。这幢房子我们住了 10 年，直到 1998 年搬到萧山城区。

虽说日子一直过得忙碌而辛劳，但儿女成双，给我们带来的更多是欢声笑语。我事业的道路也越走越宽，先后成为工程队的副队长、队长，直至企业的负责人，身上的担子也越来越重。我一心扑在工作上，早出晚归、拓市场、下工地、理内政，完全顾不上家里。但这么多年来我的夫人从没抱怨过什么，说得最多的就是："你这么忙，整个企业的担子都在你身上，放心吧，家里有我。"这句话，常常让我在工作到劳累不堪，甚至准备放弃时感觉踏实且暖心，也给了我继续奋斗的动力，让我更加坚定了为家人创造更好生活的信心。

除了照看孩子以及承担大小繁杂的家务事，她还要负担很重的农活。记得那时，家里承包了 2 亩土地种庄稼，院子里还养着猪。每到夏秋季农忙的时候，村里其他各家各户都是一家几口齐上阵，男丁当主力，女人在帮忙。而我由于每天在外面搞工程项目，很少帮得上家里的农忙。在我记忆中，很多时候都是她一个人在割麦、打麦（把麦子在石头上摔打）。有时我深夜回到家，两个孩子早已熟睡，而此时，她一个人还在地里打麦直到凌晨三四点。对整个家庭的付出，她丝毫不比我少。

随着我事业的发展，我们家庭的生活也日渐改善，此时她已经不用在地里忙农活，可以全职在家了。但是全职在家的她仍然不得清闲，我和两个孩子的日常饮食起居，都由她一个人负责。有一段时间，因为高强度的工作和企业经营压力，我身体一直不是很好。那时我的文化程度低、基础差，而工作任务相对专业、繁重，我一边工作一边自学专业理论知识，全身心地投入工作和学习使自己不堪重负。从 1983 年到 1987 年，我长期处于严重失眠状态，几乎每天都要吃安眠药。失眠的人，情绪和心情也会很差，那段时间，夫人从未对我有过抱怨，而是不断鼓励我、支持我，让我专心工作、学习和适当休息。那时她每天很早就起床熬中药，熬好后就放在桌子上晾着，好让我起床后能将药喝掉。每次出差前，她都帮我准备好各类衣服、日用品、药品。每到换季，她总会提醒我多注意天气变化，并将下季的衣服提前拿出来洗熨好，给我备着。这么多年来，她无微不至的照顾，使我因长年累月繁重工作导致的一些慢性疾病慢慢地好了起来。

夫人个性善良、热情且爽直，她对待家人如此，对外人也十分热心。她总是喜欢与别人分享一些好的经验、想法，可是由于性子耿直，有时候真诚而直白的建议，别人听了反而会感到不舒服，但她在真诚建议之后会主动帮助对方，很快就将别人之前的一丝不快转化为感谢之情。她很愿意帮别人做一些事情，哪怕很辛苦，她也不在乎，但她有时候找不到合适的方法，这往往会使别人在当时感受不到她的真心实意。毕竟日久见人心，久而久之，周围的亲朋好友、邻居们对她评价都特别高。

夫人还有一点非常值得我称道，几十年来，她从不插手我的工作或公司的事务，也不过多过问，基本也不去公司。无论是对于我们这家股份制民营企业来讲，还是对我本人来说，她这样做无形中帮我避免了很多麻烦。而在其他场合，遇到我同事的时候，她都热情相待，平易近人，因此同事们对她的评价也都非常高。

虽然平日里夫人看起来平和善良、毫无心计，但是真正遇到事情的时候，她也毫不含糊，甚至可以独当一面。还记得1992年底，我已是工程队的书记兼队长，担子一人挑。那一年春节，某工地的人带着一班子人到我的家里去闹事。事情的起因是，前几年有一个工地项目部没有与班组厘清账务关系，本来这是属于项目经理和分包班组的事情，但后来该项目部又没有处理好这件事，工地的人便把这一笔小额费用强加到公司头上。一群人来我家里，叫嚣着要拿物抵钱，而我那时正在工程队办公室处理工作。面对这种突发情况，独自在家的夫人并没有惊慌失措，反而将大门打开，迎上去对他们说："你们这是无理取闹，我一个人也无法阻拦你们，既然你们想要东西，有本事就自己去拿，但要知道这样做是违法的。"看到她这种无畏无惧的态度，这群人反而不敢上前，最终悻悻而逃。所以说，她虽说是一个没读过多少书的农村妇女，但在大是大非面前头脑非常清醒，关键时刻丝毫没有退缩。与她相比反差极大的是，闹事当天恰好有一个人给我送年货，走到我家门口，看到这一突发情况后，非但没有上前主持公道，反而把年货放下就离开了。想到这儿，真是让人唏嘘不已，同时也很想为自己的夫人点个"赞"。

正是得益于她多年来的全力支持，我毫无后顾之忧，能够全身心投入企业经营。企业不断发展壮大，我们的家庭生活条件也越来越好。熬过了当年那些困难的日子，我也有能力给她一个稳定富足的生活。但在我心中，一直有个痛处挥之不去，就是在她 52 岁那年，检查发现她的左眼视力只有 0.2 左右，且有渐渐恶化的趋势。我到处寻医问诊，但为时已晚，那时已无法医治，现在她的左眼视力基本保持在 0.2 左右。我为此也深深自责，这些年来，她为这个家任劳任怨、辛勤付出，全力支持着我。而我在个人奋斗的同时，却没能给她应有的关心与照料，现在的结果何尝不是因为我的疏忽造成的。而对这一切，她没有丝毫的埋怨与不悦，现在的她仍旧担负着重要的家庭事务，我有时劝她，以我们目前的条件她完全可以不那么累，但她总说这么多年劳碌已经习惯了，闲着反而不习惯。

随着时间的流逝，我们已到花甲之年，一双儿女也相继成家，家里有了儿媳、女婿，更添了 4 个可爱的小宝宝——2 个外孙女和 1 个孙子、1 个孙女，我的小家庭逐渐变成了大家庭。此时的她，年纪也不轻了，可是她对儿孙们仍然照顾有加，在她的心里，又有了更多的"甜蜜"的小负担。

女婿朝阳，来自温州的一个山区，当地整体经济环境各方面跟萧山比还是差一些，为了夫妻俩今后生活的便利，夫人一直劝他们在这边买房，把家安在萧山，其实她为的是更方便照顾女儿和女婿。她十分关心朝阳雪峰一家日常的吃、穿和身体情况，在他们结婚后还经常去他们家里搞卫生。如今他们生活在美国，虽然这里的房子空着，但她时不时会去看看，定期去做做清洁。外孙女格格出生后，不到 1 岁便到我家来，由她照顾，直到 6 岁时去了美国。格格近 6 年来的饮食起居基本上都由夫人负责。格格到美国后，她出门凡是看到以前格格常常用到的喜爱的东西，便惦记着将这些东西给他们捎带过去。浩渺无际的太平洋也阻不住这深厚的祖孙之情。2014 年，朝阳与雪峰的二女儿菲菲在美国出生，她恨不得自己飞过去帮朝阳他们管理家务和照顾菲菲。到现在她还经常打电话到美国去，每次关心的话题都离不开朝阳雪峰一家的生活起居，她始终牵挂着他们。

儿子斌峰与儿媳陈妮于 2012 年 11 月结婚，婚后我夫人一直像对待亲生女儿那样照顾儿媳。陈妮怀孕之后，夫人就每天变着花样给她烧饭菜，生怕营养跟不上。孩子出生后，夫人每天煮东西送到医院，儿媳坐月子时她亲自找了月子护理院，那里的条件和设施都很好，母子可以住得比较舒心，身体能够更好地恢复。夫人对孙子道正，更是宝贝得不得了，在道正出生前 2 个月，她第一次去国外，一到商场便给将要出生的孙子买了很多日常用品。她在国外看到安全座椅，即使体积比较大不方便随身携带，也要想方设法带回来。之后每次去国外，她都给道正买许多吃的穿的，而仍然很少给自己买东西。

都说每个成功男人的背后，都有一个伟大的女人。她的伟大，就在于一辈子坚守平凡，坚守真诚，坚守勤劳，她是中国劳动妇女的一个缩影。可以说，我事业的成功，一半功劳都是夫人的，我现在取得的一切都离不开她这么多年在背后的默默支持。

2. 女儿雪峰一家

雪峰出生时，我们家的生活还比较艰苦。她幼年就非常懂事，4 岁时，我们家造房子，大人们都比较忙，她没有像其他小孩那样经常来黏着我们，自己在边上玩得很好，非常懂事。那时我在工地，一个月也回不了几次家，但每次我回到家的时候，雪峰都异常开心，而我离开家的时候，她往往要哭鼻子，舍不得爸爸。我还记得有一个雨天，雨不停地下，我要离家去工地，她穿着一双小雨靴，撑着小雨伞，立在雨中执着地目送我远去，显得很孤独却又很独立。这一幕，一直刻在我脑海里。

我们当时总觉得早上学可以让孩子多受一些教育，于是雪峰 6 岁时，我们就让她入学了，她在班里算是年龄比较小的。小学四年级时，雪峰转学去了镇里新开的一所小学，这个学校离家比较远，我给她买了一辆小孩子骑的自行车，这样她就可以每天骑车上学了。我用白铁皮给他做了一个放书包的框，免去了背书包的辛苦，而且就算在多雨的季节骑车书包也不会湿透。每天上学，她妈妈都会给她准备一个饭盒，装好饭菜让她带去学校，中午她就自己蒸热来吃。在当时的孩子当中，雪峰算是比较自立的。

　　在学习上，她也十分争气，成绩一直是班里的前几名，文科成绩更为突出。我们萧山五建成立的时候，开业仪式请了雪峰学校的音乐队，而她正是音乐队的一员。后来她把这件事写成了一篇文章，登在《萧山日报》上面，文章虽然简单、稚嫩，但是能登在报纸上也说明她的写作能力得到了认可。小学时期，雪峰的语文成绩常常是年级第一名。小学升初中时，我们考虑到杭州市区的教学水平要更高一些，打算让她去杭州读书。因为工作上的关系，我把她安排进了杭州市仁和外国语学校。我们怎么都不会想到，仁和外国语学校的英语教育，竟然为她打下了日后赴美工作的英语基础。

音乐队表演

　　当时初中生必须住校，这让我们十分不舍，长这么大她从来没有离开过我们身边一天。那段时间，每到周五傍晚，我都去杭州市区接雪峰回家，和家人欢聚周末，周日晚上再将她送回学校。虽然学业辛苦，但是仁和外国语学校是中英文双语教学，秉承先进的教学理念，雪峰在学校接受了很好的初中教育。

每到周末，雪峰都到家里河埠头上复习英文，村里的其他孩子听到后都羡慕不已。在外国语学校上学时期，她的语文和英语成绩在学校也是名列前茅。在雪峰初中读了两年半后，我们将她转到萧山的一所学校——靖江初中学习。这次转学让雪峰很不适应，对她来说一切都是陌生的。环境的变化使得雪峰在初中最后半年出现了一些学习上的困难，进度也有点跟不上，思想负担相当重。但是她通过自己的努力，做好了自我调节，最终还是考进了萧山中学。

在萧山中学学习期间，她的英语成绩也一直不错。当时考大学还是很有难度的，毕竟大学录取名额是有限制的，千军万马抢着过独木桥，不过雪峰最终还是通过自己的努力考进了大学，专业是酒店管理。我记得她考进大学那年，正好宝盛宾馆开始试营业，我给她安排了大堂副理的职位，让她更好地全方位熟悉酒店的各项工作。在这段短暂的工作期间她也写了一篇文章作为对自己经历的记录。大学毕业时，她带了一批同学来我们酒店实习，而我们也十分乐意给这群孩子提供这个机会。大学毕业后，雪峰进入宝盛酒店工作，在此期间，除本职工作外，她还利用业余时间自学了财务管理。她认为财务管理是酒店管理最重要的一坏，要想总体上把握酒店的运营情况，不懂财务是不行的。鉴于此，我后来就让她从事酒店财务管理方面的工作。她边学边做，几年后业务已经相当熟练，并凭借自己的能力当上了财务经理。从酒店管理专业转到财务管理专业，也是一个跨专业的有难度的选择，她认定了目标，并为此付出了很大的努力。我当时也很支持她，鼓励她选择自己喜欢并适合的工作。

酒店日常事务和财务的工作让她积累了一定的酒店管理思路和方法。2010年左右，公司计划到境外进行业务拓展，希望更多了解境外企业创新的理念和先进的技术。鉴于雪峰在酒店管理方面的丰富经验，以及良好的外语基础，她成为被派往美国公司的最佳人选。

社会上一般人总以为，去美国工作，是一份美差。其实，是一份苦差。初入美国，面对的是完全不同的文化、制度与环境，而公司的业务不能有任何的闪失。雪峰从小没被娇生惯养，她能学习，能吃苦，能与人打交道。她最终在美国站住了，一步一步地融入了美国社会，这让我无比欣慰与自豪。她在美国分公司主要负责财务工作，同时也不时把美国很多与企业相关的各种先进理念带回国内。刚到美国的时候，由于国内和国外在财务方面的操作规则有所不同，雪峰很不适应，她先是请来美国会计师帮助自己了解美国的财务规则和制度，然后自己亲自做分账，会计师来做总账，慢慢学习和熟悉美国的财务实务。有时候她经常会看到一些问题，提出很有针对性的想法，这些想法为她的工作开展提供了不少帮助。

除工作上比较认真负责外，雪峰这个孩子对长辈也十分孝顺。我和她母亲二人身体上经常会出现一些小毛病，雪峰常常是自己去医院，帮我们配好药亲自带过来，免得我们两个老人在医院和家之间跑来跑去。到了换季的时候，她会提前给我们买好衣物，备在那里。我们到他们家里去小住，她都会提前给我们准备好新的生活用品，比如牙刷、牙膏、毛巾等。现在她和我们虽然分隔大洋两岸，但是她始终牵挂我们，时常给我们打电话、寄物品。都说女儿是父母的"贴身小棉袄"，这句话真的不假。

2001 年，雪峰第一次带她爱人王朝阳来我们宾馆 18 楼用餐，我看到他后便觉得这个孩子比较实诚。过了一段时间后他们两人便作为恋人相处。有一次雪峰生病了，朝阳给我打电话，说他在照顾雪峰，让我不必过去，有他在让我们放心。这让我感到很暖心。有一次春节，我和我妹夫一起到朝阳温州的家里，当时我就觉得这样的年轻人能从山里走出来实属不易，应该让他来我们这里好好施展才华。最后他们两人在萧山安定了下来，朝阳也来到我们酒店工作。他把自己酒店管理的经验和长处应用到工作的方方面面，管理才能渐渐激发和凸显出来，当上了宾馆副总经理。朝阳在公司工作期间，在与外界联络、招纳贤才、知人善用等方面交出了很好的答卷。

2003年4月份，我动了一次手术，那时雪峰和朝阳还没结婚，但他们一直在医院里陪护我。手术后我不能动，雪峰和朝阳白天为我护理、陪我聊天，晚上也整夜整夜照顾我。待我身体慢慢好转出院后，他们不放心我自己开车，就每天一大早起来开车送我出行。我身上几种慢性的小毛病也是在他们的帮助下治好的。我有一种冷过敏的气喘病，2012年4月份我去了美国，到了那边后他们为我安排了专业的医院。2014年我们夫妇去美国时，雪峰和朝阳又给我们安排了全面的身体检查。

雪峰和朝阳到了美国以后，一开始人生地不熟，他们便从网上了解讯息、查阅资料，经常熬夜到晚上一两点钟。当时他们了解到美国加利福尼亚州纳帕谷是高品质红酒的产区，就建议我们酒店进口美国红酒来提升酒店的运营品质。雪峰和朝阳后来又了解到美国在医疗方面有几种专科对专门疾病的治愈率比较高，在他们的引荐下我们成立了医疗公司。同时，雪峰和朝阳发现，在全美国各专科排名中靠前的休斯敦医疗中心，其13万—15万名医务人员中有15%是华人，加上时常被派到那边去进修的中国医务人员和我们一些过去治疗的病人，华人数量在该区域所占比例是比较大，再加上住宿和饮食基本都是美式的，所以他们设想在那边开一家具有中式住宿风格和能满足客人中式饮食习惯的酒店，为华人提供相应的住宿和餐饮服务。在酒店建设中，他们边了解边学习边推进，最终建成的酒店成本投入少，经营效果好。公司美国酒店业的建立和发展，与雪峰和朝阳在美国的辛勤和努力分不开。可以说，没有他们一家舍弃老家生活、奔走异乡的努力，没有他们深入美国社会，寻找商机，发现商机，提出许多重要的决策建议，就没有公司在美国的立足。

2006 年 4 月，朝阳和雪峰的大女儿格格出生了，我还记得当得到消息时，我和夫人两人真是兴奋得不行，我们立即赶到医院。那时雪峰刚进产房，过了一会儿护士把小家伙用推车推出来给我们看，我们第一眼看到就很开心。过了几天，母女出院后，我们又送她们去萧山月子中心坐月子。格格出生后不到 1 岁，便到我家来生活，家里多了一个新的成员，更加热闹了。她从小爱玩爱笑，性格直爽。我们小区里有个幼儿园，在她还没去幼儿园上学之前，我夫人就天天领着她去幼儿园逛逛，从小让她熟悉幼儿园和学校。等到她真正入学后，很快就适应了幼儿园的生活。在格格 4 岁那年，我和夫人带她到山东泰安旅行，那时的火车还是特快列车，去山东的单程要一个晚上，小家伙一路不哭不闹，乖得很。我们去过泰安之后又专门带她去曲阜孔庙游览参观，想让她逐渐了解中国文化，尤其是儒家文化的来历。尽管她年岁尚小，但是多多少少的接触也给她带来一些潜移默化的影响。

2011 年 8 月，格格同她爸爸妈妈去了美国。当时我和公司几位同事一起送他们过去，我在美国公司待了 10 多天，每天一想到同外孙女分别的时间越来越近了，心里就非常不舍和难受。在出发回国的那天早上，我出门前她还在睡觉，我到她床边去看她，她熟睡的样子很可爱，我当时真的好舍不得离开她。格格到了美国后，很快就融入了当地环境，不到几个月时间便能用英语和当地人交流。在美国的幼儿园里，因为她是一个转学生，一些小朋友会欺负她。虽然她在学校里受了些委屈，但她还是坚持了下来，这对当时的她来说也很了不起。后来我们把她换到私立学校，她在私立学校一直跟同学相处融洽，成绩也不错。2012 年年底他们一家回国，我们到山东泰安去的路上她已经可以在 iPad 上写一些简单的英文句子和词组了。由于去美国时年纪尚小，生活学习都在英文的环境中，我们担心她的中文会因此丢掉。自 2013 年开始，每年暑假，我们都会教她学中文，从拼音开始，每个学期学一册，同时还让她学习古筝和钢琴。现在她基本上掌握了英语、西班牙语、汉语，还学会了古筝和钢琴等，在美国时经常到福利院进行表演。

2014 年，朝阳与雪峰的二女儿菲菲在美国出生了。我们 2014 年 5 月去美国时，本想等着菲菲出生再回来，但是因为国内临时有事，我们便提前回来了。菲菲是 6 月份出生的，出生时我们只能从电话中了解她的情况，小孩子非常健康。虽然只能通过视频看到小孩，但我们也十分开心和满足了。由于分隔大洋两岸，我们也一直没有能够照顾她，后来我们也想从国内派个经验丰富且可靠的阿姨去照看菲菲，但由于种种原因最后也未能如愿。2015 年 5 月我们再次去美国时，菲菲已经一岁了。那天我们到美国的时候已经是下午 6 点左右，朝阳从机场载着我们到他家，雪峰抱着菲菲在车库里等我们，这时菲菲好像一眼就认出了我，知道我就是外公一样。我进房间洗完手之后去抱她，她就伸出双手让我抱，很喜欢我。而当时在朝阳家里，其他人想抱抱菲菲，她都不肯，或许这就是血脉亲缘，是一种无法替代的亲情。

在美国待了 20 多天，我们又要回国了。我就与他们一家商量，让他们趁着孩子放暑假，跟我们一起回国。其实我来的时候就有些私心，赶在 5 月份过来，住了 20 多天后，恰好孩子放假了，正好可以让他们同我们一起回来。我这一辈子，年轻时常年在工地和项目上，与家人总是聚少离多，但是那时一心扑在事业上，并未觉得有过多的依恋之情，现在年纪大了，最难忍受的却是分别。尤其这些年，和雪峰他们一家相隔甚远，每次相聚时我都无比开心，但离开时我心里异常难受，而我最不舍的，就是两个可爱的小外孙女。人家都说"隔代亲"，这话一点不错。雪峰他们也很体谅我们，同我们一起回国住了两个多月。后来，发生了一些事情，国内要去照顾菲菲的人暂时去不了美国，他们只能把菲菲留在国内照看。那之后的4个月时间里，菲菲一直住在我家。这4个月中，菲菲成长、变化很大，她从不会讲话到渐渐会叫外公外婆，9月份的时候她已经开始学着自己走路了。她的每一点点进步和改变都让我们感到喜悦和欣慰。到了11月份，因为她是美国国籍，在中国的停留期限已经到了，所以必须要去美国，这又让我们感到十分不舍。但是世间事情都是这样，有聚有散，分别后也可以再相聚。2016年5月，我们又过去把她带了回来，到了7月份他们一家四口才又去美国，因为菲菲要上幼儿园了。当时我觉得她还太小，很舍不得让她离开身边，但转念一想，让她早点融入集体生活，认识更多的小朋友，对她来说也是多有裨益的。

从雪峰、朝阳到格格、菲菲，他们已经进入跨国生活的时代了，这折射出我们家庭的巨大变化，这是我这个昔日的农家子弟，做梦都想不到的。从国家的变化，到家庭的变化，再到人的变化，我们再也回不到从前了，那贫穷饥饿的从前，只能是从前。

3. 儿子斌峰一家

1984年，党中央批转《国家计划生育委员会党组关于计划生育工作情况的汇报》，提出"对农村继续有控制地把口子开得稍大一些，按照规定的条件，经过批准，可以生二胎；坚决制止大口子，即严禁生育超计划的二胎和多胎"，即"开小口、堵大口"。我和夫人打算借此机会，再给雪峰多生个妹妹或者弟弟，两个孩子可以相依相伴地成长。斌峰是1987年10月19日出生的，我还记得就在他出生的前一天，我去参加了当时萧山市全市乡镇企业厂长经理统考。在这之前，我为考试做了大量准备，找了很多企业经营管理方面的书自学。试题中有一道题是写文章，我以提高建筑周转材料的使用率为切入点，写了一篇关于企业如何提高经营收益的文章，得到了比较高的分数。没想到，当真是喜事成双，第二天，夫人便在萧山义盛医院生下了斌峰。我很喜欢我们一家四口的状态，儿女双全，我和夫人都感到非常喜悦和满足。但是那时我经常出差，夫人常常一个人照顾两个孩子。那时斌峰的爷爷和奶奶也常到家里小住，一方面帮助夫人带小孩，另一方面这样家里也会热闹些，让两个小孩在爸爸不在家的时候也不会感到孤单。

在斌峰很小的时候，大概三四岁时，我发现他很喜欢画画，便买了各种画笔和纸张，让他根据自己的喜好练习画画。我想，哪怕是涂鸦，也可以锻炼孩子的思维能力和想象力。我记得那时斌峰最喜欢画的就是《西游记》里的各种人物。斌峰小时候很淘气，但也很机灵，是家里的开心果。有一次几个朋友来我家吃饭，他打扮成猪八戒的样子走出来，把全场人逗得合不拢嘴。他很有礼貌，嘴巴也很甜，见到叔叔阿姨都会主动打招呼。顽皮是男孩子的天性，记得他小时候，有一天晚上很晚了，我们到处都找不到他，刚好那天打雷下雨，让人很是担心，最后我们在他四爷爷家最顶层的阁楼里找到了他。当时他毕竟还是小孩子，比较活泼，现在想来也是一种可爱的表现。这孩子还有一个优点，就是记忆力非常好。他在很小的时候，就能记得所有物品摆放的位置，后来我们找不到东西，都来询问这个小家伙。

斌峰的记忆力强这个长处，待到上学后，就更加淋漓尽致地显现出来。读幼儿园时，老师就常向我们反映，斌峰的理解力和记忆力要强于其他孩子。读小学时，记得有一次他因为生病在人民医院住院，有一段时间没去上学，结果他出院后去学校考试居然还能考 100 分。他小学前四年是在党湾读的，随着我们家搬到城区后，他从五年级开始就在北干小学念书，后来又在北干初中就读。他小学、初中的成绩都不错，中考又凭自己的能力考进了萧山中学。

进了高中后，他的成绩开始忽上忽下，不是很稳定。在临近高考时，他写了封信给我。大致意思是我一直辅导他学习，在阶段性考试时，如果成绩不好，我都是鼓励他，从不批评他，在他成绩较好时，我都经常提醒他不可自满。他认为我的这种教育方式对他帮助很大。最后他通过高考顺利进入了浙江工商大学读书。

斌峰整个成长期，是我们家庭经济状况逐步好转的时候，与我们儿时完全不可相比。让我欣慰的是，斌峰从没有优越感。他谦和、善良、俭朴，刻苦学习，完全没有社会上所谓"富二代"的骄奢之气。他总是兢兢业业地想以自己的能力，证明自己的价值。

大学毕业后，斌峰进入公司实习，我安排他在多个部门轮岗，想让他从基础学起，全面熟悉企业的各类业务。在宝盛大厦筹建期间，他从打桩开始一直在参与大厦的建设，学到了很多东西，他对公司的预算管理、财务管理以及施工现场管理等有了全面、系统的了解。他总觉得不够，还千方百计地挤出时间，参加浙江大学的高级管理人员工商管理硕士班，从更广泛的领域学习现代企业管理的系统知识。他把课堂的理论与企业的实践结合起来，平日里对大厦的运营管理以及公司其他产业的发展也做了很多思考，不时与我探讨一些企业运营和项目建设的思路，我有一些想法也很愿意第一时间与他分享。

斌峰受过系统的现代教育，他的眼光与思想观念，自然与我们这一代不一样，他有自己的思想、自己的理解、自己的价值追求。但是，他仍然注重学习，尊重我们的经验，尊重从实践得到的知识，他仍然在成长，那是全面的成长。

斌峰同他姐姐一样，对长辈也是十分孝顺，时常根据我们的身体状况，为我们挑选合适的保养品，并嘱咐我们按时服用。他还经常给我们买一些科技型的保健器材，比如红外线艾灸机器、按摩座椅等，并耐心地教我们使用。我们年纪大了，在信息方面总觉得有些赶不上潮流，很多东西搞不懂，家里信息系统方面的设备都是他帮我们弄起来的。每过一段时间，斌峰就过来给我和他妈妈的手机系统整理更新一下，下载安装一些我们需要的、更加方便实用的App，让我们两个老人也能体验到信息时代的丰富多彩和便利便捷。事实上，有这样一个懂事的儿子，是我们的福分，我们老两口在心理上是非常依赖他的。

陈妮是斌峰的妻子。2011 年，斌峰和陈妮确定了恋爱关系。后来两人订了婚，那时陈妮在我们公司旅业集团任职，主要从事信息拓展和市场拓展方面的工作。2011 年 10 月，她加入了国内中小企业代表团，到美国考察，参观了加利福尼亚州硅谷苹果公司总部，后来再到纽约、芝加哥，了解了美国企业的很多创新的管理方式，也交流了投资方面的问题。这次考察开阔了她的思路和眼界，这对我们公司的发展很有裨益。

陈妮在工作上很有一些思路。宝盛酒店的 CRS，就是在她的主张和努力下推进的。之前她一直在研究市场营销，了解了很多网络营销的知识和案例。对于公司旗下的酒店产品，陈妮提出从软件上着手，开启网络销售的渠道。她和信息部做了充分的市场调研，主张建立宝盛自己的 CRS。那时很多酒店的网络销售都依赖第三方平台，自己构建 CRS 的比较少。当时连软件公司也觉得我们这样的酒店规模，要配置独立的软件系统成本过高。但是公司经过全面考虑，觉得这是日后酒店业发展的必然方向，正是在大多数酒店没有推广之前，我们才能形成独特的竞争优势，走在市场的前面，领先一步，抢先一步。这套系统建立起来后，我们把旅业集团的各类产品进行组合，在网上销售，久而久之，宝盛的社会影响力从省内扩大到全国，甚至全球很多其他国家和地区。因为这个系统的建立运行，宝盛旗下的酒店都扩大了影响，增加了不少的营业额。

最近这几年，她主张要走出国门多看看外面的世界，通过调研和考察，她在市场营销方面又提出了不少新思路。2014 年初，她到澳大利亚考察，回来后在旅业集团下属各酒店中尤其是水博园推广了"不出国门的澳洲游"的系列主题产品，得到了广大消费者的认可。这个产品比较畅销，给公司带来了不少的收益。她还考虑推出针对商务客人的新的酒店和旅游产品，并根据当前消费升级的趋势，提出日后要主打家庭游和亲子游主题的产品。

对待工作，陈妮十分认真和负责。在策划整合水博园别墅项目时，她积极创新，不断考虑高档次的亲子游产品，提出新颖、前卫的理念。在项目的设计定位和设施研究方面，她经常外出考察，奔波于各城市之间却毫无埋怨，一心一意想把项目做好。

斌峰、陈妮他们认真工作，与公司融为一体；他们思路开阔，能够敏锐地发现新生事物；他们积极创新，不断为公司植入现代元素，让企业更年轻、时尚、有活力。

在生活方面，陈妮也是个十分孝顺的孩子。她也经常关注我们的身体和生活状况，我和夫人穿的一些冬季保暖的衣物，都是她为我们准备的。周末或者空闲时，陈妮也会陪我夫人到处逛逛，给我们买一些保健品和日用品。有这样的儿媳在身旁，我们老两口觉得很贴心。

2014 年，就在外孙女菲菲出生后一个星期，我们的孙子道正在萧山医院出生了。他出生时我们一家都在萧山医院，过程非常顺利。出院后我把他们母子二人安排到杭州留下一家高档的月子护理中心，让陈妮在那里坐月子。月子中心对于产妇和小孩的护理是比较专业的。我们也经常去月子中心看望，之后道正奶奶和外婆商量，让陈妮和孩子继续在月子中心住上一段时间，这样更有利于小孩和大人的护理。

道正出生前 2 个月，我和他奶奶一起去国外出差，从商场里买了很多小孩子的日常用品。第二年出国时，我们又给道正买了一大堆吃的穿的。这个小家伙成了我们老两口每次出门的最深牵挂，出了国我们想不到给自己买东西，就想着给孙子买，买的同时又开心得不得了，大概只有做了爷爷奶奶的人才能理解这种开心和快乐吧。

陈妮他们从月子中心回来之后，我们觉得护理阿姨照顾小孩比较专业，就请来护理阿姨在家照顾道正。2015 年春节期间，斌峰和陈妮去澳大利亚考察，这时道正还不到 10 个月。那段时间我正好放假，于是就由我和夫人来照看道正。说实话，这是我第一次专门带小孩，就是雪峰和斌峰小时候，我都没有这样事无巨细地照顾过，当然这个年代带小孩子又与几十年前有很大的不同了，比如按照要求，道正的奶瓶要经常清洗和消毒等。我发现小孩子的很多用具和衣物都是专门设计的，很多东西我都叫不上名字，一开始不知道是用来干什么的。

几天下来，我从原来的完全不了解，到慢慢熟悉了所有的操作，俨然一个"熟练工"。同时我感到每天的生活都很充实，也别有一番乐趣。那时他虽然还小，但还是渐渐对我们有了印象，也慢慢和我们熟悉起来。

过了一段时间，送走了护理阿姨之后，夫人便自己带小孩，家务就请人来做。所以道正和奶奶的感情特别好，如果奶奶在做事的时候不小心磕碰到了，他会伸出小手给奶奶揉揉。而我一般一周7天都在外面工作，有时候还要出差，往往早上出门时他还在睡觉，下班回去时他就睡着了，所以道正能看到我的时间不多。有时候我总想办完事情马上回家去看他，看看他在玩什么，偶尔碰到他没睡觉的时候，我会教他写一些简单的数字，但他好像还是对我有点陌生。2016年春节期间，我们放了六七天假，这几天我基本都陪着道正，两个人的感情逐渐好起来了。我还清楚地记得，年初八早上我去上班，他出来看到我坐上车的时候，脸上有一种很舍不得的表情。所以说对小孩子一定要舍得花时间投入，与孩子相处的时间越多，感情就越深。可是这点对我来说确实比较困难，一旦公司开始运行，就有工作要推进，几千名员工要进行工作交流，最终要做出成果。公司在萧山也有一定的影响力，有很多外部社交联络工作要我推进，所以日常工作是非常忙碌的。但是只要我有时间，我就会尽可能地陪伴在孩子们身边。可能因为我对儿女辈的陪伴太少，我非常希望能将这份缺失和遗憾弥补在孙辈身上，同时我也感到，同孩子们在一起时，我最开心、最无忧无虑。

同很多男孩子一样，道正从小喜欢玩球，于是我们给他买了一大堆大球小球。1周岁之后他开始喜欢玩车子，我们每次出去都给他带些玩具车回来，他的爸爸妈妈也在网上给他买了好多玩具车，以至于他在2周岁左右看到路上的车子都能叫出它们的品牌。2岁多时他爸妈把他送到早教机构，想让他提前感受下幼儿园的学习氛围。一开始我还有点难以接受，后来我想了下，小孩子还是要从小锻炼比较好，与小同学交往，能让他养成好的习惯、培养好的性格。小孩子要多与人交往，融入属于他的环境和社会。

2019年7月24日，斌峰的第二个孩子、我的孙女道容马上要出生了，而此时公司在美国的投资项目正处于主体结构建设的关键时刻，一方面我非常想留在家人身边共同见证小宝宝的诞生，另一方面我又担心美国项目的情况，十分纠结。再三权衡后，我想："为了工作，我必须亲自去美国！"于是我和我妹妹一起动身前往美国。那时道正6岁，已经开始懂事了，斌峰也马上要有第二个孩子了，我内心非常高兴。美国那边已经有好几位国内派过去的建筑方面的骨干，他们天天在工地指导建房操作，几乎没有时间休息。美国时间8月12日，是周日，我趁这个机会带他们去休斯敦的奥特莱斯逛了一下，逛到下午3点多才回家。途中我突然在微信里看到小宝宝出生后在医院里的照片，十分高兴，恨不得马上飞回去看看这个小天使。我立即拨了电话，询问大人和小宝宝的情况。家里回复我说小宝宝身体很好，没有提前通知我是想要给我一个惊喜。这真是当时最大的惊喜！正好我的行程安排在第二天回国，家里想让我从国外购买一些小宝宝的用品。于是当晚我就跑到美国的母婴商城购买婴儿用品。考虑到使用的安全性，我决定买玻璃材质的奶瓶，但一连走了3家商城都没有这种材质的奶瓶。我和雪峰、朝阳又跑了其他商店，最终在当地最大的超市的母婴区找到了心心念念的玻璃奶瓶，我一下子买了4个大瓶和4个小瓶，心中的大石头终于落地了，我比捡到宝还开心。

8月13日，我回到国内，一下飞机就直接从机场赶往了萧山医院，心里迫切地想要看看陈妮她们母女俩。下飞机时是中午11点左右，我赶到医院后和家人一起吃了午饭。道容在医院待了一天后，身体状况良好，之后转到了滨江的一家月子中心。我和我夫人、斌峰轮流到月子中心看望，虽然医院也提供膳食，但是我和夫人每次去时都会从我们宾馆点菜带过去。在月子中心的这段时期，我们看着道容一天天长大，有时候我们去看望时刚好碰到道容在游泳，就会去陪伴她，看护士给她做一些按摩。

一个多月后，道容从月子中心回家了，按照习俗，我们着手准备道容的满月酒。10月12日，一切准备就绪后，我们在早晨和中午按照习俗进行了相关仪式，晚上在水博园会展中心邀请了亲戚朋友来喝满月酒，现场其乐融融，我们也非常开心。这时已经是下半年了，是工作最繁忙的时期，我既要对2019年的工作进行回顾，又要考虑2020年所有企业的目标计划和一系列的政策。所以一般我早上上班时道容还在睡觉，晚上下班回家时她已经入睡了，见面的时间少了很多，有时候我看到她"咿呀"时的动作，就会不由自主地感到心里暖暖的。

时间过得比较快，转眼道容已经7个月大了，此时正值2020年春季，她的衣物也比较单薄了，这使她看起来更加可爱。当时白天都是夫人带，晚上她也睡在夫人这里。每天早晨我们都是5点多起床，这时小孩子还在睡，我去照看小孩子，夫人去做早饭，做好时道容刚好醒过来。我们还要负责给道容喂奶粉，起初她每次喝180毫升，过了一段时间，每次吃200毫升左右，小孩子喝得比较开心。那段时间，我们会每天给她吃一些水果，水果蒸熟后打成泥，同时也给她吃辅食，日复一日。8个多月时，我们一天定时给她吃水果和辅食，同时每天按规定喂她喝奶粉。我回家后，第一件事就是洗手洗脸，然后就去抱道容。有时候回去比较晚，我也肯定都是在清洗干净后才会去抱抱道容，之后再去吃晚饭。那时候家里的保洁阿姨已经回家了，夫人既要带小孩，又要做晚饭，非常辛苦。这样维持了 1 个月左右，其间我也尽量早一点回家，帮她减轻负担，让她能更好地照顾道容。

平日里，我和斌峰在公司需要调动几千人共同开展工作，工作比较繁忙。正好这一年全球疫情暴发，企业经营需要用比平常多几倍的精力和推进力度，我和斌峰两个人非常忙，只能让我 67 岁的夫人天天照顾道容。在这种情况下，我一直在保姆市场上了解情况，这时我听说我一个党湾的朋友家里请了衢州的保姆，他说他以前的保姆也不好，现在这个来自衢州的保姆比较好。我马上反应过来，我们公司正好有一位部门经理是衢州人，正值五一放假，我让他在衢州的保姆中介所帮我找一位好一点的保姆。他整整一天面试了 19 位保姆，并从中挑选了 4 位相对优秀的推荐给我。我对这 4 位保姆进行了面试，最终面试后我们选了一位姓李的阿姨。我们与中介进行确认，确认后便让中介发来协议书，但是协议书相对简单了点，我就找了我们公司的法务，让他找了相关协议作为参考进行修订，最终双方就协议内容达成一致。5 月 9 日，出于卫生安全的考虑，我派人去衢州常山接李阿姨。当天早上 6 点他们就从萧山出发，因为我们约好下午在萧山第二人民医院对阿姨进行体检。虽然路上遇到了堵车，但好在最终在下午 3 点赶到了医院。体检结束后，我安排李阿姨在我们水博园道谷酒店 18 号楼住了一晚上，第二天早晨 7 点左右，我们收到报告，显示李阿姨健康状况没有问题，之后我们就把李阿姨接到我们家。过了几天，我发现李阿姨性格比较温和，照顾小孩子很有经验。她经常和夫人在一楼一起照顾道容，也比较配合，整个过程都在夫人的注视下。就这样，白天以李阿姨照顾为主，晚上道容和夫人一起睡，道容和夫人的感情也越来越好，不管什么时候，她要抱的第一人选都是夫人。小孩子在成长，在懂事，我们让她把小手拿给我们闻一闻，先教她怎么做动作，过了一会儿她自己就会把小手拿过来让我们闻，真是十分可爱。

写了这么多，好像流水账，但的确是我与家人生活的最真实的日常，这一份日常与平凡，满含着人性，饱含着温馨。但凡搞企业的，有一个祖孙三代其乐融融的家，是真金难换的，也是求之不得的。我非常珍惜这一份家庭的温情，那是我一切事业的起点和动力。我的事业能走到如今，要真心感谢家人的支持、鼓励和担待，没有他们，恐怕我无法将宝盛这个"大厦"建到如此的高度，家人是我奋斗至今的最坚强后盾和心灵栖息的温暖所在。年纪轻时，因为工作，我对夫人和儿女陪伴甚少，对他们多有亏欠，而如今年岁大了，我越发感受到亲情的可贵，看着一双儿女事业有成，孙辈快乐地成长，我心里充满了感恩。家人团圆、儿孙绕膝，这可能是我们这个年纪的人最渴望和最期待的画面。

女儿、女婿、儿子、儿媳，他们年轻、勤奋、刻苦，他们努力工作，总想在工作中做出成绩，他们把自己的知识、信念和理想，都无保留地倾注给公司，这让我无比欣慰。在成长的道路上，他们当然需要有更多的历练，但是我相信，以他们的诚实、诚信与诚恳，一定会"长江后浪推前浪"，一代胜过一代。

第十八章

桑梓情

1. 出任党湾镇建筑业联合会会长

　　我的家乡党湾镇地处萧山区东部、钱塘江南岸、美丽富饶的萧绍平原中部，属钱塘江南岸泥沙淤积而成的沙土平原。100多年前，党湾镇所处的区域还是一片茫茫的海涂，经过钱塘江长期的泥沙淤积和人工围垦，才渐渐形成了沙地。虽然自然条件恶劣、资源匮乏，但党湾人靠自己勤劳的双手艰难耕耘，日夜劳作，把盐碱地改造成良田，终于有了立足之地。党湾人又凭借自己的勤劳、勤恳和诚实、诚信，外出包工地、建高楼，渐渐地做大了建筑产业。早在20世纪50年代，已经有一些泥瓦匠游走于党湾农村，砌墙、打灶、造房。1954年，党湾的建筑工匠承担了十二埭闸的主要建造任务。1962年和1965年，党湾建筑工程队、梅西建筑工程队先后成立，在当时除了修建民房外，主要是承建本地区及附近乡镇的机埠、桥梁和会堂等。1970年以来，党湾建筑开始向外拓展市场，最开始承揽了一些农场的办公用房，之后向当时的萧山城厢镇拓展业务，并逐步进军杭州市区。1983年，党湾建筑业开始向上海和其他省份拓展业务，此后迅速发展壮大，终于成就了今天这样的规模和实力。

截至 2023 年，党湾镇拥有我们宝盛等 12 家大型建筑公司和一批中小型建筑企业，其中拥有一级、二级资质的企业 9 家，由党湾人主持的项目部有 100 多个，这些公司和项目部拥有丰富的建筑设施设备资源，一些企业的资产有数十亿元之多，已创造出一大批优质工程和技术创新成果，并获得"中国建设工程鲁班奖""国家优质工程奖""上海市建设工程白玉兰杯""上海市建设工程浦江杯""浙江省建设工程钱江杯（优质工程）""杭州市建设工程西湖杯（优质工程）""绍兴市兰花杯优质工程奖""省级优质工地""文明工地"等 380 多个奖项。党湾的业务遍布全国 20 多个省、自治区、直辖市，并开始走出国门。

党湾人每年创造的建筑业产值超过 100 亿元，建筑业已成为党湾镇的支柱性产业和富民安民的基础性产业。党湾建筑业的发展带来了巨大的经济效益和社会效益。首先是大大促进了当地就业，如今全镇 4 万多常住人口中约有 15% 的人从事建筑行业，也就是说，在党湾镇的每 20 个人当中，就有 3 个人是从事建筑行业的。党湾建筑业还培养了相当数量的建筑业高级技术人员，在一个小小的镇上，具有中级以上工程技术职称的就有 763 人，其中具有高级职称的多达 55 人。

其次是党湾的建筑企业正在全国范围内为党湾镇逐步树起"中国建筑名镇"的金名片。上海时代金融中心、上海老街住宅小区、鑫国家园等建筑精品力作均留下了闯荡上海滩的党湾建筑人和建筑企业的身影。而我们宝盛集团，以建筑起家，由当年的梅西建筑工程队，逐步发展成为涉及建筑、宾馆、房地产、矿产开发等多个领域的大型集团公司，并多次入选全国民营企业 500 强、全国建筑业 AAA 级信用企业、中国建筑业最具成长性百强企业等。就这样，从泥瓦匠到资产数十亿元的建筑企业负责人，从打灶砌墙到创造高大上精品工程，从走出党湾到走出萧山，从迈向杭州市区到迈向全国和全世界，不怕吃苦的党湾人，真正用自己的勤奋肯干和诚实诚信，撑起了党湾建筑产业的一片天。

正是在这样的背景下，2008 年 11 月 8 日，中国建筑业协会授予党湾镇"中国建筑名镇"称号，这是全国首个，也是迄今为止唯一的"中国建筑名镇"。时任中国建筑业协会副秘书长王增彪介绍说，以前命名工作都是针对县市一级单位进行的，这次经过实地考察调研，专家认为党湾的建筑业实在了不起，党湾镇有 15% 的人口从事建筑行业，有着 50 多年的建筑业发展史，年创建筑产值超百亿元，获得过国家建筑界最高奖"鲁班奖"，这在全国都是罕见的。这是协会首次为建筑名镇授牌，开了先河，意义非凡。2009 年 1 月 14 日，杭州市委副书记、市长做出批示："党湾镇打造建筑名镇做法好。"这一指示，给了党湾人莫大的鼓舞，更坚定了党湾打造"中国建筑名镇"的信心和决心。

在荣获"中国建筑名镇"称号的第二天，也就是 11 月 9 日，经萧山区民政部门批准，筹备多时的党湾镇建筑业联合会正式成立。这标志着党湾的建筑人有了自己的行业组织。萧山区 4 套班子领导和时任中国建筑业协会副秘书长王增彪、时任浙江省建筑业协会会长赵如龙等出席了当天联合会成立仪式。而我，也有幸被选举为党湾镇建筑业联合会首任会长。对于这个安排，我真心感到荣幸，同时我也意识到觉得作为一个党湾人，这是义不容辞的责任。梅西建筑工程队及宝盛建筑公司这一路走来的历程，也是党湾建筑业发展的一个缩影，正是在党湾建筑发展的大环境下，梅西建筑工程队及日后的宝盛才能走上建筑的道路，并逐步发展壮大，无论是从对家乡的热爱角度，还是从对行业的热忱角度，我真心为党湾镇建筑取得的成绩感到开心和自豪，并愿意为党湾建筑的明天贡献自己的力量。

党湾镇建筑业联合会

同时对于党湾镇建筑业联合会的组建，我认为是十分必要的。经过半个多世纪的发展，党湾建筑业已经具有一定实力，积累了一定财富，如何在新的发展时期得到持续快速的发展，是我们重视建筑业的每个党湾人都需思考的问题。我们不能小富即安，满足现状，要不断进取创新和增强竞争力，以谋求更大的发展，同时也要为社会做出更多的贡献。

成立建筑业联合会，可以为党湾建筑行业所有企业搭建一个良好的平台，以前各建筑企业都是单打独斗，势单力薄，现在有了建筑业联合会，就可以发挥这一平台的作用，形成企业互相合作、互相帮助、互相学习的氛围，通过多种形式的资源整合共同发展。这种整合是多方面的，可以互相融合，组建更大规模的股份集团公司，也可以促进人才、技术方面的交流和支援，还可以获得设备上的帮助，等等，通过多种形式的合作互助，整合资源，聚焦优势，打好组合拳，共谋新发展。同时，"中国建筑名镇"的称号也为我们提高行业声誉打开了新的局面，这让我感到党湾建筑业的发展又站在了一个全新的起点之上。

2. 当选市党代表、区人大代表

人生的际遇总是那么不可思议。2017 年，我当选为杭州市党代表，参加杭州市人民代表大会。当时会议安排的酒店是西湖边的新侨饭店。代表们每天乘坐商务大巴沿湖滨开到浙江省人民大会堂参会。而我每次乘坐这辆车，都会想起 40 年前的那一幕。那时我还是建筑工程队的小工，常常推着手拉车运送建筑材料。有一天，我刚好在体育场路沿线埋头干活，突然从远处传来一阵阵轰隆隆的汽车声，我不禁抬头望去，一辆辆排列整齐的大客车满载着乘客快速驶过。当时，这种整齐干净的汽车很少见，何况又是好几辆一起出现，排列整齐。对于我这个刚进城的农村小伙子来说，这是一件非常新鲜的事。在萧山乡下，我们看到最多的就是牛车、马车、拖拉机等，因此，这一幕情景便深深地刻在了我的脑海里，我很好奇这些车辆和人员都是做什么的。后来反复请教工程队的领导和当地的知情人，他们说这是在开杭州市人民代表大会。40 年过去了，没想到如今我也坐上了这样的车子。人间沧桑，变化巨大，我从一个建筑小工成长为党代会代表，肩负使命，履行光荣而神圣的职责，这让我备感自豪。

商务大巴车

当选杭州市党代表

　　从 1988 年至今，我连续多届被选举为萧山区人大代表。萧山是中国市场化改革和发展的热土。萧山的企业家活跃在中国经济乃至世界经济的舞台上。萧山人民的开拓与创新，创造了巨大的财富，是中国发展星空上的亮眼新星。我能担任萧山区的人大代表，离不开选民一直以来给我的信任和支持，我既感到光荣，也深切明白自己应该承担的责任。我积极参加人大组织的各类调研和视察活动，时常走访群众，汇集群众关注的热点和难点。这些年我陆续提出了《关于加大政策扶持，减轻服务行业负担的建议》《关于加快企业用地合法化工作，促进企业转型升级的建议》《关于在项目准入制度上加强对小微、建筑企业扶持的建议》《关于加强企业劳务管理，保障劳资双方合法权益的建议》《关于加强网吧整顿，培育青少年健康成长良好环境的建议》和《关于加强培养技术职业人员，塑造实用型人才的建议》等 10 多篇议案。这里既有我从自身经营管理企业的真实感受和心得体会中提炼出的相关建议，也有一些社会、民生等领域的热点问题。自担任市党代表和区人大代表以来，我总觉得身上有一种力量和责任，一方面是对自己的鞭策，不断提醒自己要以更高的标准来要求自己，不断激励自己提升各方面的素质。之后，我总是会不自觉地对一些社会问题提出自己的看法，也开始关注一些以前没有注意到的领域，所以这本身就是一个自我提升的过程。另一方面，我不能辜负选民和领导的信任支持，要承担起"代表"的职责，对得起"代表"的称谓，做好群众和政府沟通的桥梁，积极参政议政，尽自己最大的努力为群众、为一个地区多办点实事。

3. 加入慈善总会党湾分会

2009 年 3 月 2 日，宝盛加入了萧山慈善总会党湾分会。近年来，随着我国慈善事业发展日趋规范，民营企业对公益慈善事业的认识逐渐深化，在追求企业利益的同时，关心公益、热心慈善、回报社会的责任意识越来越强，参与公益慈善的热情持续高涨，越来越多民营企业积极投身慈善公益事业。民营企业公益慈善捐赠持续活跃，对公益慈善事业的贡献越来越大。

纵然宝盛参与慈善事业有大背景、大环境的趋势因素，但我个人对企业做慈善，特别是民营企业做慈善也有一些自身的想法。

首先是社会有这种需求。改革开放以来，地区经济加快发展，社会事业发展水平不断提升，人民生活水平不断提高，但现实社会中，仍然存在部分家庭因病致贫、因残致贫的情况，住房难、就医难、子女求学难等普遍困难依然存在。从家乡萧山地区来看，虽然整体上已由改革开放之前的贫瘠沙地发展成为经济强区，但是个别乡村里，极度贫困的家庭仍然存在，需要社会给予帮助和照顾的老人、儿童仍不在少数。而我本身也是贫苦人家出身，懂得贫苦是一个家庭无比沉重的压力，因病致贫、因贫辍学这些事情都实实在在发生在我的成长历程中。如今我在物质上具有了一定能力，我从心底渴望帮助需要帮助的人，让病人可以有钱治病，让老人有一个温饱舒适的晚年，让贫苦人家的孩子也可以接受更高等的教育，这是我从事慈善的一个基本的、朴素的想法。

其次，企业有这种需求。慈善是一种善举，是没有任何功利性的，每个企业都要有真正的慈善文化，学会怎样去做慈善，这是企业承担社会责任的体现。在创新求变、追求质量的同时，企业也要越来越重视履行社会责任，而其突破口就是持续的社会公益活动和慈善事业。更进一步讲，私企不姓私，它是私的积累，公的发展。一个独资企业在规模很小时，可能是个人的，但当它发展壮大后，企业就具备了社会性。它的员工、客户、供应商乃至周边社区的民众，都与企业的利益息息相关。这个企业或盈利或亏损，都会对这些人的工作和生活产生直接或间接的影响，所以当一个企业规模很大时，私营只是一种经营形式，办企业最终都是在办社会，企业终究是社会的。

最后，企业做慈善不求回报，但其实社会仍然会给予企业一种隐形的回报，这表现在慈善捐赠能给企业带来道德资本，为企业的关系资产提供保护，即企业预先进行慈善捐赠，若遇不利时机，慈善捐赠可以减少甚至消除各种不利因素给企业带来的负面影响，避免了企业价值的损失。同时慈善捐赠能改善企业形象、提高企业声誉，积极的形象与良好的声誉有助于企业获取利益相关者的支持。慈善捐赠还能直接给企业带来价值增值，可以为企业创造有利的商业和制度环境，形成特定竞争优势并有效提升企业价值。

事实上，在加入慈善总会之前的很多年里，大概是从 2000 年开始，公司便陆续参与了一些捐助活动，主要可以分为 3 个层次：一是每年对党湾的一些贫困户进行帮助，二是对一些贫困村的捐助，三是每年开展"春风运动"捐助行动等。自 2009 年加入萧山慈善总会党湾分会后，公司每年上交 15 万元给慈善总会，让慈善总会进行统一安排和捐助。虽说加入慈善总会后，从事慈善事业更具有系统性和方向性了，但是在这一领域，宝盛还是一个初学者，我认为宝盛做慈善还是要立足当地及周边，至于以后，我希望宝盛能在能力范围之内对社会给予更大的贡献和回报。

4. "非典"来袭

2003 年春节前，广州，肉眼看不见的病毒在空气中传播，人们将其吸入肺部后会出现发烧等症状，就会被"隔离"至死神的门前。市民们通过短信、电话，纷纷向外述说着这一粒粒病毒的可怕，谈论着这种"怪病"。后来，医生将它命名为"传染性非典型肺炎"，又称"严重急性呼吸综合征"，英文名"Severe Acute Respiratory Syndrome，SARS"，人们叫它"非典"。这种病似乎比瘟疫还要恐怖，因为这是一种通过呼吸就能传播的烈性传染病。2003 年春节，街上和往年一样欢聚着的人们，心里却没有往年平静。

之后，"非典"病毒不可避免地开始从广州往外扩散，香港和北京先后出现"非典"病例，并成为重灾区，全国各地大部分省份也都被波及。"非典"阴影一下子笼罩大江南北，人人自危。其中受影响最大的，便是旅游业和酒店业，各旅游景点、宾馆饭店门可罗雀，生意一落千丈。此时宝盛宾馆开业还不到 2 年，如此严峻的形势下，酒店经营自然受到了致命的影响。但这个时候，这不是我们首要考虑的问题，如何保护和安抚好员工，才是最重要的。企业有责任保障员工工作期间的生命健康安全。

在"非典"期间，酒店每天都有往来流动人员，酒店业从业人员成为高危人群，当时酒店的员工也颇有些人心惶惶。我和集团总部的领导商议，决定从饮食上对员工的身体进行调理，增强员工身体抵抗力，那时我给公司全体员工发放维生素，并安排厨房在每日工作餐中添加清肺解毒的食物。一段时间下来，员工的身体抵抗力确实有所增强。同时管理层定期与员工进行沟通，尽可能及时解决他们生活工作中遇到的各种难题，这也使得员工能够正常安心地投入工作。"非典"期间，萧山地区很多酒店都暂时停业了，但是宝盛没有出现员工辞职事件，并且整体保持了正常有序的运转，这也为特殊情况下的社会提供了一点点稳定的力量和不可或缺的服务，政府和外部企业对我们的做法也给予了较高的评价。更为重要的是，当危难来临时，我们上下一心，和衷共济，领导层始终站在员工的角度处理问题，把员工的安危放在最重要的位置。"非典"期间，宝盛员工对企业的归属感和忠诚度有了明显的提升。

5. 四川地震援建

2008 年 5 月 12 日下午，我正在印尼考察时，听闻从国内传来令人震惊的消息，四川汶川、北川一带发生 8 级强震，地震的强度超过了 1976 年的唐山大地震，这是中华人民共和国成立以来破坏性最强、波及范围最广的一次地震。大地颤抖，山河移位，满目疮痍，生离死别，近 7 万人遇难，30 多万人受伤，此次地震重创约 50 万平方公里的中国大地。

在得到这个消息后，我立即打电话给单位的工会主席，让他在整个集团范围内组织员工捐款，同时，我也打电话与公司其他高层商议公司赈灾事宜，最终决定第一时间向四川灾区捐助 20 万元。没过多久，受政府委托，我们宝盛建设集团有限公司承担起赴四川广元援建过渡安置房的任务，当时的具体要求是，6 月份即启程，争取在最短时间内完成建设任务，以帮助受灾群众尽快解决临时住房问题。于是我们建筑公司召开专门会议，成立了以总经理为组长，分管生产施工、质量以及后勤等各块工作的负责人为副组长的援建工程领导小组，并将具体任务部署落实到专人。令人感动的是，在得知公司参与援建后，不少员工纷纷前往办公室和人力资源部门打听情况，要求到灾区参加援建工作，其中驾驶班驾驶员以及宝盛宾馆餐饮部厨师表现尤其突出。大灾有大爱，关键时刻，这种不计个人得失、安危、识大体、顾全局，积极主动要求到一线参加灾后重建的行为，体现出宝盛员工优秀的职业素养和高尚的品德操行，也充分向社会展现了一支能与企业、社会同呼吸、共命运的精干团队。

过了几天，我回到国内，此时建筑公司针对援建时间紧、要求高、困难多的特点，已着手安排先遣人员深入灾区，着手进行现场确认、地形踏勘等前期准备工作。没过多久，由建筑公司主管生产的副总经理带队的援建灾区施工队正式入川。虽然之前做了充分准备，但到了现场，他们所面临的各类困难远比我们预想的要多。交通不便，许多地方道路中断仍未恢复，各类设备运不进来。余震不断，给正常施工带来较大影响。此外，还存在生产物资匮乏、材料购买困难、施工难推进等问题。

现场施工的重重困难及艰苦的生活条件，并未使我们的施工人员退缩，大家齐心协力，共同面对，没有条件就创造条件，想方设法克服困难，最终，他们仅用一个月时间就保质保量地完成了安置房建设任务。其中项目部的4名同志因工作表现优异，在当地火线入党。同时，他们中间还涌现出不少感人事迹，一名同事工作途中遇到一位80多岁的老奶奶，她因患病正步行前往就医，该同事得知后便二话不说主动送老人去医院。等老奶奶看完病，面对人家的再三感谢时，他也只是说这是应该的，换了谁都会这么做。还有一名同志看到一个幼童被毒马蜂蜇伤，有生命危险，在余震不断、山石滑落的环境中，他抱着孩子赶往医院，最终幼童脱离了危险。这些举动都得到了当地群众和领导的高度评价。

四川救灾现场

宝盛在赈灾期间体现出的企业精神和个人奉献精神，经受了严峻的考验，受到了浙江省市区各级政府的一致肯定，宝盛建设集团先后被评委浙江省抗震救灾先进集体、浙江省援建四川广元安置房先进集体，并荣获浙江省援建四川集体三等功等。这是千金难买的荣誉，它们都被光荣地载入了宝盛的史册。

第十九章

理念先行

1. 顺势而为

很多人问我办企业这么多年，最应遵守的准则和最成功的经验是什么，我只回答他们4个字"顺势而为"，这个"势"是潮流、趋势，也是规律。企业的发展离不开所处的宏观环境，微观主体的一举一动都要顺应宏观形势，逆势而谋最终只能自取失败。但是我所说的顺势而为，不是"等"和"靠"的概念，而是根据形势，提前谋划，时刻求变，在时机成熟时果断采取相应举措。只会等待的人永远丧失机遇，懂得创造的人才能收获成果，而企业发展也正是如此。回忆宝盛几十年的发展历程，宝盛正是在准确把握宏观形势的基础上，实现了企业多次重要转型和跨界，从而迈出了企业发展的关键步伐，并在改革开放的浪潮中，没有被风浪淹没，没有被市场竞争吞噬，由一个乡镇建筑工程队发展成乡镇民营企业，再入选民营经济500强，真正成为时代浪潮的弄潮儿。

我们实现的第一个重要转折，是推进企业的独立经营。20世纪80年代末，我们还是萧山二建下面一家没有独立法人资格的建筑工程处。各个小型建筑工程处隶属于一个较大的公司，实行统筹发展，比较有利于市场的拓展，这也是符合当时实际的一种发展方式。到了 90 年代初，市场经济的法律法规体系越来越健全，当时的萧山二建下面有好几个工区，事实上每个乡镇都相当于一家公司，而既然下属公司没有独立的法人资格，按照当时的法律法规，其营业执照都要被收走，全部归属于萧山二建。在这种情况下，建筑工程处的经营发展毫无自主权，各个建筑工程处之间又存在激烈的竞争，这种体制模式已经不适应建筑工程处的发展壮大。这时我开始考虑脱离萧山二建，自己来组建一家具有独立法人资格的建筑公司。当时阻力比较大，乡镇领导都持否定态度，萧山二建的相关领导也不是很同意。但我想要独立的念头比较坚定，于是想尽了各种办法说服各级领导。最终我们退出萧山二建，组建了独立的萧山五建，自主经营，这就意味着自负盈亏，独立自主地承担市场风险和责任，成为市场主体，并且成为当时从萧山二建较早独立出去的建筑公司。在很多人还没有意识到计划经济转为市场经济的种种重大变化时，我们提前嗅到了市场变化的气息，并且坚定地引导企业走上了一条更具有潜力和符合宏观形势的发展道路。没过多久，独立之后的萧山五建在市场经营中取得了相当不错的业绩，并且赢得了市场，在萧山几十家建筑公司中脱颖而出。反观当时萧山那些没有走出独立道路的建筑工程处，基本全部湮没在了市场竞争的浪潮中。

拓展水泥生产线施工领域市场，是企业开启的第二次重要转折。20 世纪90 年代初，大多数建筑公司的主要业务竞争还集中在民用建筑领域。"饼"只有那么大，争夺的人却越来越多，对个体企业来说这很可能造成未来空间的萎缩。从那个时候开始，我便试图寻求企业市场拓展的新方向和新路径。机缘巧合之下，我们承建了一个水泥生产线的施工项目。项目建设完成后，我对当时的水泥市场做了充分的分析，按照当时我国经济社会建设的宏观形势，未来我国将面临城市化的大趋势，基础设施建设将迎来一个大力推进的关键期。水泥属于基础设施建设的大宗物资，未来的市场需求将进入一个爆发期，而当时国内很多水泥生产商都是中小型水泥企业，工厂规模小、生产线简陋、操作过程缺乏规范，造成了很大的环境污染问题，这些生产线的逐步淘汰将是必然的。之后，我们大幅推进水泥生产线施工领域工程，成为国内较早进入该行业的企业，并形成了技术上和市场上的双重领先优势，打响了企业主打产品品牌，并借此把企业的市场由省内拓展到了全国。

企业发展的第三步关键转折，是推进资本结构的转制。萧山党湾建筑企业转制开始于 20 世纪 90 年代初。到 1995 年，为进一步激发企业活力，实现企业自主经营、自负盈亏，真正把企业的责任落实到经营者身上，党湾企业改制迎来集中期。萧山五建也加入改制的大潮中，整体过程相当复杂，不同的声音和争议也很多。但我们的方向很坚定，就是要将现在的集体企业改为民营股份制企业。1996 年 3 月 8 日，企业完成转制。改制后的企业真正摆脱了体制僵化的困扰，结束了在夹缝中生存的困境。改制进一步释放了企业的活力，通过种种举措也增强了管理人员的企业归属感，从而提高了企业的运作效率和市场拓展能力，公司经营收入和利润以成倍的速度提升。在改制这一步上，我们企业又走在了大多数同行的前面。

跨界发展酒店业，是宝盛开启的第四次重要转折。我们买下市心北路那块地，最初的设想是建设企业总部大楼，同时建成一个企业的接待场所，承担往来人员的接待功能。后来我们索性建成了宝盛宾馆，这完全是无心插柳之举。宝盛宾馆的建设、装修以及运营全部由宝盛团队自行承担，整个过程中，我们就是摸着石头过河，不断参考经验、吸取教训、及时解决问题。一个搞建筑的企业做起了酒店营销，听起来颇让人觉得不可思议，酒店业是一个高端的服务业，面对的是有不同需求的人，是比较难管理的，当时有好多同事和领导劝我不要往这个方向发展，可我还是认准并坚持了下来。如今我们不但把酒店搞起来了，而且还经营得有声有色。宝盛酒店从建成到现在的十多年时间里，始终保持良好的营业业绩，成为萧山区老牌星级酒店的经营典范。继宝盛酒店之后，我们又异地收购了肥城龙山大酒店，开拓了酒店连锁式经营，投资建造了宝盛水博园大酒店、道谷酒店、泰山宝盛大酒店等。至此，宝盛真正实现了建筑业、酒店业两条腿走路。在水泥行业国内市场进入产能过剩阶段后，酒店业开始起来了，公司的整体经营状况并未受到大的影响和波动。同时，酒店作为公司的资产，其价值一直在增长，需要的时候，可以免去担保的麻烦，向银行申请物业抵押，关起门来实行资金的循环使用。从很多方面来看，酒店业这一步棋我们还是走对了。

跨界发展矿业、置业开发，是宝盛的第五次重要转折。其实自建筑业和酒店业成为宝盛的两大支柱产业后，我也一直没有停止寻求企业新的发展领域和空间。对于进入矿业和置业开发两个领域，都是我在机缘巧合之下初次接触，然后经过周密的市场分析，明确其可行性后，果断做出的决策。无论是矿业还是置业开发，我们都是新手，进入行业之初也碰到了很多挫折，走了些许弯路，但在摸索前行中，如今我们都做出了相当喜人的成绩，尤其在置业方面，不仅成功开发了省内外多个综合体，还形成了住宅精品化的思路，提出了装修设计同步跟进的住宅开发理念，培养了一支具备多种素质的专业开发人才队伍。至此，我们才真正可以说宝盛初步实现了"专业立足"基础上的多元化经营。

跨界发展轻型服务经济，是宝盛实现的第六次重要转折。21世纪以来，特别是 2010 年以来，传统产业转型升级成为国家重要的发展战略，尤其在经济更加发达的长三角地区，出现了明显的制造业比重下降和服务业比重上升的趋势。这一时期，宝盛整合酒店建设和运营经验、资源，适时推出"酒店建设管理一站式服务"，打造酒店业全产业链，实现了由单一服务向全产业链服务的跨越。除此之外，企业在多元化拓展上，又迈出了新的步伐，逐步开启信息网络营销，涉猎医疗服务产业、红酒贸易以及楼宇经营等。

在楼宇经营上，值得一提的是，宝盛大厦设计之初，我们初步将其定位为酒店（宝盛大厦拿地要早于水博园）。后来水博园先行建成，我们感觉在同一个地区布局两家大型酒店有点重复，在这样的情况下，在建设宝盛大厦时，给它定位就比较困难。我们对市场形势进行了充分的分析评估，最终对大厦业态做出了详细的调整，将其定位为中科宝盛科技园区。在楼体功能上，一幢楼改为科技园区，一幢楼改为小体量公寓楼，使得大厦既有科技创新的服务功能，又有开展现代服务业的配套功能。宝盛大厦的运营是在新的市场形势下，对传统产业及传统模式的又一次突破。科技园区作为楼宇托管的示范，为今后的拓展奠定了基础。

走出国门，是宝盛实现的第七次重要转折。如何带领宝盛走出国门，是我一直在思考的事情。国内的传统市场空间越来越狭窄，竞争越来越激烈，适度拓展海外市场，是企业未来发展的必由之路。2000 年以后，我有多次机会到国外考察和交流访问，为企业的海外拓展，建立了前期的调研基础。2010 年，我们在美国休斯敦注册成立了宝盛美国休斯敦公司，通过休斯敦的公司，开启了真正的海外拓展之路。我们不断从国外了解产业发展的新理念、新趋势、新技术，加快了集团在国内的各个行业和产品与国际先进技术接轨。相当于在美国设置了了解世界的窗口，收集外面有用的信息，并适时拓展新产业。集团的医疗服务项目、医疗中心边上的酒店项目，以及红酒贸易都是在美国公司的配合下推进的。2013年，"一带一路"倡议提出后，我们的水泥生产线施工公司也在共建"一带一路"国家市场布点，承接了不少国家的水泥生产线建设项目，在海外更广阔的市场中寻得了传统产业发展的新空间。

除在关键点上做出的重要转折外，顺应形势而采取的一些重要举措，也是带领宝盛不断前进的舵盘和动力。

危机来临时适当收缩、稳妥过冬，是宝盛审时度势的一个重要体现。2008年中，始于美国的次贷危机开始全球蔓延，引发世界范围内的金融危机，进而深刻地影响到全球经济。市场的急风暴雨来了，我们的各个产业也或多或少受到了一些冲击。当时我们审时度势，做出控制盲目扩张扩产、适当收缩的重大战略决策，比如停止鑫远矿业生产、很多地块项目采取与同类型企业合作开发的模式等，达到了有效控制资金、规避市场潜在风险的目的，从而安然度过了金融危机。当时很多企业盲目扩张、摊子铺得太大，一时难以转头，最终惨遭淘汰。此外，宏观调控常常带来不确定因素，要具有一定的预见性，比如2010—2012年，我们拿了好多土地，冷静分析后认为，如果市场出现波动，那么整个企业的运营将会出现困难，我们最终决定按照企业可以自行解决的前提来处理这些问题，实现稳健经营。后来，我们将拿到的土地通过与其他企业合作等方式做了调整。2013年，经济果然紧缩，市场发生翻天覆地的变化，很多企业倒闭，至今还留着一栋栋烂尾楼，而我们集团没有受到实质性影响。因此，在市场朝夕不同、变化很大的外部形势下，一定要保持一个冷静的头脑，适时、果断地做出科学理性的决策，有效控制各种风险，这也是宝盛集团能稳步走到今天所秉承的一个重要原则。

实施打造精品战略，是宝盛在新时期赢得市场的关键。同 20 世纪八九十年代不同，如今市场供求关系已经发生了明显变化，各个行业基本都进入了买方市场。产品的品质已经成为市场竞争的最关键因素。在这种形势之下，企业集团开始实施由"量"向"质"的全面提升工程。2012 年我们提出"现场就是市场""建设品质企业"等方针，努力在产品品质上做文章，事实上就是在宝盛的建筑业、酒店业等多个领域实现行业内的转型升级，以优质的品质赢得消费者和市场的认可。近些年，宝盛在各行业的市场占有率还在不断提高，市场营业额不断增长，这也是很难得的。假如仍然按照原有的思路发展，不去分析新的、更为复杂的市场形势，不去寻求新的突破和提升，那么我们早就被激烈的市场竞争淘汰了。

2. 现场就是市场

市场竞争日益激烈，优胜劣汰、适者生存的规则从未变过。一个公司要长远发展，必须立足于两方面，一个是市场，一个是现场。市场是运营的前提，没有市场的开拓，后续运营等一系列管理就无法进行；现场是市场的保障，没有一个良好的现场，市场难以持续维持。所以，运营靠市场，市场靠现场，有了良好的现场才能赢得市场，才能维持运营。

因此，我一直强调"现场"和"市场"这两个概念。"市场"无须多说，而"现场"究竟要如何定义？从宝盛的产业体系来讲，我认为"现场"应该包括项目工地施工现场、各酒店服务现场、后台服务区域等直接创造效益的区域，同时也包括员工面貌、企业形象、管理关系、公司氛围等后台支撑领域，只要承载着管理的地方，都是我们必须提升的"现场"。每一个人都有自己的"现场"，有大有小，有前有后，却都紧紧地联系着"市场"，甚至就是"市场"的一部分。

在提升"现场"方面，就宝盛的管理经验来看，要从项目施工现场、酒店服务现场两大"现场"来着手。

项目施工现场是宝盛"现场"最重要的一个部分。提升项目施工现场最关键的是加强项目管理，去考察过"现场"的人都明白，对于高水准的项目管理，其项目进度、材料、成本、质量、安全等每一项指标都是精打细算、严格要求的，这样的"现场"做出来的产品，才能既保"量"又保"质"，既体现功能，又展现形象。比如：在置业项目中，要加强功能定位、具备先进的设计策划理念、精细选材、各环节严把质量关，才能建出让业主满意的房子；而在矿业现场中，尤其要加强现场作业管理，确保现场作业文明和安全，提升精矿品位和选矿回收率。

在项目施工现场的管理中，我比较注重让公司的员工了解外面项目的推进情况，学习其他工地建设的优秀经验。我经常安排全公司中层以上管理人员及部分项目经理赴外地参观同行的示范项目工地。记得有一次我们去上海南桥参观一个由沪上知名开发商投资建设的项目工地。在参观过程中，该施工现场所呈现的井然有序、严谨规范的操作场景，以及周密的细节管理、严格的过程控制，都让参观人员受益匪浅。项目主管向大家就该项目的概况与各方面管理情况做了介绍，他们这种与国际接轨的科学管理模式令在场的参观人员深有感触。

参观结束后我与大家进行了探讨。我希望项目施工能吸收优秀的管理理念和经验，首先要从思想上做出转变，摒弃旧有思维模式，以"高标准、严要求"

对待自身工作。其次，在项目管理中要使成本控制意识深入人心，使成本管理成为工作常态。再次，转变原有管理模式，借鉴同行优秀的管理方法，各专项班组人员全部自管，通过劳动定额进行考核。最后，要深刻领会"质量就是市场"这个概念。不管外部环境怎样变化，只要质量过硬，就不愁没市场，关键在于要认真对待所做的每一件事，最终赢得市场的认可，确立自身在行业领域的地位。

各酒店、宾馆的前台服务现场和后台服务支撑，也是宝盛"现场"的重要组成部分。各宾馆、酒店须加快完善前台管理，加强后台为前台服务的力度，提升包厢接待和服务品质等，增加客人认可度。让同一位客人来了一次还想来第二次、第三次，而且还介绍其他客人来消费，让每一位顾客都能成为我们的宣传者、推荐者，这样的回头客越多，就说明我们的"现场"做得越让他们满意。

如何才能打造优秀的"现场"？根据这么多年的管理经验，我总结出如下几个关键点：一是管理层对此要有深刻的认识，因为"现场"是靠人管理出来的，只有管理层上下一致，对"现场"知根知底，明白"现场"与"市场"之间的联动关系，才能指导全员开展行动，打造优秀的"现场"；二是要完善系列标准、规则、要求、服务模板，按照标准化操作进行推进，层层监督、职责明确、落实到人；三是建立、完善员工应知应会操作系统，通过对应知应会内容的学习来提优补差，尤其是员工流动率较大的宾馆、酒店，要通过对应知应会内容的学习让新员工迅速进入角色；四是建立评价体系，从纵向、横向对上述各项进行考核评价，激励各层管理者和员工切实提升"现场"质量，实现创造效益和把"现场"转化为"市场"的目的；五是学习先进的现场管理技能，掌握超越"市场"的"现场"管理方式、方法，在"现场"和"市场"的竞争中领先同行管理者。

现在"市场"拓展工作难以推进，肯定是因为"现场"工作没有做到位。换位思考，业主或客户现在参观的"现场"就是他们以后会享受到的服务，没有谁会愿意置身于产品或服务根本不合格的"现场"。所以，优秀的"现场"赢取"市场"，不合格的"现场"就会被"市场"淘汰出局。

一个项目的"现场"究竟如何，是要靠数据和事实说话的，拥有一个好的"现场"后，就能打通"市场"。凭借"现场"，就能稳定老业务，招来新业务。为什么在市场形势不明朗的情况下，很多企业的业务量还是接二连三，不减反增？这就是优质"现场"带来的"市场"保障。当我们能够靠"现场"促进"市场"的时候，我认为我们的"现场"就算做到位了。

说了这么多的"现场"，那"市场"总要有所作为吧。其实，"现场"和"市场"两者是相互促进的，"现场"是"市场"的后盾，"市场"是"现场"的前锋。有了好的"现场"，再用"市场"的力量助推一下，便不愁没有好的销售。

在宏观市场领域，这几年一个明显的趋势是，电子商务、金融投资、新能源材料、高端装备制造等已经成为热门行业，传统产业似乎有渐渐收缩的态势。那么当前的一个问题是，宝盛集团的传统产业领域是否还能够维持改革开放以来的市场？我有下面几点考虑。区域经济圈和新型城镇化建设仍是未来全国，特别是东部沿海地区的重要发展趋势，浙江已经着手推进镇级小城市建设，因此，城乡一体化发展、推进社会民生事业，仍然是未来几年经济社会发展的重要任务。宝盛这些年逐渐由以水泥生产线项目等工业建筑为主的经营形式向民用建筑和房地产投资及开发转型。最近几年，房地产市场虽然受到政府调控的影响，但作为主要居住形式，其需求仍然存在，特别是刚性需求并没有减少。

现在酒店行业的市场被压缩，但潜在的市场如会务会展、培训等需求越来越旺，"80后""90后"等新一代的消费群体也在不断形成，消费能力在快速提升。所以，对宝盛的传统行业而言，虽然整体行业形势和市场竞争形势比较严峻，但未来的市场仍然存在，新的潜在消费群体在不断壮大，未来的关键取决于我们如何进一步开拓市场，挖掘潜在市场。

在开拓市场方面，我认为最关键的一点，就是激发"人"的力量，要形成有效的激励机制。宝盛这些年在市场营销方面下了不少功夫。我要求各产业集团、下属公司的一把手亲自抓营销，对各级的营销工作投入时间比例根据实际情况做出要求，如对市场拓展和督查工作，我自己投入的时间不少于40%，副总裁投入的时间不少于60%，三级公司及独立运营部门负责人投入的时间不少于65%，以确保市场业务拓展的持续有效开展。也就是说，当领导的必须下大精力，分析市场、调查市场、研究市场，在市场的汪洋大海中学会游泳。在进一步发挥营销人员主体作用的同时，执行全员营销的相关政策，将营销精神贯穿到每个部门、每个岗位，营造一种人人促销的氛围，全员同心协力渡过市场难关。

在鼓励营销的同时，要采取相应的营销激励措施。针对专业营销人员，设立销售冠、亚军等不同级别和类型的销售奖项。宝盛自2012年以来一直实施此政策，在员工中获得了强烈的反响，极大地提升了销售员的积极性。针对全体员工，宝盛也制定了相应的全员营销提成奖励政策，并按照公司销售情况逐年提升，如近几年，旅业集团团队、散客餐饮等模块在全员营销方面均逐年提升了一个点左右的比例提成，进一步激发了全员的营销积极性。

与此同时，销售渠道也是非常重要的一环。在当前阶段，关键是要整合资源，扩大网络营销。当前公司将企划部和订房中心合并，成立股份公司网络营销推广中心，以期充分发挥网络信息作用，整合宝盛各产业资源，统一对外开展形象策划、宣传和信息发布，加大各产业的产品组合推介，以更广泛的渠道拓展市场。另外，要打通宝盛集团内部各产业的沟通渠道，推进各产业重新梳理会员体系，由股份办公室牵头，联动各产业会员，实现产业间会员信息互通共享，并与会员进行深度互动，实现客户的情感回归，比如多次组织老客户进行联谊互动，并借此深化友谊，挖掘业务潜力。

3. 标准化、品质化就是竞争力

俗话说：没有规矩，不成方圆。一个国家的正常运转要做到有法可依、有律可循，对公民行为进行保护和约束。而一个公司要正常、有序运作，也需要一定的规范制度，于是渐渐出现了企业标准化。在业界素来有这么一句话，叫"三流企业卖产品，二流企业卖品牌，一流企业卖标准"。其中的"标准"和企业推行的标准是两层意思，但只有企业实现了高度标准化，其产品和服务才能成为行业的标准。实践证明，谁掌握了标准，谁就掌握了市场的话语权，一个企业只有推行标准化，才能实现管理的科学化、精细化。

标准化是提升品质的核心工作，足球要靠裁判执法，品质如何要靠标准来评判。就宝盛来说，我在2014年便将企业管理的重点放在标准化推进上面了。2013年年末，公司召开了标准化宣贯大会，明确了各产业的标准化推进时间，并下发了现场操作标准，例如水博园大酒店通过现场提升，初步建立了环境标准的样板。次年2月，公司组织召开了2014年度标准化推进现场会，全体部门副经理及以上管理者对水博园大酒店的标准化实施进行了现场观摩学习。通过一系列理论的宣贯和现场的观摩，大家对标准化的实施有了进一步了解。之后，标准化工作在各产业全面展开，工地的现场操作、酒店的对客服务，均按照标准执行，各产业逐步建立起各自的全方位样板，形成标准参照物，进而以点带面，全面实现标准化。未来，宝盛标准化推进的重点，一是要进一步完善标准化体系本身，防止标准执行高低不齐，二是要更多考虑如何将标准与品质相结合，切切实实将标准服务于品质的提升，加快建立并形成一个有效的互动机制和过程。

如果说标准化是一个过程，那么品质化就是这个过程的结果。我在很多场合都强调品质化，多次谈及产品品质对企业发展和市场竞争的重要性。品质对一个企业而言，如同高楼的桩基，桩基不稳则造再高的楼都是幻想。尤其是在经济不景气的形势下，品质的优劣直接决定了企业是否能度过冬天，看到春天。很多人觉得品质是一个空洞的概念，什么是好品质，什么是坏品质，没有严格的界限。但我要讲的是，品质概念并不空洞，品质是员工素质和企业管理的集中反映，是客户对我们产品和服务的直观感受，客户在消费了我们的产品和服务后，会形成满意或者不满意的评价，因此品质是有形的，有标准的。

品质对企业的意义是非常重要的，甚至是决定性的，正是因为清醒地看到了这一点，所以我才一直不遗余力地强调品质，致力于打造富有特色的品质宝盛。建立了优秀的品质，市场占有率的提升便能水到渠成。正所谓"酒香不怕巷子深"，品质优秀，客户口口相传、慕名而来，品牌知名度不断上升，广告宣传等其他成本就大大下降。人们都有这样的习惯，比如第一次去某餐馆体验产品或者服务，如果他认可这家餐馆，第二次、第三次消费的时候还是第一时间会想起这一家，仿佛形成了固定思维，项目建设也是同样的道理，这就是所谓的客户忠诚度，而离开了优秀的品质，忠诚便无从谈起。

行业内的竞争或淘汰，本质上就是围绕品质展开的，除了垄断企业，我没见过品质差的企业能够在市场上长期立足的，并且在危机时期，倒下的往往也是品质差的企业。我想说的是，企业间既是平等的，因为起跑线和外围条件是一样的，同时又是不平等的，因为企业最终会分成三六九等，只有激流勇进挤入上层的企业才会获得尊重，才能享受尊严带来的收获。

还有一点值得注意，即高品质并不意味着高投入。维持高品质能够吸引大量的客户，但这并不意味着需要高投入、高成本。大量事例证明，高品质靠的是优秀的管理、专业的技能和团队的凝聚力，以及由此激发的不可估量的人力资本，而不是用金钱堆砌出来的——钱买不到品质。我曾去江苏省参观一家国际大酒店，该酒店投资 30 亿元，可以说是"土豪"的级别，但从设计风格和实用功能而言，该酒店和我在国内外考察过的很多其他酒店相差无几，而这些酒店的投入要低得多。

市场竞争早已经从价格竞争转变为品质竞争了，很多细节我们自己也能感受到，比如：我们不再为了省几块钱去随便填饱肚子，而是宁愿开车去几公里、十几公里之外体验别人介绍的餐馆；我们不再为了有单纯的栖身之所而随便找一个施工队造房子，而是要提前请人设计规划，请装修公司设计施工，请专业人士验收把关，一幢房屋就是一件既美观又实用的艺术品。

近几年，在宝盛的各个行业，我十分推崇打造"精品"的概念，并为此构建了诸多的机制和政策体系。但从当前实际来看，公司在打造品质化产品上，还存在一些待完善的地方。比如创新能力不够，虽然我们已对不少产品进行了创新提升，但是步子不够大，力度不够强，范围不够广。创新的过程是很艰难的，但我时常同员工讲，困难就像一座山，没跨过去前感觉很高，可是跨过去了再回过头来看，一切也不过如此。品质提升的过程是痛苦的，但如果跨过去了，就是雨后天晴、先苦后甜。另外，品质提升的合力还有待形成，在品质提升过程中员工身处一线，没有比他们更合适的信息收集者和操作手了，但员工主动反馈产品或服务信息的机制、员工和管理人员联动提升品质的机制、员工主动维护提升品质的机制等都还没有完全形成。我们的部分中高层管理人员很辛苦，但如果能够实现全员合力推进，提升品质就会有效得多，快速得多。

人们说落后就要挨打，那么在商业市场中，品质落后就要被淘汰，因此要更好地认识和遵循经济发展规律，转方式、调结构、提升经济发展的品质，推动经济可持续发展。一个国家如此，一个企业也是如此，故步自封等于退步。我常常同员工讲，我们处在一个饿不死的传统行业中，但千军万马挤在一起，要想吃饱吃好，就必须时刻往前跑，犹如猛兽在后面追，人跑得慢就会被吃掉。以这种危机意识、紧迫意识来对待产品品质的提升、对待企业的进步，才有可能创造更加美好的未来。

4. 我的成本效益观

我们正在进入一个低收益、高成本的时代，企业由高增长转入低增长，成本高、开支大是每一个企业"成长的烦恼"，宝盛同样面临这个问题。

无论是拥有绝对政策优势的国有企业、有政府背景的大型地方企业，还是相对靠自身运营的民营企业，要持续提升效益，保障员工利益，做市场的一棵常青树，"成本"都是管理者必须要把控好的重要关口。从一定意义上说，成本的有效管控，是管理者的一个无法回避的问题。

同样担负着社会责任的民营企业，每一分效益都得靠实实在在的投入来产生。了解宝盛历史的人都知道，宝盛发展至今，靠的是艰苦奋斗，凭的是灵活的管理机制和有效的成本控制，"怎样有效降低成本"几乎是我们每一次总裁办公扩大会议上的议题。

宝盛是一家以建筑业和酒店业为主导产业的企业，近几年新增了房产、矿业等多个产业，结构虽然有所调整，但劳动密集型和非暴利行业的性质并没有改变。企业要想提升效益，除扩大销售、开拓效益源头外，只能从内部想方设法降低成本。而近年来用工成本增加、各类费用上升、税赋压力大，企业融资又存在相当难度，高成本吞噬了企业微薄的利润。同时，同行业之间的竞争也在加剧，未来的市场空间面临很大的不确定性。在这样的形势之下，成本已经成为各级管理者不得不深入剖析的课题。

根据这些年的管理经验，我对成本管控也形成了自己的一些概念。企业高成本究竟源于哪里，或者说我们可以从哪些方面进行成本改进。就宝盛当前的情况看，管理管控是重要的一环，如果公司高层人员的成本意识不强，对企业在运营过程中的各类支出管控不严，缺乏有力的制约措施，下面各级的操作随意性自然加大，成本管理的规范性、严肃性得不到保障，最终必然会加大企业支出。时间把控也很重要，各项工作，特别是工程项目，都应该有严格的进度和时间节点，以分计算时间，就像以分计算金钱一样，一旦推进力度不够，导致工作进度滞后，小则造成人、财、物等各类资源的大量损耗，在行业利润已经薄如刀片的形势下，极易造成亏损，大则影响企业整体的既定计划与安排。

采购及材料控制也是成本管控的要点。如果采购达不到合适的性价比，同样的市场价格却得不到相应的品质，无疑会增加企业的成本支出。如果对于材料使用的数量、品质没有进行合理的预估，而是养成"做了再说，用了再说"的不良习惯，同时对于材质的标准把控不严，进场材料与原先既定的品质存在差距，那么将导致材料的使用浪费和工程效果不佳，最终引起返工等现象，造成项目成本远超预算。

当然，除这些显性因素外，劳动效率偏低、投入的工时和产出不成比例则是成本损耗的一个长期的、持续的原因。这一块的成本支出在企业内部往往是最容易让人忽视的，因为它不像物品采购等一目了然，但其隐形的支出和浪费对企业来说也是惊人的。如果企业"有人有岗没有效率"，各岗位职能不能得到高效的发挥，一天的活两天干完，各项工作推进迟缓，这就会造成人力资源的极大浪费，无形中提高了企业的人力成本。

作为企业，生存和发展的前提是必须产生效益，效益之于企业，好比石油之于汽车、电力之于机器。没有效益，企业就是无源之水、无本之木，无法长久维持。而每一分成本的控制，其实就是每一分利润的产生。在成本控制上，我认为建立健全某些方面的机制是至关重要的。

激励机制必须要有。要全面实行以效益为重点的，量化到每部门、每岗、每人的考核制度。效益是企业的生命，也是员工之所以成为员工的内核。要从高层带头做起，对各层级领导都建立起明确的经营目标和考核制度，对每位员工根据岗位量身制作量化考核表，实现各尽所能、按劳分配。成本包括看得见的材料、人工、物流、行政消耗等，但看不见的人员效率远比这些看得见的更重要，没有工作精神、工作激情，没有衡量成果的量化考核制度，没有一支以效益为企业生命线的员工队伍，企业的效益和员工的福利无从谈起。

企业领导要亲自抓成本和销售。成本和销售是带动企业前进的两驾马车，必须要由主要领导亲自抓，亲自督，做到3个"全部"。一是要将各类费用全部纳入成本管控范围。每个管理人员都要认真梳理自己所在区块的费用，对于费用从哪里产生，哪些费用是可以控制的，哪些费用本来是不该发生的，下阶段该如何调整，都要做到心中有数。二是引导全体员工树立成本意识。一般股份公司管理人员占到公司全体员工的四分之一不到，如果只有管理人员具备了成本意识，而占据着四分之三比例的大多数员工缺乏成本意识，我们的成本控制也一定不会成功。因此，管理人员要向员工灌输成本控制意识，使成本管理真正成为全员理解、接受、执行的企业文化。三是将整个生产过程纳入成本管理范围，以宝盛为例，无论是宾馆、酒店，还是一站式服务项目、矿业等，从营销、采购、安装、生产、服务，到实现销售，都要纳入成本管理范围。控制成本比例高的区域，不放松成本比例低的区域。

推进标准化也是成本控制的有效途径。以采购部门为例，如果能够针对直属、投资等项目在内的所需全部产品，梳理其供应商，统一按类划分产品信息，选择信用好、价格相对稳定的供应商发展长期合作关系，那么在较长一段时间内的采购就只需要做好供应商和产品信息、合同签订的更新工作，不必再重新询价和频繁跑市场了，如此，最终会实现人、财、物成本的有效控制和管理的规范化、高效化。

一家企业运作的初衷和最终目的都是盈利，这是企业正常运作和全体员工福利的保证。如何在有效的成本控制之下，实现更高的效益，也是管理者要着重思考的问题。我个人在提升企业利润点方面有一些感悟，我认为企业利润点无外乎有 3 个——市场营销利润点、过程管理利润点和销售利润点。所谓市场营销利润点，要从下面几点来着手：一是有效定位目标，探索高端客户，挖掘潜在客源；二是创新营销思路，比如宝盛的酒店行业近些年推出的贵宾卡、中央订房中心、网络销售及三者结合的针对性销售等，都为企业在当前的市场环境下赢得了宝贵的利润；三是提升直销比重，免去代理环节，增加营销利润；四是注重过程营销，营销不仅是一个前期引进客户的过程，更是在对客服务中维护客源，使其变为自己忠实客户的过程。

对过程管理利润点的把握，很多是成本控制。这要求管理者对节点计划、材料使用等实行有预见性的控制。比如，实行源头定点采购，直接寻找最低价的批发市场等采购源头，避开超市、零售店等中间代理环节。再如，在材料使用上，做好使用过程的控制，不浪费、不多领；在能耗控制上，做好使用效能评估，对无效的使用进行分析和审查；等等。

另外，就是要把握销售利润点。首先要体现商品和服务的价值，销售价格不能低于价值，确保企业应有的盈利点。其次要销售优质的产品，以品质赢得客户的认可，获得高于一般产品的利润。最后，就是通过销售政策的制定和营销员的努力，销售出高于企业制定的价格，从而获得较高的利润点，还可以通过营销策划的组合，使不同商品的价值提升，将低成本的商品组合成高品质商品，发挥组合优势，获得最大利润。

5. 企业领导者应该具备的素质

如今的宝盛，是一个多元化的企业集团，具有金字塔形的组织架构。作为董事长的我，无疑处于金字塔的顶端。每一个员工、每一个管理者，甚至每一个高层领导班子，都盯着我，我的一言一行，都影响着干部和员工。我从来不骄横、不粗暴、不颐指气使，始终尊重人、团结人、依靠人，以我的素质影响人。

企业发展，归根结底来说，实质上是"人"的发展。在一个企业集团中，各层级管理者和基层员工如果能够合理分工，形成互动互促机制，那么就能极大地提升企业效率。随着宝盛的日益壮大，员工数量大幅增长，我越来越感受到，进一步提升中高层管理者素质、理顺内部关系、优化管理架构，对于企业各项工作的有序开展至关重要。

我们在实际工作中，往往会出现领导拘泥于日常琐事，整日忙得不可开交的现象，或下属工作不力，忙于充当"救火兵"的现象。这对于一个公司的管理来说是非常不利的，产生这种情况的原因就是各级岗位职能的缺失，以致出现老总干经理的活，经理干主管的活，主管干员工的活的情况，企业的乱象往往由此产生。

一直以来，我有一个明确的观点，那就是领导重在决策思维。当然，在决策前要认真听取各方意见，而基层重在执行落实，就像一条船，掌舵的人决定方向，划桨的人保证船的动力。这里的领导指集团各公司的高、中层管理者，基层指中层以下管理者与员工。无论从管理学上，还是从企业实际工作出发，整体而言，领导层均需偏向于全局性、决策性工作，基层偏重基础的、繁杂的执行工作。

具体来看，领导与基层的根本区别体现在岗位功能上，领导行为具有较大的可变性，能带来有益的变革；执行行为通常具有很强的可预测性，以有效维持秩序为目标。在决策计划上，领导者注重宏观方面，着眼于未来规划方面的思考决策，着重于更长的时间范围，制定长期性的战略；基层的计划与预算强调微观方面，覆盖的时间范围为几个月到一年，制订具体短期计划，寻找方法，追求合理性。在事务处理上，领导者主要处理变化的问题，开发未来前景，制定出有光明前景的变化战略，并与员工进行有效的沟通，激励他们克服困难、实现目标；基层侧重于处理复杂的问题，优秀的执行者通过制订详细的步骤或时间表，以及监督计划实施的结果而确保目标的达成。在专业素质上，领导岗位注重综合素质和整体能力，思考企业现有制度的变革，发现并解决企业存在的关键问题；执行岗位强调专业化，服从并执行决策，维护规则。

　　只有公司各级人员做好自己的工作，领导与基层各尽其职，紧密配合，才能共同推进公司的发展。企业领导者不应拘泥于日常事务，应该留出更多的时间着眼本职，空出时间来思考整个企业、整个部门的发展战略、前进方向等全局性的问题，使企业有清晰的目标和长远的规划，这样可以更好地把握本公司、本部门的发展方向，带领整个企业往正确的方向走。从日常事务中脱身出来，也可以使领导者有更多的精力投入团队建设中去。

　　企业的发展、各项工作的推进，关键在"人"，组建一个强有力的工作团队是领导者的重要工作之一。作为一个领导者，要真正做到知人善任，了解下属的长处和不足，扬长避短，让每一个人都能充分发挥自己的长处，让每一个员工都明白，只要努力，在宝盛这个平台上，就能够将个人的理想和聪明才智与企业的发展结合起来。要让基层员工专注各自岗位的工作，提升基层人员的执行力和本岗独立操作能力。总之，领导着眼于本公司、本部门的全局决策，基层着重于本职工作的贯彻执行，只有双方都做到对各自工作角色充分认识，才能有效推动企业朝着预期目标发展。

　　经过这么多年的观察和体会，作为企业的领导者和管理者，除了要具有决策思维和大局观念外，还需要格外注意两点：一是要培养发现和解决问题的能力，二是要重视与下级同事的沟通。作为一名管理人员，首先忌讳的就是在工作中看不到问题，这其实是管理工作中最大的问题。看不到问题的原因有很多，例如专业知识欠缺，不清楚相关规范、标准等，这样的领导者对工作中出现的问题自然不能清醒认识，无法判断。如果领导者工作无全局思维，只关注自身眼前的工作，对职责范围内的整体工作了解不够深入，那么即使某些方面工作出现问题，也是看不到的。另外，缺乏责任心，把问题不当成问题，睁一只眼闭一只眼，自我感觉甚好，那当然也看不到问题所在了。

　　以上种种原因，会导致管理者在工作中视野被蒙蔽，即使遇见某些情况也意识不到这是问题，而这种行为将给部门、公司造成严重的后果。在市场营销方面，如管理者对市场变化反应迟钝，未能敏感意识到营销工作存在的问题，那么将会失去市场，不但影响企业发展，而且可能影响企业生存。在定位布局方面，如对策划定位问题、设计布局问题未能及时发现，那么会对整个项目的后期运作产生严重的影响，增加经营难度。在管理控制方面，如对技术问题、质量问题无动于衷，那么将给企业埋下严重的隐患，一旦出问题，后果不堪设想。在管理服务方面，如对现场管理混乱、标准不一等问题反应不敏感，未及时指正致使事后返工，造成项目推进时间延误、劳民伤财、打击操作者信心，那么会影响项目整体预期目标的实现。在财务管理方面，如对内部管控问题熟视无睹，那么会造成企业成本的无谓增加和企业收支的无序。在人事行政方面，如对人事问题、行政管理问题未能察觉，那么会导致企业在人力资源建设、内外事务处理等服务保障工作方面推进不力，影响企业整体工作的有序开展。

要避免这些情况的发生，作为管理者，就要兢兢业业，明察秋毫，全身心地投入企业中去，要时刻加强学习，不断提高本岗专业技能，清楚各项工作程序和各技术要点。一个企业就是一本书，学之不尽，常看常新。同时要对本岗职责有一个明确的认识，通过对自身整体工作的全方位思考、经常性总结和整理思路，来发现问题、解决问题、推进工作。还要提高工作责任心，不管出现的问题是大是小，管理者都要以负责的态度认真对待与处理，绝不能视而不见，听之任之，让小问题酿成大问题，直至带来严重的后果。

管理者需要关注的另外一个情况是与下级同事的沟通问题。管理人员在工作过程中时常会遇到下级请示工作或反映情况，在这种时候最忌讳的就是管理人员迟迟未给答复，这也会造成诸多不良的影响，甚至延误时机。为什么不给回复或者置之不理呢？我想可能原因有这样几个方面，比如：自身知识掌握得不够，心中无底，无法针对下属的汇报做回复；或是高高在上，遇事不作为，对下属反映的情况听不进去，不负责任，对下属的请示无动于衷；等等。

这必然会带来一些不利影响，比如会造成市场时机的丧失、工作推进的耽误或停滞等。大火始于微燃，小事的不及时处理，最后很可能酿成大事，给企业造成相当大的损失。同时，对下属的请示时常未答复、不给解决方案，可能致使其工作无法顺利推进，导致下属工作信心、激情丧失，最终影响管理者所辖团队的稳定性。

我认为管理者在与下属沟通、遇到下属请示或反映情况时，要及时做出反馈和处理。如要求下属本人拿出自己的解决方案和应对措施，管理者要给予衡量与明确，若管理者认为后续不需如此操作，则要直接与其沟通。如下属没有解决办法，管理者要能够拿出自己的解决方案，及时回复。若管理者本人回复有困难，则应召集相关人员开研讨会解决，如都解决不了，就应立即向上级汇报。在宝盛集团，我要求管理层对下属反映的情况和请示，要在一定时间内件件都有明确回复。

第二十章

钱塘江瞭望

1.民营经济到了转型升级的重要关口

浙江的民营经济，犹如浩浩荡荡的钱塘江，向着大海，波澜壮阔，一往无前。

民营经济是浙江经济发展的主体。"六七八九"，这四个数字一直被用来形容浙江民营经济的贡献——全省 60% 以上的 GDP、70% 以上的税收、80%以上的就业、90% 以上的企业数量。由此可见，在共同富裕的伟大征程中，民营企业是见证者、受益者，更是参与者、推动者。[①]民营经济已具有不可撼动的重要地位，对国民经济的发展产生重大作用，已经成为一支无可替代的经济力量，在生机勃勃的市场经济中，扮演着威武雄壮的角色。

对于我个人来说，我成长于中国县域经济最为活跃、民营经济最发达的长三角南翼区域，我带领一个企业在改革开放的浪潮中，奋战几十年。关于民营经济，特别是浙江民营经济的未来发展，我也很想谈谈个人的一些想法。

新常态下，国际国内经济形势日益复杂严峻，浙江民营经济发展环境已经

---

① 转引自《不惧风浪再起航：浙江推进民营经济高质量发展综述》，浙江省人民政府网站，2022 年 1 月 10 日，http://www.zj.gov.cn/art/2022/1/10/art_1554467_59182882.html。

开始发生明显变化，民营经济自身发展也开始呈现重要的趋势性变化，具体表现在产业结构、成本结构、产权治理结构等诸多方面。

首先，民营经济面临新成本结构下的多元约束趋势。当前劳动力成本、资金成本明显上升，能源、环境、商务等诸多成本陆续叠加，民营经济已由"低成本单一要素结构"向"高成本复合要素结构"转变，在新成本结构下，民营经济利润率将受到较大程度影响，利润增速已经开始放慢。

其次，民营企业面临代际传承下的治理结构转变趋势。家族企业已经面临接班人问题。就我的观察，一般来说，民营企业的代际传承问题包括两种情况：一是企业创始人的下一代没有兴趣接班，二是企业创始人的下一代没有能力接班。这些情况不得不倒逼企业家开始思考治理结构转变的问题，比如通过兼并重组、引进战略投资、推进员工持股、鼓励上市等多种方式方法和途径，实现"经理人当道"。

最后，民营企业面临外部环境激励下的路径转变趋势。一方面，民营传统行业产能过剩；另一方面，民营企业开始在省外甚至海外寻求新的发展空间。近年来国内土地、能源和环境的制约相对加大，不少浙江民营企业开始在省外甚至国外投资发展空间，在全国，甚至全球范围内布局生产经营基地，当然这也包括我们宝盛。同时，民营经济开始发展服务业。随着企业原有业务的成熟，利润逐渐微薄，企业不得不寻找新的利润增长点，同时企业在发展过程中积累的资金也需要进行再投资，寻求新的产业扩张机会。因此，不少民营企业从最初的专业化开始转向多元化发展，不再仅仅专注于工业领域，进军现代服务业成为新的发展方向，制造业企业服务化及服务企业大型化的发展趋势业已出现。

国内经济的约束和激励因素都将发生较大变化，我认为总体来看应该是有利于促使民营经济转变理念、调整战略、拓展空间、提升素质的。以我个人几十年来对民营经济发展的思考，我认为未来一个时期，民营经济可以着重推进以下 6 个方面的转型。

一是价值理念转型。多年来，我们在探询企业家们当初创业的目的时，得到的回答绝大多数是为了维持基本温饱。我也不例外。人的意识是环境的产物，随着环境变化，意识也在发生变化。浙江民营经济企业家创业于艰难困苦之时，成就于改革开放快速推进之间，传承于经济转型实施之际，正在经历和将要经历价值理念的重大转变。首先是企业家个人价值追求的转变。由追求温饱的低层次需求，向追求社会价值的高层次需求转变；由追求个人境况的改善，向追求社会责任的实现转变；由物质生产至上的经营发展理念，向物质与精神文化生产并重的经营发展理念转变。其次是企业家由"小业主意识"向"现代企业家意识"的转变。局限于个体心智的巨大差异，要求中小企业都做大做强是不现实的，但所有的中小企业主都应具有现代企业家意识，这就是加快确立合作和契约精神，共享和共赢精神，以竞争促进合作，以合作优化竞争，形成没有输家的经济社会发展格局。最后是从单一追求经济效益向注重提升企业文化和社会责任感的转变。企业文化和社会责任是企业发展必不可少的软实力，在企业内部建立关爱员工、积极和谐的劳动关系，在广阔的社会责任背景下树立良性财富文化观，强化企业诚信生产和诚信经营，认识到企业、社会和消费者三赢是民营企业永续发展的前提。

二是战略思路转型。民营经济战略思路正在发生和将要发生根本性的转变。首先是粗放式向集约式转变，加快提高劳动生产率，加快提高土地等资源要素利用水平，增强企业核心竞争力的内在支撑。其次是外延式向内涵式转变。内涵式发展是集约式发展的一个重要方式，我们长期以来的粗放式发展，形成了一批布局不合理和利用水平均较低的城乡建设用地，一批效率和精度均较低的生产装备不断生产中低层次产品，这些都要加快进行替换，从而形成内涵式发展的巨大空间。我们完全可以在少增加或不增加用地、用电、用水及排放等前提下，扩张企业生产经营。最后是在全球范围内构筑提升产业链和价值链，以实现新时代的新发展。

三是要素结构转型。要素结构转型的要义，形象地说，是加快从草根型企业家与农民工结合的结构，转变为精英型企业家与高素质要素结合的结构，精英型企业家和草根型企业家之间没有不可逾越的鸿沟。要加快促进先进技术替代简单劳动，以先进的机器设备，减少劳动力，降低人工成本，提高产品工艺技术水平和档次。以先进工艺替代传统工艺，强化工艺技术的自主创新，注重引进国内外先进工艺，加快改造提升传统制造工艺水平。以信息技术替代传统技术，推进互联网等信息技术在民营企业的广泛应用，用信息技术改造传统的生产管理、生产环境和工艺流程。

四是产品结构转型。没有夕阳产业，只有落后的产品。在激烈的市场竞争中，要加快推进产品结构转型。从"粗制滥造"向"精工细作"转变，强化产品深度开发，提升产品实用度、美观度、精致度，以精工细作、经久耐用的产品，加快树立产品美誉度和企业知名度。从生产产品向生产价值转变，注重融合地域文化和历史文化，赋予产品本身之外的内涵；注重契合时尚风向，提高产品外观品位；注重实施策略营销，提高产品受众面；最终打造具有竞争力的产品品牌，全方位提升产品附加值。促进产品由仅具备基本实用价值向兼具理念价值转变，促进民营企业从工业利润时代向商业利润时代转变。

　　五是治理结构转型。加快建立现代企业制度，由"人治"进入"法治"，即以规章制度来治理公司。科学的现代制度，是确保企业长盛不衰的重要基础，要充分发挥股东大会、董事会、监事会的不同作用。要做到：决策体现股东的意志，兴衰决定职工的命运，在现代企业的框架下，让企业永续发展。

　　六是行为准则转型。随着高速发展时期向稳定发展时期的转变，那种初级阶段"遍地是黄金"的发展机遇将一去不复返，企业行为准则将有较大转变。不要高估能力，更不要低估风险；不要高估困难，更不要低估自我；不要高估成绩，更不要低估未来。坚守"不做什么"的底线，坚定"没有最好，只有更好"的信念。

2. 萧山由县域经济向都市经济转型的产业选择

　　改革开放以来，萧山经济和社会取得长足发展，萧山区生产总值、工业总产值等主要经济指标实绩常年居浙江省县（市、区）级地区前列，是浙江省的首批小康县（市、区）。从全国来讲，萧山也是一个县域经济发展的典型代表，连续多年被评为"中国十强县（市、区）"，多次蝉联"中国大陆极具投资地"第一名。我们谈萧山，就不能不谈萧山的经济。

　　改革开放以前的很长一段时间，萧山没有资源，这制约了萧山的发展，但也成就了萧山不依赖资源的经济结构。几十年来，萧山的加快崛起，首先仰仗于党中央确定的改革开放的不断深化，同时，无外乎这 3 类优势：一是土地，二是交通，三是企业家。

　　在土地方面，1965—2000 年，几十次围垦创造了自宁围到益农这一大片平原，为工业发展提供了大量土地，拓展了产业和城市发展空间，这是我们这一辈和上一辈的两代萧山人一担一担挑出来的，是"奔竞不息、勇立潮头"的萧山精神的集中体现。

在交通方面，萧山是杭州的南大门，地处浙江南北要冲，临江近海，地理位置优越，水陆交通便利。钱塘江大桥、钱塘江第二大桥、西兴大桥、复兴大桥、袁浦大桥、下沙大桥、之江大桥、九堡大桥飞架钱塘江南北。浙江第一条水底高速公路——钱江通道和庆春隧道贯穿钱塘江。浙赣、萧甬铁路，沪杭甬高速公路、104国道、省道杭金公路和杭金衢高速公路穿境而过，杭甬运河和钱塘江、富春江、浦阳江也在境内汇流。杭州萧山国际机场规模在华东地区仅列上海的浦东机场和虹桥机场之后，位居华东地区第三位。密集的交通网络，让萧山成为一个重要的节点。萧山踏上了中国高速发展的快车道。

在企业家方面，萧山有一大批民营的领先企业，是中国乡镇企业的典范。萧山企业家根植于深厚的萧山文化，发育于蓬勃兴起的市场经济，他们具有的勤劳、吃苦、创新、合作的精神和个性品质，促进了萧山民营经济的崛起，萧山企业家精神的本质特征既是萧山经济的产物，也是萧山经济的重要组成部分。

过去的萧山，充分利用这三大优势，在改革开放伊始，依托传统工业、手工业的基础优势，大力兴办社队工业（1984年5月改称"乡镇工业"），奠定了萧山的工业基础，实现了工业化发展的转型。1992年后，通过明晰产权，转换企业经营机制，培育和发展私营经济，建立和完善现代企业制度，萧山工业再上台阶，形成了企业规模化、产业优势化、产品名优化、市场海外化等特点，率先进入工业化的中后期发展阶段。

2001年，萧山撤市设区，这一重大举措事实上意味着萧山发展定位和路径的一个重大转变，即由县域经济开始向都市经济转型。几十年来，萧山在产业发展和城市化建设中取得了诸多重要成就，但是无论从产业还是从城市建设来看，距离现代化都市城区的发展目标仍有不少差距。特别是 2010 年以来，内外部环境的变化将萧山置于发展的十字路口，在县域经济向都市经济转型的过程中，萧山在产业转型、生态环境、发展路径等方面暴露出一些矛盾和问题。比如在产业转型上，虽制定了一系列相关政策，也取得了明显成效，制造业、建筑业实现整体发展，但是仍然存在科技含量不高、产业效率不高、产品品质不高的问题，同时传统产业过于根深蒂固，转型难度十分艰巨，未来发展仍然任重而道远。

在我看来，未来一段时期，萧山的发展机遇，主要基于以下几点。一是重大发展战略，包括大江东产业集聚区、钱塘江金融港湾、跨境电子商务综合试验区等。二是重大发展平台，萧山经济技术开发区、杭州临空经济示范区、钱江世纪城、萧山科技城、瓜沥小城市建设，以及信息港小镇、机器人小镇等省级特色小镇建设等。三是举办亚运会带来的对外开放、产业发展和城市建设机遇。

随着杭州市从西湖时代迈向钱塘江时代的空间战略实施，以及萧山从县域经济向都市经济的转型过渡，我认为在未来一个时期，对于萧山区来说，以下几个产业将会形成较好的发展趋势。

一是高端装备制造和高新技术产业。在今后一个时期，工业仍然是萧山经济的"中流砥柱"。如何继续打好"工业牌"？未来重点可能是一手抓传统工业的转型升级，一手抓新兴产业的发展。工业机器人、智能数控机床、轨道交通装备、航天航空装备、3D 打印等都是具有极大发展潜力的行业。另外，科技研发平台建设和要素集聚会进一步强化，物联网技术和应用、云计算产业和大数据应用、信息软件、集成电路设计、物联网、电子信息制造、信息安全、智能物流等信息产业将加快发展。

二是高端金融业。省市建设钱塘江金融港湾是萧山金融业发展的一个重大契机，萧山金融发展的核心区块在钱江世纪城一带，钱江世纪城金融外滩、湘湖金融小镇、陆家嘴金融创新园、江南金融科技园等金融集聚区的建设，将有利于吸引银行、证券、期货、保险等地区性、功能性总部落户，发展财富（资产）管理、产业链金融、场外交易市场、股权投资、互联网金融等新型业态。

三是空港物流产业。国家发展改革委、民航局正式批复支持杭州临空经济示范区建设，未来包括航空物流、供应链物流、互联网物流等在内的现代物流产业将具有较好的发展前景，同时基础设施、现代物流市场、信息体系等配套将更为完善，现代物流的社会化、专业化服务水平将明显提升。

四是都市商务商业服务业。与制造业密切相关的工业设计、研发中心等生产性服务市场需求将提升，以总部基地、商务楼宇、金融集聚区、商贸综合体、文创产业园、休闲度假区等为重点的多种类型的现代服务业集聚区将是未来都市经济的重点。

除把握发展机遇，顺应产业发展需求外，在我看来，萧山民营经济未来发展提升仍需重点关注两点。一是要着力发扬一个优势，那就是萧山的企业家优势。一方面，老一辈企业家的艰苦创业精神将成为萧山重要的精神文化财富；另一方面，"创二代"们一般都具有良好的成长环境、优质的教育背景，他们正在接受更加前卫、高端、全面的信息，今后，只要他们注重向实践学习，向企业员工学习，他们的整体素质要远胜于他们的父辈。在这样一批"创二代"

的带领下，萧山的本地民营企业有望实现"二次创业"，创造继续精彩的30年。二是要着力补齐一个短板，那就是萧山的人才要素短板。萧山是杭州地区的一个人才洼地，本身缺乏人才集聚优势，又没有下沙和城西的大学城以及科创平台优势，未来要注重借力省级重大战略平台建设机遇，加快吸引和培养高端管理技术人才以及各类新兴人才，着力在创业创新上取得新突破。

3. 关于宝盛的未来

近半个世纪以来，我们成长在经济社会大变革的浪潮中，扎根于改革开放的最前沿地域，这是宝盛之幸，也是我个人之幸，在瞬息万变的外部形势之下，宝盛未来的路如何走下去，是我始终在思考的一个问题。

首先是关于宝盛未来市场的主攻方向。我的想法是，综合考虑国内市场潜在情况和企业发展程度，必须对国内现有成熟的产业向国外进行有效拓展，要以更大的视野来定义宝盛未来的发展，实现国内国外两条腿走路，促进市场共同发展。在建筑业方面，随着"一带一路"倡议的提出，国外市场的空间潜力非常大，现在国人去国外投资的很多，而大量的国内投资者非常希望找到国内的施工单位来承建他们的项目，由于语言、文化上的相通性，双方在沟通上、协调上都相对容易，可以省去很多麻烦。同时，我们也开始具备"走出去"的能力，我们以休斯敦酒店建设为契机，逐步了解美国施工领域中的相关环节和模式。我们在休斯敦酒店建设中采取总分包模式，从国内派出工程技术人员与美国当地工程管理人员面对面共同推进工作，当前我们已经基本掌握了美国地方施工的整个操作流程，包括工程核算结算方面的关键环节、符合当地规定的一些操作工艺、对工期的具体要求等，为日后进一步拓展海外特别是发达国家施工领域做足准备。

在酒店业方面，国外的发展潜力也不可小觑，而我们的酒店也已经具备了一定的竞争实力。在当前和未来一段时间，随着国内经济发展水平和居民收入水平的提升，国内国外商务往来、旅游度假、留学游学、医疗保健等交流将越来越频繁。而无论在哪个年代、在地球上的哪个地方，对于出门在外的人来说，酒店都是必需品。很多国人出国后，对国外的酒店尤其餐饮方面不习惯，待上三五天，便开始无比思念家乡的味道，哪怕是吃咸菜，也觉得亲切得不得了。最近几年，全球各地的中式酒店和餐馆均比较受欢迎，但这些酒店餐馆多是以私人经营的小型宾馆和饭店为主，大规模的星级酒店比较少。下一步，我们准备在美国人流比较密集的地方投入规模型星级酒店，不排除进一步推进连锁型酒店建设。当前，我们着重对国内国外的酒店业在理念上和服务上的差异进行了比较分析，为酒店业在国外的拓展做好充分准备。

另外，我们也希望未来能够通过国外分公司的渠道，寻求更多的新兴领域信息、新兴产业信息、高新技术产品信息等，以及各行业的先进管理理念、方式和方法等，加快将这些新兴领域和产业产品、理念等引入国内，形成国内、国外两大市场联动互促发展格局。

其次，要在产业链的提升上下一番苦功夫。宝盛的两大"拳头产业"，建筑业和酒店业，均属于传统产业范畴，如不加快找准方向，推进产业链提升和产业转型升级，未来道路只能越走越窄。产业链提升无非是向"微笑曲线"两端延伸，逐步摆脱低端劣势，提升产业效率和产品附加值。在未来一段时期，要将互联网、智慧产业发展的前端技术和理念应用到传统产业改造提升中。在建筑方面，我认为主要是做好市场模式的更新换代和跟进，把握好当前政府促进民间投资的大好契机，吃透民间投资准入相关政策文件，积极参与政府推进的重大基础设施 PPP 项目[①]，将现有传统建设参与方式逐步转换为 PPP 工程模式。在项目资金方、施工方、运营方三方面实现创新提升，大力推进工程总承包 EPC 模式[②]，即按照合同约定对工程建设项目的设计、采购、施工等实行全过程或若干阶段的承包，强调和充分发挥设计在整个工程建设过程中的主导作用，有效克服设计、采购、施工相互制约和相互脱节的矛盾，从而提升整个工程效率。同时加快推进部分建筑产品工厂化，争取走在建筑行业前端。

在酒店业方面，考虑到宏观政策的持续性影响，我认为应当适当减弱酒店的规模型会议会展功能，将未来酒店主导定位转移到具有完备功能的商务精品酒店上来，并继续完善网络营销体系，构建以商务休闲、亲子娱乐、家庭聚会等为主体的创意型、组合型商旅酒店产品体系。

楼宇经济是城市化过程中的重要环节，未来还有很大发展空间，商业和写字楼是第三产业发展必不可少的基础，我仍然坚持看好城市中心繁华区的商业地产。在楼宇业态选择上，未来可以着重吸引跨国公司、众创空间、投资促进机构、贸易服务机构等入驻。要不断探索创新楼宇运营方式，比如楼宇托管等。

再次是推进实体经济和虚拟经济结合发展。在一个经济体中，如果把实体经济看成是硬件的话，那么虚拟经济就是软件，二者谁也离不开谁，而且相互影响。一个经济体如此，一个企业发展到一定程度，也面临同样的情况。宝盛

---

① Public-Private-Partnership，又称 PPP 模式，即政府和社会资本合作，是公共基础设施中的一种项目运作模式。
② Engineering Procurement Construction，指对一个工程负责"设计、采购、施工"。

未来的一个重点发展方向，就是在提升现有几个实体产业的同时，探索相关金融业务，促进集团资金使用效率最大化。比如推进资产证券化的相关工作，以宝盛当前的实际，可以推行实体资产、信贷资产以及现金资产的证券化，进一步降低融资门槛，促进资金的灵活性和流动性。

最后一点就是对企业集团领导层素质层面的思考。一个团队的引领者看待问题和思考问题的眼界要达到一定高度，必须要有一种超前的战略性和战术性思维，必须要以科学理性的判断形成正确的决策，明确每一阶段需要做哪些工作，需要重点推进哪些环节。每隔一段时期，总要回头看一看、想一想，经常性地对工作进行评估和回顾。

在团队建设中，领导者既要有自己的思路方法，又要多与团队成员交流沟通，与团队成员就近期思考的问题进行共同商讨，使双方充分了解对方的思路和意图，增强共识，提高重要战略举措和项目的推进效率。同时，要爱护关心所有团队工作人员，无论是在工作上还是在生活上。要善于发现员工的优点，多用鼓励和赞扬的态度同员工交流，批评时一定要有理由和依据。此外，领导者在个人能力、素质、形象上一定要加强自我提升，为员工树立一个好的榜样。我常同下属员工和小辈们讲这样两句话，一句是"关心别人相当于关心自己"，另一句是"千万不要拿着电筒照别人，要多用镜子照自己"，这不仅是对企业领导者的一个建议，也是我个人时刻鞭策自己的信条。

第二十一章

罕见的疫情来了

　　2020 年，新冠疫情暴发，这是我职业生涯中最为严峻的考验，全国各地都陷入了疫情的包围，人人惊恐不已，一场看不见硝烟的战争打响了。作为社会的一分子，我们自然要用实际行动彰显企业责任和社会担当。

　　那一天正好是 2019 年年底，家家户户都在高高兴兴地准备过年。除夕当天下午，全公司的工作，包括所有奖金的发放都已结束，我轻轻地吁了一口气，忙了一年，终于可以全家团聚过年了。就在这时，政府的通知下来了，要求各级各单位要高度重视疫情的传播，作为餐饮酒店每个场地必须要减少用餐人数。我和来振里总经理两人决定去各个酒店查看、布置工作，同时按照要求，安排堂食桌数。

　　我们在杭州空港道谷酒店（简称"空港酒店"）了解了酒店除夕夜的用餐情况，便按照上述精神进行工作布置，这时已经是下午 5 点左右，万家灯火，过年的气氛来了，我们布置完工作准备回家聚餐。突然，我们接到了区里领导的紧急通知，要求把我们的空港酒店作为疫情集中隔离酒店，务必要尽快腾出已入住的客人，并对准备隔离的客人做好安排。接到电话后，我第一反应就是疫情的风险已经从天而降，我们的酒店，我们的员工将直接与疫情面对面地斗争，我们不能退却，必须迎着疫情挺身而出，这是我们无可回避的社会责任，我们要立即组织好人员和车辆，把现有的在空港酒店的全部客人进行转移，同时安抚空港酒店的所有管理者和工作人员，稳定人心，从容应对。这一切首先要从我这个董事长做起，这是一场硬仗，要真正将生死置之度外。

2020年1月24日晚上7点多，宝盛集团接到萧山区委区政府通知，需紧急隔离一批旅客。我们是省内第一家负责接待隔离人员的酒店。

此时的酒店，刚刚结束给南航机组人员特意准备的年夜饭欢聚，其他住店客人已经用餐完毕，进入休息状态，另有两组南航机组人员将马上落地杭州。

经过短暂的商量，我立即做出决定：第一，要求酒店全力以赴按照区政府通知做好隔离接待与配合；第二，在宝盛集团内部协调，将在店的全部客人立即转移至宝盛水博园道谷酒店；第三，立即与已经预订的客人联系，取消所有订单；第四，关闭网络预订直至隔离期满。我同时强调，要算生命账，不算经济账，由此产生的损失，由集团公司承担，我们一定要向全社会交出一份满意的答卷。

时间就是命令，酒店连夜召集员工回来工作。空港酒店是纯客房型的酒店，很多员工已安排休息。我们一方面让在职员工加班加点做好100多名旅客的信息登记和住宿安排工作，另一方面，对于次日上班的员工做好紧急安排，天一亮，就意味着要做好早餐送至客人的房门口。

对店内50余名客人，酒店挨个做思想工作。由于当时已是年三十晚上，一时间被告知要换酒店，很多客人情绪激动。我们积极做好安抚工作。面对客人的要求，酒店都一一答应，至晚上11点成功转移全部客人。

宝盛水博园道谷酒店在接到转移客人的通知后，严阵以待，热情服务，尽量减少因转移给客人造成的麻烦，并全程升级 VIP 服务。

次日凌晨 2 点，经过近 7 个小时的忙碌，部署工作全部完成了。在店客人转移完成，第二天的送机也安排好了；需要集中入住的客人到店了，与原在店客人无一交叉；订单取消完了，网络预订关闭了。整个宝盛在和时间赛跑中赢得第一局。

2020 年 1 月 24 日至 1 月 25 日，整个宝盛都在紧张地工作。

从 1 月 25 日开始，酒店的工作重心就围绕着这些特殊旅客。为了让他们的日子过得安心些，就有了酒店服务标配顺口溜：三菜一汤，保证营养；牛奶水果，补充能量；茶包咖啡，品赏解闷。

除标配之外，还能不能有些个性化服务呢？为了迎合外来客人的口味，于是就有了"老干妈"，有了代送外卖；为了让他们感受到家乡的味道，于是就有了米酒汤圆，有了热干面；为了让他们安心地在酒店居住，于是又有了积福葫芦，有了保健中药。所有的超预期和个性化服务，让酒店的隔离人员感动无比。有人甚至专门制作了抖音小视频："这个年虽然翻车，但我真的感动到流泪……我要'曝光'！'揭发'这个用心的酒店和用心的人！在这么艰苦的时刻依然做出了'七星级'的服务！以后出差，我只来这里，首选宝盛道谷。"

面对疫情，宝盛的各项应对措施得到了上级领导和有关单位的大力支持。各方的援助及时、有效地缓解了宝盛医疗物资紧缺的困境。

而宝盛也举全集团之力，集中调配旗下所有酒店的物资，全力保障空港酒店的需要。尤其是快餐盒，每天消耗量近 500 个，以集团现有的资源无法满足 14 天隔离期的使用需求。对此，集团采购部动用了集团旗下山东两家酒店的库存和合作商，并全国寻找资源，全力保障空港酒店的使用。

首批旅客解除隔离后，宝盛又接受了新的任务。空港酒店将作为萧山机场转运隔离的专用酒店，承担机场输入性隔离观察工作，坚持长期抗疫，且一直到 2022 年底。3 年时间里，空港酒店持续作为隔离留置观察点，为疫情防控做好服务，接待隔离旅客。

2022 年，面对疫情反复的情况，酒店集团旗下 4 家酒店承担了隔离任务，宝盛控股集团坚持"舍小我、为大家"，上下一心，众志成城，始终奋战在防疫一线，用实际行动诠释企业担当，上级领导也给予了宝盛极高的评价。

省、市、区的各级各部门也先后来我公司指导抗疫，帮助解决我们在抗疫中遇到的困难和问题。国务院联防联控机制新冠肺炎疫情防控专项督查小组也前来调研空港道谷隔离点，面对面给予我们指导。

宝盛集团的艰辛付出，得到了省政府的奖励，空港酒店 2020 年 11 月被评为"浙江省抗击新冠肺炎疫情先进集体"，我本人于 2020 年受杭州市"疫"线最美党代表通报表扬及萧山区"一线战疫先锋"通报表扬，水博园大酒店、空港酒店获"杭州市 2022 年疫情防控期间旅游饭店社会突出贡献奖"。

这场疫情告诉我们，企业不仅要有搏击市场的竞争心，还要有面向社会的仁爱心，企业不光要盈利，还要有仁义，有仁有爱有义的企业才能在社会站稳脚跟。

这场疫情还告诉我们，我们之所以能够处事不惊、临危不乱，是因为企业长期奋斗，奠定了充实的物质基础以及持之以恒地对职工进行思想道德建设，是因为公司各级领导身先士卒，困难时刻始终与员工在一起。

这场疫情更告诉我们，企业不是孤立的，关键时刻有党和政府的支持，有全社会的理解、关心，这是企业最强大的外部环境。企业为社会，社会为企业，这就是企业可持续发展的根本之道。

在这一场世纪劫难中，宝盛赢得了荣誉，赢得了社会的尊重，更重要的是，宝盛为无数人的健康平安，做出了自己的无私贡献。

第二十二章

我们又跨出了向智能化

转型的关键一步

　　我们始终在思考，企业要转型升级，才能持续发展。我们也深知企业现状，宝盛从建筑公司起步，发展出酒店集团、置业中心、楼宇运营、矿业投资等多个支柱产业，以及网络科技、葡萄酒贸易、建筑智能化、装饰装修等多个延伸产业的多元化发展的集团型企业。

　　我们的两大板块都是非常传统的产业，我反复考虑要如何升级。一方面，思考如何通过数智创新来赋能传统产业实现新发展，让企业始终处于产业发展的前沿；另一方面，要建立与专家合作的科研新机制。最终，我们建筑板块组建了省级技术中心，集团积极联系浙江大学、南京大学、浙江工商大学等高校，于2020年成立院士工作站，以浙江大学杨树锋院士为带头人，就企业实际和行业痛点，联合开展智能化课题研究和落地应用，并于2021年获评"杭州市优秀院士工作站"。他们针对两大板块提出了具体智能化设想：建筑板块应用"机械＋智能"；酒店板块打造"智能化生产、配送＋智能烹饪"的产业链，真正采用数智化酒店模式。

1.建筑领域

建筑工程中，建筑结构为主要的骨架，模板和支模架是非常重要的分项，也是防止支架失稳的重要保障，所以对支架在整个施工过程中的监测十分重要，可是原来都采用传统方法，数据可靠性不足。而我们与南京大学产学研合作共同开发，利用光纤技术对高大支模架进行自动化安全监测。这个项目也是院士专家工作站 2022 年度的重要课题之一。该技术通过监测支模架立杆的应力和水平变形与理论警戒数据的自动对比来达到目的，自动化程度高，数据准确，已多次在实际工程中应用，确保了支模架的安全。

我们还将积累的科研成果投入"智慧工地"建设，把人、材、机和现场安全、质量、环保等数据集中采集到一个中控平台进行管理，进行数据挖掘分析，提供过程趋势预测及专家预案，实现工程施工可视化智能管理，以提高工程管理信息化水平，从而逐步实现绿色建造和智能建造。

在施工入口，我们布置了自动识别实名制通道，施工人员的姓名、年龄、工种、照片、入场时间等信息一目了然，为考勤提供依据，该通道还会提醒未佩戴安全帽和安全帽未戴正、没扣好的工人。同时，在施工现场的 VR 安全教育体验站内，让施工人员通过佩戴 VR 眼镜，沉浸式体验安全教育培训，把以往的"说教式"教育转变为亲身"体验式"教育，由传统的"读规章制度、看事故视频、签名"老三样，改为把施工现场安全事故形式模拟成 VR 体验，让施工人员亲身感受违规操作带来的危害，强化安全防范意识，熟练掌握部分安全操作技能。

我们在塔机、升降机（人货梯）内安装了全方位的安全监控设备，对机械设备运行状态实时监控，如有操作不当、机器故障等问题，传感器会及时发出警告；我们还为塔吊部署了吊钩可视化系统，辅助塔机司机安全作业，避免视觉盲区。院士工作站的科研成果之一"工程支模架光纤监测技术"可通过监测支模架立杆的应力和水平变形与理论警戒数据的自动对比来确保支模架安全。这些设施设备能够高效率地实现实时监控与声光预警、数据远传、平台集中监控与管理功能，从而保障安全施工。

施工现场还配备有扬尘监控系统、智能水表、智能电表，利用建筑信息模型（Building Information Model，BIM）技术，实时采集施工现场 PM 2.5、PM 10 以及施工噪声等环境数据，对超标准排放进行预警，并将数据传送至信息管理平台，落实节地、节材、节水、节电，实现绿色施工。

根据工程需要及机器人的性价比，我们重点选择了实测实量激光三维扫描仪、人货梯智能控制系统、混凝土水平和竖向构件的整平、磨光机器人等进行应用，将大数据、智能化、BIM 技术等集成应用与施工现场深度融合，使现场施工人员能更加直观地掌握正确的施工工艺流程，提前了解施工过程中可能出现的质量问题，在确保工程质量和安全的前提下，实现智能建造。

我们也积极探索装配式建筑，与合作伙伴优势互补，共同推进位于党湾的智能智造产业园区项目。因为今后建筑行业发展的一个很重要的方向就是以机械代替人工，以智能代替人脑，传统意义上的建筑行业已经成为历史。

2. 酒店领域

酒店是一个既要对客人服务，又要确保产品质量的行业。可是大量的人工操作难免会引起服务和品质的不稳定，因为重复工作太多，会增加人的疲劳感，加上酒店从业人员在减少，逐步向中老年龄段人员发展。面对这个问题，我们反复研究思考如何保证产品的提升与品质的稳定、如何提高服务质量。我们对"生产配送智能化＋炒菜智能化＋支付智能化"的产业链进行了研究探索，为提升酒店运营奠定基础。

宝盛对厨房智能化进行了 3 年多的探索，也迭代了 3 代炒菜机器人。宝盛智能厨房集源头采购、净菜配送、智能设备以及先进的管理模式于一体。

我们旗下的宝盛配送服务公司，配备先进智能化设备如中央厨房，海鲜池，冷冻、冷藏库及专业食品配送冷链车，场地内设有检验区、分拣区、生产加工区、仓储区、菜品研发工作室、智能厨房等。公司严格按照食品企业标准管理，通过了危害分析的临界控制点（Hazard Analysis and Critical Control Point，HACCP）、环境管理体系、食品安全管理体系、职业健康安全管理体系、质量管理体系等认证。公司严格做好食品原料检测，建立食品安全台账，做到食品安全有账可查，有迹可循。公司对所有进入中央厨房的员工设有标准化程序，即佩戴帽子、口罩，洗手烘干，酒精消毒，洗净鞋底污渍，最后进风淋间全身消毒。

（1）源头采购＋智能净菜配送

依托 20 多年高星级酒店的食材采购优势，我们坚持源头采购、基地自采、合作种植等模式。我们还与大型食品厂、一级供应商合作，建立了良好的供应链关系，对优质产品集中采购配送，保证食材绿色、安全、可溯源。新鲜的食材，经过严格的入库检验和分拣后，第一时间进入智能化生产线进行加工。通过专业的净水、通风、消毒系统，十万级无尘净化生产车间，全程温控，确保了加工过程中食材的安全、绿色、保鲜。我们将经智能厨房统一加工处理后的食材，以真空塑封的方式送至每个客户单位，最大限度地以标准化的形式，保证食材的鲜美、卫生与健康。

（2）智能菜品研发

依托院士工作站和酒店业的产品开发优势，我们成立了技师工作室，研发了多种菜系的智能产品和多种应用场景，并将之成熟应用于酒店、机关、学校和企事业食堂。

（3）智能烹饪

智能机器通过植入宝盛高级厨师菜单和秘制配料，实现自动化烹饪，精准投料，保证菜肴出品的标准化，100%还原大厨技艺。智能机器动力大，单锅容量可达15千克，出餐时间为5—8分钟，可满足批量出菜需求。此外宝盛智能厨房还拥有高温检测、超温预警等防护功能，超温即主动断电，杜绝爆炸风险，远离火灾隐患，确保了安全稳定运营。

宝盛智能炒菜机器人，一键启动，流水操作，智能翻炒，自动出菜、洗锅，一人即可同时操作多台机器，大大减少了基础劳动力用工，既解决了厨师招聘难、后厨用工难的问题，又避免了因各类突发状况导致菜肴出品不稳定的情况。我们有针对团体餐饮、商务用餐、家庭用餐的3个类型智能炒菜机器人。针对不同用餐场景，可以定制智能烹饪系统，高效出餐，助力降本提效，智慧赋能。传统的中餐烹饪有了新的概念、新的方式方法，这迅速提升了酒店厨房的现代化水平。

（4）应用情况

①学校系列

第一，进入中小学。

我们进入中小学的第一个样板项目于 2022 年 1 月 25 日（学校开始放假）开始安装设备，2 月 6 日（正月初六）调试运行、输入菜单，2 月 8 日开始试菜，2 月 12 日（正月十二）学校行政上班正式烧菜，2 月 14 日（正月十四）全体教师上班第一天体验智能机器烧菜成品。2 月 17 日，正式提供全校学生尝试。经过一年多应用，午餐 70% 以上由机器人完成，晚餐 90% 以上由机器人完成，效果显著。

首先，直接经济价值体现在学生餐从之前的一荤一素增加至一荤二素，但实际费用仍在预算内。其次，使用智能烹饪机器后，食堂员工工作强度明显降低，烹饪环节原有 3 人，使用净菜后省去洗切环节，且 1 人即可管理 3 台机器，其余 2 人可协助完成其他工作。智能炒菜机出餐时间为 5—8 分钟，因此可以根据学生用餐时间，精准把控烹饪时间，确保用餐时的菜肴热度，员工在开餐时可以腾出时间帮助低年级学生分菜，提升学校为学生服务的品质与价值。最后，烹饪过程中的油、盐等调料由机器自动注入，严格按适量标准控制，油减少 10% 以上，盐减少 20% 左右，少油低盐的设定也使得菜肴更为营养健康。

第二，进入高校。

采用传统厨房设备与新型智厨设备功能互补式配置，通过集成多种类功能硬件设备和控制软件，实现数字化后厨管理、智能交互式前厅、个性化终端解决方案三大块数字化智慧餐厨应用场景，组成了完整的智慧化校园生活体验生态体系。

②机关系列

第一，进入政府食堂。

2022 年 5 月，宝盛与镇政府合作，在食堂内运行智能炒菜机、自动制面机、智能结算系统等全套智能设备。经过半年多的运营，菜品种类较之前有所增加，同时还降低了人力、物力成本。引入智能结算系统后，光盘行动明显，进一步响应了国家低碳环保的政策理念。

第二，进入公安系统。

萧山区内多家派出所和警官训练基地也与宝盛积极对接、合作。宝盛智能炒菜机可以分几次制作，从而解决派出所多个时段就餐的痛点。懂智能手机的人都可以自行操作，制作出酒店大厨水平的菜肴。运营以来，成效明显，派出所每个班次的工作人员都可以吃到新鲜的菜肴。

③企事业单位

萧山多家事业单位都是宝盛智能餐饮的服务对象。通过宝盛智能厨房，从净菜配送到菜品升级，各环节都实现优化升级，团餐的品质和服务有了显著提高。

④工地食堂

2022年底，宝盛在旗下科技城项目设立智能餐饮系统，作为工地食堂的试点项目，为工人提供健康、卫生的饮食。

（5）智能厨房优势

相比传统炒菜，宝盛智能厨房在实际应用后，系统化体现的价值可以用几个数据来体现：

第一，烹饪过程中的油、盐等调味料由机器自动注入，严格按适量标准控制，在保证口味的基础上，油、盐等调味料使用量减少10%—20%。

第二，厨房内部气改电，增加安全性的同时，可降低约20%的能耗。

第三，烹饪各环节减少基础性用工，人力成本降低30%。

第四，烹饪环节标准化，精准把控时间，一人可同时操作多台机器，人工效率提高 50%。

第五，引入智能结算系统后，"光盘"行动明显，餐余垃圾减少 70%。

宝盛智能厨房餐饮服务兼顾口感与营养，深受使用单位的认可。宝盛跟多所高校建立了战略合作，进行餐饮数智化产学研探索。未来，宝盛将致力于"用智力解放体力""用服务提升品质"，打造"生态、安全、营养、便捷、智慧"的全新智能餐饮。

看着智能化给我们企业带来焕然一新的形象，我真是感慨万千，我们是一家生于农村、长于农村的企业，从事的也是建筑、酒店这种传统产业，谁能想到，我们大量地开发、运用新技术，从传统中蝶变，实现了新的崛起。

我由衷地感到，不断创新就是企业不断发展的动力。

在智能化上，我们迈出关键的一步，任重道远，我们还会迈出第二步、第三步，要永远迈步在前。

（全文完，在此感谢帮助记录、整理和编辑的同志。）

后 记

我这一生，都在路上。

小时候，是乡村的路，田间的路，泥泞的路。说是路，其实难走，摔倒了，爬起来，还要走。总以为路外有路，天外有天，外面的世界很精彩。

成年了，路多了，人更多，大家都争着往前走，拼命走，都想有一条属于自己的路，梦想成真的路。我只是踏踏实实、一步一个脚印地走。

如今，高架路，高速公路，高速铁路，有什么样的路，便有什么样的速度，世界变小了，人生在加速，找准方向往前走，世上已无回头路。

世上的路千万条，并非都可走。我有企业，有员工；我有家庭，有亲人；我有使命，有责任。我只能选择走大路，走正路，走稳健的路。我时时警示自己，不能走小路，不可走歪路，绝不走邪路。

我始终坚信要走创业之路。一个企业有一个企业的路，一代人有一代人的路。每一个人的脚下都有新的路，人生之路就是创业之路。越是艰难越向前，创业之路才会越走越宽，越走越稳。

我始终坚持要走诚信之路。人无诚则不立，人无信则废。成功之路就是诚信之路，诚信是道，得道多助。我的路是诚信铺砌的。

　　我始终坚定要走学习之路。人人是我师，前进之路就是学习之路，向书本学，向实践学，向每一个明白人学，终身行路终身学。我牢记，不学习，便无路可走。

　　未来的道路，不会一帆风顺，总有艰难险阻，纵然无路也要往前走。我坚信，天无绝人之路，只要走，没有路，也会走出一条路。

　　人生是路，路是人生。我仍然在路上。